삶의 지혜

삶의 지혜

1판 1쇄 발행 2025년 11월 26일

저자 이종배

교정 황윤　**편집** 유주은　**마케팅·지원** 이창민

펴낸곳 (주)하움출판사　**펴낸이** 문현광

이메일 haum1000@naver.com　**홈페이지** haum.kr
블로그 blog.naver.com/haum1000　**인스타그램** @haum1007

ISBN 979-11-7374-220-0(03820)

좋은 책을 만들겠습니다.
하움출판사는 독자 여러분의 의견에 항상 귀 기울이고 있습니다.
파본은 구입처에서 교환해 드립니다.

이 책은 저작권법에 따라 보호받는 저작물이므로 무단전재와 무단복제를 금지하며,
이 책 내용의 전부 또는 일부를 이용하려면 반드시 저작권자의 서면동의를 받아야 합니다.

삶의 지혜

목 차

머리말 ···· 24

1. 상(商: BC 1600~1046) 시대

주 문왕(文王) BC 1152-1036 ········· 25
| 易經   THE I CHING   역경(易經)

2. 주(周: BC 1046~771) 시대

주 주공(周公) BC ?-1103 ········· 27
| 誠伯禽   BO QIN'S ADMONITION   백금(伯禽)의 충고

3. 춘추(春秋: BC 770~220) 시대

노자(老子) BC 604-531 ········· 30
老子 三寶   THE THREE TREASURES   세 가지 보물
上善若水(道德經)   THE BEST IS THE SAME AS WATER.   최고의 선(善)은 물과 같다(도덕경)
孫子兵法 謀攻篇   A STRATEGY OF ATTACK   손자병법에서 지피지기(知彼知己)
虛實篇   WEAKNESSES AND STRENGTHS   약점과 강점

공자(孔子) BC 551-479 ········· 34
孔子 論語 述而篇   DESCRIBE BUT NOT MAKE UP   기술(記述)하되 지어내지 않는다.
爲政篇   CONDUCTING POLITICS   정치(政治)를 행(行)함.
雍也(雍也可使南面)篇   THE SAGES AND VIRTUE   현자와 덕행
顔淵篇   DON'T DO ANYTHING AGAINST THE COURTESY.   예에 벗어나는 일은 어떤 것도 하지 말라.
之蘭之室   THE ROOM OF ORCHIDS   난초 실

공급(孔伋) BC 483-402 ········· 38
- 中庸　THE MODERATION　중용(中庸)
- 禮記 中庸篇　THE MODERATION FROM THE BOOK OF RITES STARTING　예기(공자) 출발점(中庸에서)
- 禮運篇　GRAND UNION　대동(大同)

맹자(孟子) BC 372-289 ········· 42
- 孟子 告子篇　THE DUTY　직무(職務)
- 離婁篇　THE SAGE　현자(賢者)

장자(莊子) BC 369-286 ········· 44
- 莊子 刻意　PAINSTAKING　고심(苦心)
- 人間世　THE HUMAN WORLD　사람 사는 세상.

순자(荀子) BC 313-238 ········· 46
- 荀子(荀子) 勸學篇　SELECTIONS FROM XUNZI　ENCOURAGE LEARNING
  순자(荀子)의 가르침에서 학문을 권장하다.
- 大略篇　AS A GENERAL RULE　대략(大略)

4. 서한(西漢: BC 202~8) 시대

사마천(司馬遷) BC 145-86 ········· 49
- 高祖本紀　BIOGRAPHY OF GAO ZU　고조(高祖)의 전기(傳記)　42

주매신(朱買臣) BC ?-115 ········· 51
- 申文定公百字銘　A HUNDRED-CHARACTER INSCRIPTION BY SHEN WENDING GONG
  신문정공(申文定公)의 백 가지 헌사

유향(劉向) BC 77-6 ········· 53
- 唐雎說信能君(戰國策)　TANG JU PERSUADES LORD XINLING　영주 신릉(信陵)에게 당유(唐雎)의 진언
- 鄒忌諷齊王納諫　ZOU JI REMONSTRATES KING QI FOR ACCEPTING ADVICE.
  제왕(齊王)에 대한 추기(鄒忌)의 간언

5. 삼국(三國: 220~280) 시대

최원(崔瑗) 77-142 ·· 58
│ 崔子玉座右銘   CUI ZIYU'S MOTTOS   최자옥(崔子玉)의 좌우명

조조(曹操) 155-220 ·· 60
│ 短歌行   THE SHORT SONG   짧은 노래

제갈량(諸葛亮) 181-234 ·· 63
│ 誡子書   A LETTER FOR SONS   아들에게 보내는 편지
│ 出師表   MANIFESTO OF DEPLOYMENT   출사표(出師表)

지겸(支謙) 約197-266 ·· 65
│ 朋友四品   FRIENDS IN 4-CATEGORIES   네 가지 부류의 친구

원적(阮籍) 210-263 ·· 67
│ 詠懷詩   ODE TO SOLDIERS   병사들을 위한 송시 60

6. 진(晉: 서진 265~317, 동진 317~420) 시대

왕희지(王羲之) 303-361 ·· 69
│ 蘭亭集序   PREFACE TO THE ORCHID PAVILION COLLECTION   난(蘭)정에서 수집한 서문

구마라습(鳩摩羅什) 344-413 ·· 70
│ 四句偈   FOUR VERSES   4구 게(四句偈)
│ 諸相非相   ALL FORMS ARE NON-FORMAL.   형상이 있는 모든 것은 허상이다.
│ 董遇傳   BIOGRAPHY OF DONG YOU   동우(童遇)의 전기(傳記)

도잠(陶潛) 365-427 ·· 74
│ 陶淵明詩選 歸園田居   SELECTED POEMS OF TAO YUANMING   RETURN TO THE GARDEN AND RURAL RESIDENCE   도연명의 시선 전원으로 회귀
│ 飮酒   ON DRINKING   술을 마시며
│ 雜詩   MISCELLANEOUS POEM   기타의 시
│ 歸去來辭   RETURN REMARKS   귀거래사(歸去來辭)

법거/법위(法炬/法立) 生卒不詳 ·· 78
│ 香熏芳潔　FRAGRANT AND CLEAN　향기와 청결

구담승가시파(瞿僧伽提寒譯) 生卒年不詳 ·· 79
│ 善知識品　TEACHING ESSENCE　가르침의 정수

7. 북경(北京: 385~433) 시대

담무참(曇無讖) 385-433 ·· 81
　安穩之處　A DORMANT STATE　휴면(休眠) 상태
　智愚之別　THE DIFFERENCE BETWEEN WISDOM AND FOOLISHNESS　현명함과 무지의 차이점
　本有今無偈　ORIGINALLY EXISTING NOW NON-EXISTENT　원래 존재, 현재 부재
　智人行施　WISDOM IN ACTION　행동하는 지혜
　善意如電　GOOD THOUGHTS LIKE ELECTRICITY　선행은 전기와 같다

유송 유의경(劉宋 劉義慶) 403-444 ·· 87
│ 世說新語 文學篇　A NEW ACCOUNT OF THE TALES OF THE WORLD　LITERATURE　79
│ 세상사 새로운 이야기 문학

8. 남양(南梁: 502~557) 시대

보지(寶誌) 418-514 ·· 89
│ 誌公藥方　PRESCRIPTION OF MASTER BAOZHI　지공(誌公)의 건강 처방

주흥사(周興嗣) 469-521 ·· 91
│ 千字文　THOUSAND-CHARACTER ESSAY　천자문

진제(眞諦)譯 499-569 ··· 93
│ 知足　CONTENTMENT　만족

9. 수(隋: 581~618) 시대

소련제야사(邵連提耶舍) 490-589 ············ 95
忍爲世間最　PATIENCE IS THE BEST IN THE WORLD.　인내는 세상에서 가장 위대한 것

도형굴다(闍邢崛多) 523-600 ············ 98
敎化兵將品　CIVILIZED SOLDIERS AND GENERALS　예의 바른 군인과 장군들
顯氏家訓選 止足　EXCERPTS INSTRUCTIONS OF MASTER YAN SELF-SUFFICIENT
안(顏)씨 집의 가훈 자기만족
勉學　STRIVE TO LEARN　배우려는 노력

승찬(僧染) ?-606 ············ 101
信心銘　CONFIDENCE　믿음

10. 당(唐: 618~907) 시대

장공예(張公藝) 578-676 ············ 104
百忍歌　SONG OF A HUNDRED PATIENCE　백인(百忍)의 노래
九世同居　(唐 張公藝: 578-676)　NINE LIVES UNDER THE SAME ROOF　한 지붕 밑 9인 식구

위징(魏微) 580-643 ············ 112
諫太宗十思疏　A PETITION OF TEN THOUGHTS TO EMPEROR TAIZONG
황제에게 열 가지 배려를 청원하는 탄원서

이세민(李世民) 599-649 ············ 114
論任賢　EMPLOYMENT OF COMPETENT PERSONS　유능인의 등용
百字銘　A HUNDRED-CHARACTER INSCRIPTION　백 마디 비문
賜蕭瑀　FOR XIAO YU　소우(蕭瑀)를 위하여

의정(義淨)譯: 635-713 ············ 118
心　MIND　마음

유희이(劉希夷) 651-679 ············ 119
代悲白頭驗　THE WHITE-HAIRED IN SORROW　백발의 서러움

장고허(張苦虛) 660-720 ·· 121
春江花月夜　MOONLIT RIVER ON A SPRING NIGHT　봄밤 달빛 내리는 강

청원행사(靑原行思) 671-740 ··· 122
參禪三境界　THE THREE REALMS OF MEDITATION　참선의 3단계

왕지환(王之渙) 688-742 ·· 123
登鶴雀樓　CLIMBING THE CRANE PAGODA　학작루(鶴雀樓)에 오르니
長歌行　A SONG WITH LONG DRAGGING SOUND　장행가 (소리를 길게 끌어 하는 노래)
浪淘沙　WAVES WASHING SAND　모래를 씻는 파도

맹호연(孟浩然) 689-740 ·· 126
孟浩然詩選 春曉　SELECTION OF POEMS BY MENG HAORAN A SPRING DAWN
맹호연(孟浩然)의 시선(詩選) 봄날의 새벽
與諸子登峴山　CLIMBING MOUNT XIAN WITH SOME FRIENDS　친구 몇 명과 시안산에 오르다.
夜歸鹿門山歌　NIGHT RETURNING TO LUMEN MOUNTAIN　밤에 녹문산(鹿門山)으로 돌아오면서

왕유(王維) 699-759 ··· 129
王維詩選 九月九日憶山東兄弟　SELECTION OF POEMS BY WANG WEI THINKING OF MY SHANDONG BROTHERS IN SEPTEMBER 9TH.　9월 9일 산동(山東)의 형제들 생각하며
渭城曲　MELODY OF WEI CITY　위성(渭城)의 노래
終南別業　ZHONGNAN COTTAGE　종남(終南)의 오두막집

이백(李白) 701-762 ··· 132
李白詩選 把酒問月　SELECTION OF POEMS BY LI BAI ASKING THE MOON ABOUT THE DRINK
이백(李白)의 시 술잔을 들고 달에게 물어봄
春夜宴從弟桃李園序　SPRING NIGHT BANQUET WITH MY BROTHERS AT THE PEACH AND PLUM GARDEN　도원에서 형제들과 봄날 밤의 잔치
宣州謝脁樓餞別校書叔雲　FAREWELL PARTY FOR SECRETARY SHUYUN AT XIETIAO HOUSE IN XUANZHOU　선주(宣州) 사조루(謝脁樓)에서 비서인 숙운(叔雲)을 위한 송별회

안진경(顔眞卿) 709-785 ·· 135
勸學　ENCOURAGE LEARNING　배움에 대한 권고

두보(杜甫) 712-770 ··· 135
杜甫詩選 贈衛八處士　SELECTION OF POEMS BY DU FU FOR MR. WEI, A RETIRED SCHOOLER
은퇴한 학자 위팔(衛八) 씨를 위해

旅夜書懷　THOUGHTS WHILE TRAVELING AT THE NIGHT　야간여행 중 생각
芽屋鳥秋風所破歌　SONG OF A THATCHED HUT DAMAGED BY AUTUMN WIND
가을바람에 날아간 초가지붕에 대한 노래

잠삼(岑參) 715-770 ··· 142
逢人京使　ENCOUNTER WITH AN ENVOY IN THE CAPITAL　수도에서 사신과 만남

반야(般苦) 譯 734-? ·· 143
報恩品　THE GRATITUDE GIFT　감사의 선물

위응물(韋應物) 737-792 ·· 144
韋應物詩選 初發揚子奇元大校書　SELECTED WORKS BY WEI YINGWU SETTING OUT ON THE YANGTZE RIVER FOR SECRETARY MR. YUAN　양쯔강을 떠나면서, 비서 원(元)을 위해서
秋夜寄邱員外　AN AUTUMN NIGHT MESSAGE TO SECRETARY QIU　가을밤에 구(邱)에게 보내는 전언
寄全椒山中道士　FOR THE MOUNTAIN HERMIT OF QUANJIAO　전숙산(全椒山) 은자(隱者)에게
寄李擔元錫　TO LI DAN AND YUAN XI　이담(李憺)과 원석(元錫)에게

맹교(孟邦) 751-814 ··· 148
遊子吟　A WANDERER'S RECITE　방랑자의 암송
長安羈旅行　LIVING AWAY IN CHANG'AN　장안을 떠나서 살다
回鄉遇書二首　TWO CASUAL POEM ON RETURNING HOME　귀향에 대한 일상의 시

한유(轉愈) 768-824 ··· 152
師說　ON TEACHING　가르침에 대하여
治家格言　AN APHORISM ON MANAGING FAMILY　가족에 대한 격언

백거역(白居易) 772-846 ··· 154
得力於忍　BENEFITING FROM ENDURANCE　인내의 이득
放言　RANDOM TALK　무작위 대담
戒殺詩 勸打鳥者　ABSTAINING FROM KILLING ADVICE AGAINST BIRD HUNTING
살생의 금기 새 사냥에 대한 조언
延生妙方　THE SECRET TO LONGEVITY　장수의 비밀

유우석(劉禹錄) 772-842 ··· 158
陋室銘　INSCRIPTION OF A HUMBLE ROOM　겸양에 대한 헌사(獻詞)

유종원(柳宗元) 773-819 ··· 160
禪堂　INSIDE THE MEDITATION HALL　명상실 안에서

원진(元稹) 779-831 ··········· 162
| 離思 ON PARTING 이별

두목(杜牧) 803-852 ··········· 162
| 贈獵騎 TO HUNTER 사냥꾼들에게

이상은(李商隱) 812-858 ··········· 163
| 無題 UNTITLED 무제(無題)

관휴(貫休) 832-912 ··········· 165
| 山居詩 POEM OF MOUNTAIN RESIDENCE 산중 삶의 시

용아거둔(龍牙居遁) 835-923 ··········· 167
| 花開滿樹紅 TREE FILLED WITH RED FLOWER BLOSSOM 붉은 꽃이 만발한 나무
| 無心處處閒 NO-MIND, CAREFREENESS EVERYWHERE 어디나 무심하고 태평한 세상
| 題都城南莊 INSCRIBED IN NAN ZHUANG, OUTSIDE THE CAPITAL 도성 밖 남장(南莊)에 새긴 글

법안문익(法眼文益) 885-958 ··········· 170
| 擁毳對芳叢 WRAPPED IN A WOOLEN ROBE, LOOKING AT THE FRAGRANT PLANTS
모직 예복을 입고 향기로운 화초를 보면서

포대화상(布袋和商) ?-917 ··········· 171
| 悟道詩 ENLIGHTENMENT POEM 깨달음의 시

이욱(李煜) 937-978 ··········· 172
| 李後主詞選 子夜歌 SELECTION BY LI HOUZHU SONG OF MIDNIGHT 이후주(李後主)의 시문에서 밤의 노래
| 處美人 VIRGIN BEAUTY 순결한 아름다움

원진(元眞) 生卒年不詳 ··········· 175
| 垂訓詩 PREACHING POEM 설법의 시

습득(徐得) 生卒年不詳 ··········· 176
| 除賤語 ELIMINATING LOWLY WORDS 저속한 말을 자제하라.
| 寒山拾得忍耐歌 HANSHAN AND SHIDE'S SONG OF ENDURANCE 한산(寒山)과 습득(拾得)의 인내의 노래

불광여만(佛光如滿) 生卒年不詳 ··········· 178
| 心寬山川小 A BROAD MIND AND GENTLENESS 넓은 마음과 관대함

무진장(無盡藏) 生卒年不詳 ·· 179
尋春　SEEKING SPRING　봄은 어디에

영운지근(靈雲志勤) 生卒年不詳 ···································· 180
悟桃花頌　ODE TO PEACH BLOSSOMS　복숭아꽃에 대한 송가(頌歌)

두추낭(杜秋娘) 生卒年不詳 ·· 181
金縷衣　GOLDEN-THREAD GOWN　황금 옷

한산(寒山) 生卒年不詳 ·· 181
忍辱護眞心　ENDURANCE TO PROTECT SINCERITY OF MIND　진실한 마음을 지키기 위한 인내
心中無一事　NOTHING IN MIND　무심
煩惱變歡顏　ANXIETY TURNS INTO JOY　걱정을 즐거움으로
辛夷塢　MAGNOLIA-FLOWERED HILLS　목련꽃 핀 언덕
鳥夜啼　BIRDS CHIRPING AT NIGHT　밤에 우는 새

왕한(王翰) 生卒年不詳 ·· 187
涼州詞　SONG OF LIANGZHOU　양주(涼州)의 노래

11. 송(宋: 960~1279) 시대

진희이(陳希夷) 871-989 ·· 189
心相篇　ESSAY ON THE MIND AND APPEARANCE　마음과 겉모습에 대하여
辛棄疾詞選 賞心亭爲葉丞相賦　SELECTION BY XIN QIJI WRITTEN FOR MINISTER YE AT SHANGXIN PAVILION　신기질(辛棄疾)의 시에서 상심정(賞心亭)에서 엽(葉)승상을 위해 쓰다.
元夕　LANTERN FESTIVAL EVE　등불축제 전날 밤

법천(法天)譯 ?-1001 ·· 194
供養父母　SUPPORTING ONE'S PARENTS　자신의 부모님을 섬기는 일

여몽정(呂蒙正) 946-1011 ·· 195
勤儉勸世文　ADVICE FOR FRUGALITY TO THE WORLD　검소한 세상에 대한 조언

여이간(呂夷簡) 979-1044 ·· 197
門銘　DOOR EMBLEM　문 위 표장(標章)

설보중현(雪寶重顯) 980-1052 · 200
宇宙空來更有誰　WHAT ELSE ARE THERE IN THE UNIVERSE BUT EMPTINESS?
우주에는 공(空) 외에 무엇이 있는가?

유영(柳永) 987-1053 · 200
雨霖鈴　TUNE OF FALLING RAIN　낙우(落雨)의 곡

범중엄(范仲流) 989-1052 · 203
岳陽樓記　YUEYANG PAVILION　악양루(岳陽樓)

안수(晏殊) 991-1055 · 205
浣溪沙　STREAM WASHING SAND　시냇물에 시름을 씻다.

구양수(歐陽修) 1007-1072 · 206
歐陽修詞選 玉樓春　SELECTION BY OUYANG XIU SPRING IN THE JADE PAVILION
구양수(歐陽修)에서 선정 옥루정(玉樓亭)의 봄

소순(蘇洵) 1009-1066 · 207
心術　STRATEGIC PSYCHOLOGY　전략적 심리학

소옹(邵雍) 1011-1077 · 209
心安吟　A PEACEFUL MELODY　태평가
養心歌　THE SONG OF IMPROVING THE HEART　마음을 닦는 노래

주돈두(周敦頭) 1017-1073 · 212
愛蓮說　LOVE OF LOTUSES　연꽃 사랑
讚蓮　PRAISES TO LOTUSES　연꽃에 대한 찬미

사마광(司馬光) 1019-1086 · 214
司馬溫公家訓　TEACHING OF SIMA GUANG FAMILY　사마온 가(司馬溫 家)의 가르침

장재(張載) 1020-1077 · 215
爲天地立心　DEDICATE YOUR MIND TO HEAVEN AND EARTH　당신의 마음을 천하에 바치라

정호(程顥) 1032-1085 · 216
春日偶成　SPRINGTIME OCCASIONALLY COMES　우연히 오는 봄

정신(程頤) 1033-1107 216
  程頤四藏   CHENG YI'S FOUR ADMONITIONS   정신(程頤)의 네 가지 훈계

정호, 정신, 주희(程顥, 程頤, 朱熹) 1032-1085, 1033-1107, 1130-1200 218
  大學   GREAT LEARNING   대학(大學)

소식(蘇軾) 1036-1101 220
  蘇東被禪詩 夜來揭   CHAN POEMS OF SU DONGPO VERSE OF NIGHTFALL
  소동파(蘇東坡)의 선시(禪詩) 황혼의 게(偈)
  觀潮   WATCHING THE TIDE   관조(觀潮)
  題西林壁   A WALL INSCRIPTION IN XILIN TEMPLE   서림사(西林寺) 벽의 명문(銘文)
  題沈君琴   THE SOUND OF ZITHER   양금(洋琴) 소리
  元夕   LANTERN FESTIVAL EVE   등불축제 전날 밤
  浪淘沙   WAVE WASHING SAND   모래를 씻는 파도
  記承天寺夜遊   NIGHT WALK AT CHENTIAN TEMPLE   승천사(承天寺)에서 밤길 걷기
  水調歌頭   WHEN DOES THE BRIGHT MOON APPEAR?   밝은 달은 언제 뜨는가?
  和子由澠池懷舊   RECALLING MINCHI WITH MY BROTHER ZIYOU
  내 형제 자유(子由)와 같이 민지(澠池)를 회상하다.
  洞庭春色賦   ODE TO THE SPRING COLORS OF DONGTING LAKE
  동정(洞庭)호 춘색(春色)에 대한 송시(訟詩)
  定風波   CALMING THE WIND AND WAVES   잔잔한 바람과 물결
  春宵   SPRING NIGHT   봄날의 밤
  寒食帖   THE COLD-FOOD FESTIVAL   한식(寒食) 축제
  夜歸臨皋   NIGHT RETUNING TO LINGAO   밤에 임강(臨江)에 돌아오다.
  焰口召請文   ESSAY TO INVOKE YÁN · KOU   염구(焰口)의 소청문(召請文)

황정견(黃庭堅) 1045-1105 246
  名殊體不殊   DIFFERENT NAMES, BUT ESSENCE DOES NOT   이름은 다르지만, 본질은 다르지 않다.
  一忍一默   ONE PATIENT, ONE SILENT   인내와 침묵
  清平樂   WHERE HAS SPRING GONE?   봄은 어디로 갔나?
  南鄉子   ALL THE GENERALS TALKED ABOUT PROMOTION   모든 장군이 진급을 말한다.

원오극근 (圓悟克勤) 1063-1135 250
  少年風流事   ROMANCES OF YOUTH   젊음의 낭만

성공묘보(性空妙普) 1066-1142 251
  學道詩   POEM ON LEARNING THE WAY   도를 배우는 시

용문청원(龍門淸遠) 1067-1120 ······ 252
撥火悟平生   IGNITING THE FIRE, AWAKENING TO LIFE   불을 지피면서 인생을 깨닫기

자수회심(慈受懷深) 1077-1132 ······ 253
家中四威儀   THE FOUR ELEGANCE AT HOME   집안에서 네 가지 우아한 예절
慈受禪師廣錄   EXTENSIVE RECORDS OF CHAN MASTER CISHOU   자수선사(慈受禪師)의 해박한 기록
吹落桃花   BLOWING DOWN PEACH BLOSSOMS   바람에 날려 떨어지는 복숭아꽃

주돈유(朱敦儒) 1081-1159 ······ 258
西江月   WORLDLY AFFAIRS ARE SHORT AS A SPRING DREAM   세상사 한갓 봄날의 꿈같이 짧은 것

장구성(張九成) 1092-1159 ······ 259
名殊體不殊   HEAVEN AND EARTH SHATTERS   천지가 산산이 조각나다.

육유(陸務) 1125-1210 ······ 260
冬夜讀書示子聿   THOUGHT FOR MY SON ZIYU WHILE READING ON A WINTER NIGHT
겨울밤 책을 읽으며 나의 아들 율(聿)을 생각하다.
前赤壁賦   VISITING TO THE RED CLIFF   적벽 방문

주희(朱熹) 1130-1200 ······ 262
觀書有感   READING REFLECTIONS   독서의 반영
敬恕齋銘   AN INSCRIPTION OF RESPECTFUL FORGIVENESS   존경과 관용에 대한 헌사(獻詞)
知與行   KNOWING AND PRACTICING   알고 실천함
偶成   ACCOMPLISHMENT   성취

장효상(張孝祥) 1132-1169 ······ 267
過洞庭   PASSING DONGTING   동정(洞庭)을 건너

무문혜개(無門慧開) 1183-1260 ······ 269
平常是道   THE ORDINARY WAY   평범한 도

오문영(吳文英) 11200-1260 ······ 270
惜別   FAREWELL   고별

문천상(文天祥) 1236-1283 ······ 272
過零丁洋   CROSSING LINGDING SEA   영정양(零丁洋)을 건너며

고봉원묘(高峰原妙) 1238-1295) ································ 273
| 示徒三戒 TEACHING DISCIPLES ON THE THREE PRECEPTS 세 가지 지침으로 제자들을 가르침

장첩(蔣捷) 1245-1301 ································ 274
| 聽雨 LISTENING TO THE RAIN 빗소리에 귀 기울이다.

등문원(鄧文原) 1259-1328 ································ 276
| 松風閣題跋 INSCRIPTION TO THE SONGFENG PAVILION 송풍각(松風閣)에서 헌사(獻詞)

승가발마(僧伽跋摩) 生卒年不詳 ································ 277
| 施懸二具修 CULTIVATION OF GENEROSITY AND WISDOM 관용과 지혜의 수양

설봉온문(雪峰蘊聞) 生卒年不詳 ································ 278
| 懺悔偈 VERSE OF REPENTANCE 뉘우침의 게(揭)

담경(曇景) 生卒年不詳 ································ 279
| 前心後念 PONDERING THE PAST WHILE THINKING ABOUT THE FUTURE
과거를 돌아보고 미래를 생각하기

옹삼(翁森) 生卒年不詳 ································ 280
| 四時讀書樂 THE JOY OF READING FOR FOUR SEASONS 사시사철 독서의 기쁨

왕수(汪洙) 生卒年不詳 ································ 281
| 人生四喜 THE FOUR JOYS IN LIFE 삶의 4가지 즐거움

12. 원(元: 1270~1279) 시대

야율초재(邪律楚材) 1190-1244 ································ 283
| 過天山和上人韻二絶 QUATRAIN ON CROSSING TIANSHAN WITH MASTER
천산(天山)을 선승과 넘으면서 지은 4행시

백박(白樸) 1226-1306 ································ 284
| 滿江紅 THE RED RIVER 붉은 강

오징(吳澄) 1249-1333 ·· 286
   仁壽堂說   ON THE HALL OF BENEVOLENCE AND LONGEVITY   인(仁)과 장수(長壽)의 전당에서

마치원(馬致遠) 1250-1321 ·· 287
   夜行船 秋思   THOUGHTS IN SAILING AT AUTUMN NIGHT   가을밤 항해 중 생각
   落梅風   WIND THAT DRIPS PLUMS   자두를 떨어뜨리는 바람

관한경(關漢卿) 生卒年不詳 ·· 289
   閒適   RELAXATION   이완(弛緩)

정광조(鄭光祖) 生卒年不詳 ·· 290
   夢中作   IN A DREAM   꿈속에서

석옥제홍(石屋濟洪) 1272-1352 ·· 292
   松針工   NEEDLE WORK   바느질
   山居詩   POEM OF MOUNTAIN LIVING   산 생활의 시

13. 명(明: 1368~1644) 시대

초석범기(楚石梵琦) 1296-1370 ·· 296
   和寒山詩   POEM OF HANSHAN   한산(寒山)의 시

유기(劉基) 1311-1375 ·· 297
   靑松與花   GREEN PINE AND FLOWERS   청송과 꽃

주원장(朱元璋) 1328-1398 ·· 298
   踏破海底天   TREAD OVER THE SKY UNDER THE SEA   바다 밑 하늘을 밟고 지나가다.

손작(孫作) 1340-1424 ·· 298
   座右銘   MOTTO   좌우명   292

방효유(方孝孺) 1357-1402 ·· 300
   指喩   METAPHOR   은유
   勉學詩   ENCOURAGEMENT FOR LEARNING   배움에 대한 격려

당인(唐寅) 1470-1524 ·········· 303
- 七十詞   ON SEVENTY'S WORDS   70세에
- 百忍歌   SONG OF HUNDRED ENDURANCES   백인(忍耐)의 노래

양진(楊愼) 1488-1559 ·········· 309
- 臨江仙   ROLLING, ROLLING THE YANGTZE FLOWS EAST   양쯔강은 돌고 돌아 동으로 흐른다.

왕양명(王陽明) 1472-1529 ·········· 310
- 訓兒歌   INSTRUCTIONS FOR MY SONS   내 아들들을 위한 훈계

오승은(吳承恩) 1500-1582 ·········· 312
- 善惡有報   GOOD AND BAD RETRIBUTIONS   선과 악의 응보

문가(文嘉) 1501-1583 ·········· 313
- 明日   TOMORROW   내일
- 今日   TODAY   오늘

라념암(羅念菴) 1504-1564 ·········· 316
- 醒世詩   AWAKENING THE WORLD   세상사 깨우치기

경정향(耿定向) 1524-1597 ·········· 319
- 如何處世   HOW TO NAVIGATE THE WORLD   세상사 헤쳐나가기

원료범(袁了凡) 1533-1606 ·········· 321
- 濟眾十網   TEN ESSENTIAL GUIDELINES FOR HELPING OTHERS   남을 돕기 위한 10가지 기본지침
- 一心淸淨   A CLEAR MIND   청정한 마음
- 因果不昧   CAUSE AND EFFECT ARE UNAMBIGUOUS   인과의 법칙은 명백하다.
- 爲物立則   ESTABLISHING PRINCIPLES   원칙 수립

왕석작(王錫爵) 1534-1614 ·········· 326
- 本箴   THE MAXIM   격언
- 菜根譚 富貴如花   (明 洪應明: 生卒年不詳)   SELECTION FROM TENDING THE ROOTS OF WISDOM PROSPERITY LIKE A FLOWER   채근담(菜根譚)에서 꽃 같은 부(富)
- 人間實相   THE REALITY OF HUMANITY   인간의 실상
- 嚴己寬人   BE STRICT WITH YOURSELF AND LENIENT TOWARDS OTHERS   자신에게 엄격하고 남에게 관대하라.
- 一念之間   ALL IN A THOUGHT   생각의 모든 것

水滴石穿　A DROP OF WATER CAN PIERCE THROUGH STONE.　떨어지는 물방울이 바위를 뚫는다.
身心閑靜　A TRANQUIL BODY AND MIND　평온한 몸과 마음
體諒患離人　BE SYMPATHETIC TOWARDS THOSE LESS FORTUNATE　불우한 사람에게 자비를 베풀라.

연지주굉(蓮池株宋) 1535-1615 ·· 336
| 凝古　CONDENSED ANCIENT　간결한 요약

여곤(呂坤) 1536-1618 ·· 337
| 四則　FOUR ARTICLES　네 가지 규약

주재육(洙載堉) 1536-1610 ·· 340
| 十不足　TEN DISCONTENTMENTS　열 가지 불만

자백진가(紫柏眞可) 1543-1603 ·· 343
| 紫白大師語錄　RECORDED SAYING OF MASTER ZIBO　자백대사(紫柏大師)의 어록
| 初於聞中入流亡所頌　AN ODE TO EARLY NEWS AND ENTERING EXILE　새 소식과 유배에 대한 송시(訟詩)
| 文薪偈　THE FIREWOOD OF LITERATURE　문학의 장작

감산덕청(憨山樘淸) 1546-1623 ·· 347
| 醒世歌　SONG OF AWAKENING THE WORLD　세상을 깨우는 노래(醒世歌)

동기창(董其昌) 1553-1636 ·· 352
| 十 戒　THE TEN PRECEPTS　10가지 가르침

진계유(陳繼儒) 1558-1639 ·· 353
| 陳眉公警世通言　CHEN MEIGONG'S ADVICE FOR THE WORLD　진미공(陳眉公)의 세상에 대한 조언

도주망(陶周望) 1562-1609 ·· 357
| 哀泣各分明　THE DISTINCT SOUNDS OF WAILING　뚜렷한 울부짖는 소리

고반용(高攀龍) 1562-1626 ·· 358
| 語言積德　THE LANGUAGE ACCUMULATES VIRTUE　말로 덕행 쌓기
| 先正格言　MOTTOES OF THE FOREFATHERS　조상들의 좌우명

계현원운(戒顯願雲) 1562-1609 ·· 361
| 刀兵却　CALAMITIES OF WARFARE　전쟁의 참화

마몽용(馮夢龍) 1574-1646 ····· 362
| 錢塘江秋香亭壁詩　POEM ON THE WALL OF QIUXIANG PAVILION　추향정(秋香亭)의 벽에 걸린 시

영목정삼(鈴木正三) 1579-1655 ····· 363
| 十來偈　TEN OR SO VERSES　10여 개의 게(揭)
| 勝妙一日偈　VERSE ON AN AUSPICIOUS DAY　길일의 운문

장대(張岱) 1597-1679 ····· 366
| 陶廣夢憶 選 陶廣夢憶序　PREFACE TO DREAMS OF TAOAN
  도암(陶庵)의 꿈에서 선정 도암(陶庵)의 꿈에서 서문
| 西湖夢尋　DREAM AT WEST LAKE　서호에서 꿈

황종희(黃宗羲) 1610-1695 ····· 368
| 自惕語　SELF-ALERT LANGUAGE　자신에 대한 주의의 말
| 克己 明理　SELF-RESTRAINT AND RATIONALITY　자신의 억제와 합리성

주백로(朱柏盧) 1627-1698 ····· 370
| 朱子家訓　MASTER ZHU'S MAXIMS FOR THE HOME　주자가훈(朱子家訓)

석도(石濤) 1630-1708 ····· 373
| 此中消息　HIDDEN FACTS　숨겨진 사실

굴대균(屈大均) 1630-1696 ····· 374
| 夢江南　GRIEVE FOR THE FALLING LEAVES　지는 낙엽을 위한 애도

정등길(程登吉) 生卒年不祥 ····· 376
| 幼學瓊林　COMPENDIUM OF LEARNING FOR CHILDREN　아이들을 위한 학습 개요

묘협(妙叶) 生卒年不詳 ····· 378
| 寶王三昧論　TREATISE ON THE JEWELED KING SAMADHI　보석 왕 삼매(三昧)에 대한 보고서

14. 청(淸: 1644~1912) 시대

장영(張英) 1637-1708 ····· 382
| 吃虧是福　SUFFERING CAN BE A BLESSING.　고난은 축복이 될 수 있다.

장조(張潮) 1650-? ··· 383
  書之用　HOW TO USE BOOKS　책 사용법
  謂之福　THOSE WHO ARE FORTUNATE　행운의 사람들

석천기(石天基) 1659-? ·· 385
  莫惱歌　DON'T WORRY　걱정을 말라.
  快樂銘　JOYFUL INSCRIPTION　즐거움의 헌사(獻詞)

이육수(李毓秀) 1662-1722 ··· 388
  弟子規 信　SELECTIONS FROM STUDENT CODES TRUST　학생의 규범에서 선정 믿음
  泛愛眾　UNIVERSAL LOVE FOR ALL　보편적(普遍的)인 사랑

정섭(鄭燮) 1693-1765 ·· 392
  心安平安　PEACEFUL MIND, PEACEFUL LIFE　평화로운 마음, 평화로운 삶
  難得糊塗　HARD TO BE CARELESS　부주의하기도 어렵다.
  竹石　ON BAMBOO AND ROCK　대나무와 바위

조설근(曹雪芹) 1715-1763 ·· 395
  好了歌　THE SONG OF GOOD ENDING　끝이 좋은 노래
  葬花吟　ODE TO FALLING FLOWERS　지는 꽃에 대한 송시(頌詩)

기윤(記昀) 1724-1805 ·· 398
  草堂筆記　COTTAGE NOTES　초당(草堂) 필기

심복(沈復) 1763-1825 ·· 401
  浮生六記　SIX NOTES ABOUT LIFE　삶에 대한 6가지

유개(劉開) 1784-1824 ·· 403
  問說　ABOUT ASKING　질문에 대해서

임칙서(林則徐) 1785-1850 ·· 406
  警語軸　KEEP IN MIND　명심(銘心)

왕영빈(王永彬) 1792-1869 ·· 407
  圍爐夜話　EVENING TALK AROUND THE FIRE STOVE　난로 주위에서 저녁의 대화

증국번(曾國藩) 1811-1872 410
| 曾文公日記   THE DIARY OF ZENG WENGONG   증문공(曾文公)의 일기

왕국유(王國維) 1877-1927 412
| 三境界   THE THREE REALMS OF MIND   3가지 마음의 상태

섭기걸(聶其杰) 1880-1953 415
| 校箴八首   EIGHT SCHOOL MOTTOS   학교에서 여덟 가지 좌우명

강항호(江亢虎) 1883-1954 418
| 善生十箴   TEN PRECEPTS FOR A GOOD LIFE   좋은 삶을 위한 열 가지 가르침

김영(金纓) 生卒年不詳 421
| 座右銘   MOTTO   좌우명
| 警世格言   CAUTIONARY MAXIM   신중한 격언
| 善爲至寶   TREATING GOODNESS AS A TREASURE   선(善)을 보물로
| 涵養   CULTIVATION   양성
| 富貴貧賤論   THE THEORY OF WEALTH, PROSPERITY, POVERTY, AND LOWLINESS   빈부와 귀천의 이론
| 五字說   SECRETS OF FIVE WORDS   다섯 마디의 비밀

이밀암(李密庵) 生卒年不詳 428
| 半半歌   "HALF AND HALF" SONG   "반, 반"의 노래

호담암(胡澹庵) 生卒年不詳 432
| 不知足歌   UNSATISFIED SONG   불만의 노래

전덕창(錢德蒼) 生卒年不詳 434
| 知足歌   SONG OF CONTENTMENT   만족의 노래

엽옥병(葉玉屛) 生卒年不詳 435
| 六事箴言   SIX ADMONITIONS   여섯 가지 충고

머리말

사람이 살다보면 기쁨, 슬픔, 즐거움, 괴로움, 노여움 등은 늘 겪는 일, 즐거울 때는 즐거운 대로, 괴로울 때는 괴로운 대로 즐기며, 참으며 마음의 평정을 찾는다. 괴로울 때나 슬플 때, 마음의 안정을 얻기 위한 여러 가지 활동이 있겠지만 손에 닿는 곳에 좋은 책을 두고 틈틈이 한쪽씩 읽어보는 것도 마음의 평정을 얻고 삶의 지혜를 찾는 쉽고도 값진 하나의 방법이 될 것이다.

이 책은 한문과 영문으로 된 옛 중국의 역대 현인들이 남긴 글 중에서 삶의 지혜 부분을 찾아 정리한 것으로 영어사전을 찾지 않고도 읽을 수 있도록 영-한 편역(編譯)한 것이다.

이 책이 독자여러분에게 조금이나마 마음의 평안을 드리는 읽을거리가 되기를 기대한다.

- 편역자 이종배

1. 상(商: BC 1600~1046) 시대

易經*

(周 文王: 約 BC 1152-1056)

善不積, 不足以成名 ; 慈不積, 不足以滅身.

君手學以聚之, 間以辨之, 寬以居之, 仁以行之.

同聲相應, 同氣相求, 水流濕, 火就燥, 雲從龍, 風從虎, 各從其類世.

《易經》

* **易經**: 유학(儒學) 오경(五經)의 하나. 만상(萬象)을 음양(陰陽) 이원(二元)으로써 설명(說明)하여 그 으뜸을 태극(太極)이라 하였고 거기서 64괘를 만들었는데, 이에 맞추어 철학(哲學)·윤리(倫理)·정치상(政治上)의 해석(解釋)을 덧붙였다.

THE I CHING

(King of the Order: BC 1152-1036)

Unaccumulated good deeds are insufficient to gain fame, and unaccumulated bad deeds are insufficient to destroy themselves.

The [1]sage accumulates the results he has learned, questions the results, and clarifies them, and puts them into practice with tolerance so that there is no [2]ambiguity in what he is trying to achieve

Just as things with the same pitch resonate together, things with the same material force look for each other. Water flows to the wet, and fire spreads to the dry. Cloud follows the dragon, and wind follows the tiger. Like this, everything follows the same thing as you.

1) sage[seidʒ]: a, n. 슬기로운, 현명한, n.현인, 철인; 경험이 풍부한 현자.

2) ambiguity[æ̀mbigjúːəti]: n. 애매함, 불명료함; 다의(多義). 모호한 표현.

역경(易經)

(상 주문왕: BC 1152-1036)

축적하지 않은 선행은 명성을 얻는 데 불충분하고, 축적하지 않은 악행은 자신을 파괴하는 데 불충분하다.

현자는 자신이 배운 결과를 축적하여 그 결과에 의문을 가지고 명확히 하여, 자신이 이루려고 한 것에 모호함이 없도록 관용으로 실천에 옮긴다.

같은 음조를 가진 것들이 함께 공명하듯이, 같은 물질적 힘을 가진 것들은 서로를 찾는다. 물은 젖은 곳으로 흐르고, 불은 마른 곳으로 번진다. 구름은 용을 따르고, 바람은 호랑이를 따른다. 이처럼 모든 것은 자신과 같은 것을 따른다.

〈역경〉에서

2. 주(周: BC 1046~771) 시대

誠伯禽

(周 周公: BC ?-1105)

君子大如牛, 不與牛爭大;
走如馬, 不與馬爭走;
智如士, 不與士爭智.
德行廣大而守以恭者, 榮.
土地博裕而守以儉者, 安.
祿位尊盛而守以卑者, 貴.
人衆兵強而守以畏者, 勝.
聰明叡智而守以愚者, 益.
博聞多記而守以淺者, 廣.

《太平御覽》

BO QIN'S* ADMONITION

The nobles have the same power as the bulls,
   but not compete with bulls on its power.
They may be able to run like horses,
   but not compete with horse in speed.
They may be wise as scholars.
   but not compete with scholars in wisdom.

Those who have great virtue,
   but handle things with modesty will gain honor.

Those who own vast lands

   but live with [1]frugality will find peace.

Those with high official positions,

   but discipline themselves with [2]humbleness will be respectable.

Those who have powerful armies,

   but guard their posts carefully will emerge victories

Those who are smart

   but appear ignorant will gain numerous benefits.

Those who read extensively and have good memories

   but appear shallow will have their horizon broadened.

1) frugality[fruːgǽləti]: n. 검약, 질소(質素).

2) humbleness[hʌ́mbəlnes]: n. 겸손, 비하; 비천한 신분; 변변찮음.

백금(伯禽)*의 충고

(주 주공: BC ?-1103)

고결한 사람들은 황소와 같은 힘이 있지만,

   그 힘으로 황소와 경쟁하지 않는다.

그들은 말처럼 달릴 수 있을지라도,

   말과 달리기 경쟁을 하지 않는다.

그들은 학자로서 현명하지만,

   지혜로 학자들과 경쟁하지 않는다.

위대한 덕을 가진 사람들이

   겸허하게 일을 처리하면 명예를 얻을 것이다.

광대한 땅을 소유한 사람들이

   검소하게 살면 평화를 찾을 것이다.

높은 직위를 지닌 사람들이

   스스로 자신을 겸손하게 훈련하면 존경받을 것이다.

강력한 군대를 가진 사람들이

조심스럽게 직위를 지키면 승리가 뒤따를 것이다.
영리하지만 무식해 보이는 사람들이
　많은 혜택을 얻을 것이다.
폭넓게 독서를 하고 좋은 기억을 가진 사람들은
　얕은 것처럼 보일지라도 그들의 시야는 넓어질 것이다.

〈태평어람〉에서

* **백금**(伯禽―BO　QIN): 서주(西周) 노(魯)나라의 국군(國君). 성은 희(姬)고, 자가 백금인데, 금보(禽父)라고도 부른다. 주공(周公) 희단(姬旦)의 맏아들이다. 성왕(成王)이 상엄(商奄)의 땅과 은민(殷民) 6족(族)으로 백금에 봉했는데, 나라 이름은 노라하고, 도읍은 곡부(曲阜)로 정했다. 봉해진 지 3년 뒤부터 치적에 대해 보고했다. 주공이 왜 이리 늦었냐고 묻자 "세속을 바꾸고 예의를 고치는데 3년이 지나고서야 없앨 수 있었다. (變世俗 革其禮 喪三年然後除之)"고 대답했다. 나중에 왕정을 보필하면서 군사를 이끌고 가 회이서융(淮夷西戎)을 정벌하고 비(費)에서 맹세하여 서융을 평정한 뒤 노나라가 안정을 찾았다. 46년 동안 재위했다.

3. 춘추(春秋: BC 770~220) 시대

老子
三寶

(春秋老子: BC 604-531)

我有三寶, 持而保之. 一曰慈, 二曰儉, 三曰不敢爲天下先. 慈故能勇, 儉故能廣,
不敢爲天下先, 故能成器長. 今舍慈且勇, 舍儉且廣, 舍後且先, 死矣!
夫慈, 以戰則勝, 以守則固. 天將救之, 以慈衛之.

THE THREE TREASURES

I have three treasures that I [1]cherish. The first is gentleness, the second is [2]frugality, and the third is to avoid taking [3]precedence over others. You can be bold with generosity, you can be free with [4]thrift, and you can be a vessel that gives the highest honor when lowered by giving up priority to others.

Nowadays, people are [5]betraying tolerance and shamelessness, and everyone is trying to be free economically, and only to stand in the front seat from the very back, but death is the only thing that ends. Generosity is certain to win in battle, and its foundation is firmly maintained. Heaven will save its owner with tolerance that protects itself.

1) cherish[tʃériʃ]: vt 소중히 하다. 귀여워하다.
2) frugality[fruːgǽləti]: n. 검약, 질소(質素).
3) precedence[présədəns]: n.(시간·순서 따위가) 앞서기, 선행; 전례; 상석, 우위; 우월; 우선(권).
4) thrift[θrift]: n.검약, 검소. (식물의) 번성; 번영; 행운.
5) betraying[bitréi]: vt.배반[배신]하다; (조국·친구 등을) 팔다《in; into》; (남편·아내·여자 등을) 속이다. (신뢰·기대·희망 따위를) 저버리다, 어기다. (비밀을) 누설하다, 밀고하다《to》.

세 가지 보물

나는 소중히 아끼는 세 가지 보물을 가지고 있다. 첫 번째는 온화함이요, 두 번째는 절약이며, 세 번째는 남보다 우선함을 피하는 것이다. 관대함으로 대담해질 수 있고, 절약으로 자유로울 수 있으며, 남에게 우선권을 양보하며 낮아지면 최고의 영예를 안기는 그릇이 될 수 있다.

요즘 사람들은 관용을 저버리고 뻔뻔해져서, 경제적으로 모두가 자유로워지려 하고, 맨 뒤쪽에서 맨 앞자리에만 서려고 하는데 그 끝은 죽음뿐이다. 관대함은 전투에서도 승리할 것이 확실하고 그 기반은 확실하게 유지된다. 하늘은 자신을 보호하는 관용으로 그 소유자를 구원할 것이다.

〈도덕경〉에서

上善若水(道德經)

(春秋老子: BC 604-531)

上善若水. 水善利萬物. 而下爭. 處衆人之所惡, 高幾於道.
居善地. 心善淵, 與善仁, 言善信, 政善治, 事善能, 動善時.
夫唯不爭. 故無尤.

THE BEST IS THE SAME AS WATER.

The best good is like water. The nature of water benefits everything, does not push back, and sits in a low place that everyone hates. The road thus is more like a The path(道). Excellent housing is in the right place, outstanding minds are in the stillness of the abyss, outstanding bonds are in their virtuous selves, outstanding words are in their [1]trustworthiness, outstanding government is in securing good order, outstanding ability to do business lies in the person's ability, and the beginning of any outstanding movement lies in its timeliness.

And when a man of the greatest [2]caliber is not arguing about his low rank, no one finds fault with him.

1) trust·wor·thy[trʌ́stwə̀ːrði]: a. 신용[신뢰]할 수 있는, 확실한, 믿을 수 있는.
2) caliber[kǽləbər]; n. (원통꼴 물건의) 직경; (총포의) 구경; (탄알의) 직경. (인물의) 국량, 재간(ability), 관록; (사물의) 가치의 정도, 품질.

최고의 선(善)은 물과 같다(도덕경)

최상의 선은 물과 같다. 물의 본성은 모든 것을 이롭게 하고 반발하지 않으며 모든 사람들이 싫어하는 낮은 곳에 자리한다. 따라서 그 길은 도(道)에 가깝다. 뛰어난 주택은 적합한 장소에 있고, 탁월한 마음은 심연의 고요함에 있으며, 우수한 유대는 덕이 있는 자신들의 안에 있고, 탁월한 말은 신뢰성에 있으며, 탁월한 정부는 좋은 질서를 확보하는 데 있고, 탁월한 업무수행 능력은 그 사람의 능력에 있으며, 탁월한 어떤 운동의 시작은 그것의 적시성에 있다.
그리고 최고의 뛰어난 소질을 가진 사람이 자신의 낮은 지위에 대해 논쟁을 하지 않을 때, 아무도 그 사람의 결점을 발견하지 못한다.

〈도덕경〉에서

孫子兵法
謀攻篇

(春秋. 孫武: 約 BC 545-470)

知彼知己, 百戰不殆; 不知彼而知己, 一勝一負: 不知彼不知己, 每戰必殆.

A STRATEGY OF ATTACK

If you know your enemy and know yourself, you will win every battle. If you know yourself but don't know your enemy, you will be frustrated every time you win. If you know neither the enemy nor yourself, you will ¹⁾succumb in every battle.

1) succumb[səkʌ́m]: vi. 굴복하다, 압도되다, 굽히다, 지다, 죽다.

손자병법에서 지피지기(知彼知己)

(춘추손무: BC 545-470)

적을 알고 자신을 알면 백전백승할 것이다. 자신을 알지만 적을 모르면 승리할 때마다 좌절할 것이다. 자신도 적도 모른다면 각 전투에서 매번 패배한다.

虛實篇

夫兵形象水, 水之形, 避高而趨下, 兵之形, 避實而擊虛.
水因地而制流, 兵因敵而制勝. 故兵無常勢, 水無常形.
能因敵變化而取勝者, 謂之神. 故五行無常勝, 四時無常位, 日有短長, 月有死生.

≪孫子兵法≫

WEAKNESSES AND STRENGTHS

Military [1]tactics are like the flow of water, naturally rushing from high to low.
Thus, in war, the art of [2]warfare is to avoid the strong and attack the weak. Just as water takes its course according to the natural geography through which it flows, a soldier calculates victory in relation to the enemy he faces. Thus, just as water cannot maintain a certain shape, there are no certain conditions in war. Those who can modify their tactics against their opponents can win in that way, may be called a heaven-born captain. The five elements (water, fire, wood, metal, and earth) are not always evenly dominant, and the four seasons in turn make way for each other. Just as there are short days and long days, the moon has a period of ups and downs.

1) tac·tics[tǽktiks]: n.용병학, 전술(학), 병법. 작전; 책략, 방책, 술책.(언어 요소의) 배열론〔연구〕.
2) warfare[wɔ́ːrfɛ̀ər]: n. 전투(행위), 교전(상태); 전쟁(war); 싸움.

약점과 강점

군사전술은 물의 흐름과 같아서, 자연적으로 높은 곳에서 낮은 곳으로 서둘러 이동한다. 따라서 전쟁에서 병법은 강한 것은 피하고 약한 것을 공격하는 것이다. 물은 그것이 흐르는 자연의 지형에 따라 그 경로가 정해지듯이, 군인은 그가 마주하는 적과 관련하여 승리를 계산한다. 따라서 물이 일정한 형태를 유지하지 못하는 것과 꼭 같이, 전쟁에서는 일정한 조건이 없다. 상대방에 대한 전술을 수정할 수 있는 사람은 그렇게 해서 승리할 수 있으므로 타고난 장수라고 할 수 있다. 다섯 가지 요소(물, 불, 나무, 금속, 대지)가 항상 균등하게 우세하지는 않은데, 사계절은 차례로 서로를 위한 길을 내준다. 짧은 날과 긴 날이 있듯이, 달은 흥하고 쇠하는 기간이 있다.

〈손자병법〉에서

孔子 論語
述而篇

(孔子: BC 551-479)

三人行, 必有我師焉. 擇其善者而從之, 其不善者而改之.

DESCRIBE BUT NOT MAKE UP

When three people walk together.
   I'm sure one of them is my teacher.
If you choose a good man and follow him
   you can correct what is not right.

기술(記述)하되 지어내지 않는다.

세 사람이 함께 걸으면.
   틀림없이 그중 한 사람은 나의 스승이다.
선한 사람을 선택하고 따르면
   옳지 않은 것을 바로잡을 수 있다.

爲政篇

五十有五而志於學: 三十而入: 四十而不惑: 五十而知天命:
六十而耳順: 七十而從心所欲·不踰矩.

CONDUCTING POLITICS

At the age of 15, I was immersed in learning,
At the age of 30, I stood firm.
At the age of 40, I rid of doubts,
At the age of 50, I knew the [1]decrees of Haven.
At the age of 60, the truth is accepted by the ears,
At the age of 70, I could follow what my hear desired,
　without transgressing what was right.

1) decrees[dikríː]: n. 법령, 포고, 명령, 교령(敎令), 신의(神意), 천명, (법률학)판결, 선고.
　 vt.: 포고하다, 판결하다

정치(政治)를 행(行)함.

15세에, 배움에 몰두하고,
30세에, 확고히 섰다.
40세에, 의심을 없애고,
50세에, 천명을 알았다.
60세에, 귀로 진실을 받아들이고,
70세에, 옳음에 반하지 않고, 듣고 싶은 것을 따를 수 있었다.

雍也(雍也可使南面)篇

知者樂水, 仁者樂山. 知者動, 仁者靜: 知者樂·仁者壽.

THE SAGES AND VIRTUE

The sage seeks pleasure in the water
The virtuous finds pleasure in the mountains.

The sage is dynamic
The virtuous is static.

The sage is happy
The virtuous has a long life.

현자와 덕행

현자는 물에서 즐거움을 찾고
인자는 산에서 즐거움을 찾네.

현자는 동적이고
인자는 정적이라네.

현자는 즐겁고
인자는 장수한다네.

顏淵篇(顏淵: 공자의 제자)

非禮勿視, 非禮勿聽, 非禮勿言, 非禮勿動.

DON'T DO ANYTHING AGAINST THE COURTESY.

Don't see anything against the [1]courtesy.
Don't listen to anything against the courtesy.
Don't say anything against the courtesy.
Don't do anything against the courtesy.

1) courtesy[kɔ́ːrtəsi]: n. 예의 바름, 공손함. 친절한 말. 호의(favor), 우대, 특별 취급

예에 벗어나는 일은 어떤 것도 하지 말라.

예(禮)에 반하는 것을 보지 말라.
예에 반하는 것은 듣지 말라.
예에 반하는 것은 말하지 말라.
예에 반하는 어떠한 것도 하지 말라.

〈논어〉에서

之蘭之室

(春秋.孔子: BC 553-479)

與善人居. 如入之蘭之室, 久而不聞其香, 卽與之化矣;
與惡人居, 如入鮑魚之肆, 久而不聞閔其臭, 赤與之化矣.

《孔子家語》

THE ROOM OF ORCHIDS

Being with the virtuous is like being in a room full of [1]irises and orchids, so eventually we don't feel the scent of them, because we have become part of them.

Being with evil people is like being in a salted fish shop, so in the end we don't feel the [2] stench of the fish, because we have become part of it

1) iris[áiris]: n. 붓꽃 속(屬)의 식물; 그 꽃.(해부학) (안구의) 홍채(虹彩). 무지개(모양의 것), (해·달의) 무리 vt.: 무지개 색으로 하다.
2) stench[stentʃ]: n.악취(를 풍기는 것).

난초 실

(춘추 공자: BC 553-479)

덕이 있는 사람들과 함께하는 것은 붓꽃과 난초로 가득 찬 방에 있는 것과 같아서, 결국 우리는 그 꽃들의 향기를 느끼지 못하게 되는데, 그것은 우리가 그들 꽃 중의 일부가 되었기 때문이다.

사악한 사람들과 함께하는 것은 소금에 절인 생선가게에 있는 것과 같아서, 결국 우리는 생선의 악취를 느끼지 못하게 되는데, 그것은 우리가 그 생선 중의 일부가 되었기 때문이다.

〈공자가어〉에서

中庸

(春秋 孔伋 撰: BC 483-402)

好學近乎知, 力行近乎仁, 知恥近乎勇. 博學之, 審問之, 慎思之, 明辨之, 篤行之.
道者也, 不可須臾離也; 可離, 非道也. 是故, 君子戒慎乎其所不睹, 恐懼乎其所不聞.
莫見乎隱, 莫顯乎微, 故君子慎其獨也.
喜怒哀樂之未發, 謂之中; 發而皆中節, 謂之和. 中也者, 天下之大本也; 和也者, 天下之達道也. 致中和, 天地位焉, 萬物育焉.

《中腐》

THE MODERATION

If you like to learn, you get closer to knowledge, if you practice it [1]briskly, you get closer to tolerance, and if you have a shameful feeling, you get closer to courage.
The attainment of Way requires extensive research and accurate investigation of good, careful reflection of it, a clear [2]perspective on it, and its sincere [3]implementation.

The path cannot escape for a single moment. If you can escape, it is not The path. Because of this, the sage does not wait until he sees things, pay attention, is not angry at things, or worry about them. Nothing stands out more than stealth, and nothing reveals more than minimal things. Therefore, when the sage is alone, he is wary of himself. It can be said that the mind is in [4]equilibrium, while there is no feeling of pleasure, anger, sadness, or joy. It can be said that it is a state of harmony when such emotions are shaken and they work in moderation. This equilibrium is the great root of all human behavior in the world, and harmony is the universal path that all of them must pursue. Let the state of balance and harmony be perfect, and then a happy order will prevail through heaven and earth, and everything will thrive affected.

1) briskly: ad. 활발히, 팔팔하게, 세차게; 상쾌히, 기분 좋게.
2) perspective[pərspéktiv]: n. 투시 화법; 투시도, 경치, 조망. 전망; 상관관계; 균형. 가망, 전도. a.투시(화법)의.
3) implementation[impləməntéiʃən]: n. 이행, 수행; 완성, 성취.
4) equilibrium[iːkwəlíbriəm]: n. 평형상태, (마음의) 평정, 지적 불편(知的不偏). 【물리학·화학】 평형(balance).

중용(中庸)

(춘주공급: BC 483-402)

배우기를 좋아하면 지식에 가까워지고, 활기차게 실행하면 관용에 가까워지며, 부끄러운 감정을 가지면 용기와 가까워진다.

득도(得道)는 선에 관한 폭넓은 연구와 그에 대한 정확한 조사, 그에 대한 신중한 반영, 그에 대한 분명한 안목 그리고 그것의 성실한 실행을 요구한다.

도(道)는 한순간도 벗어날 수 없다. 벗어날 수 있다면 그것은 도가 아니다. 이 때문에 현자는 사물을 볼 때까지 기다리지 않고, 주의를 기울이지 않으며, 사물에 격노하지도 않고, 걱정도 하지 않는다. 은밀한 것보다 더 눈에 띄는 것은 없으며 극히 작은 것보다 더 드러난 것도 없다. 그러므로 현자는 홀로 있을 때 자신을 경계한다. 즐거움, 분노, 슬픔 또는 기쁨의 느낌이 없는 반면, 마음은 평정 상태에 있다고 할 수 있다. 그러한 감정이 흔들리고 그 감정들이 적당히 작용하면 화합의 상태라고 할 수 있다. 이 마음의 평정은 세상 모든 인간의 행동을 성장시키는 위대한 뿌리이며, 화합은 그들 모두가 추구해야 하는 보편적인 길이다. 균형상태와 조화상태가 완벽하게 유지하게 하자, 그러면 행복한 질서가 천지를 통해 우세할 것이고 모든 것들이 영향을 받아 번성할 것이다.

〈중용〉에서

禮記
中庸篇

(春秋孔子: BC 553-479)

行遠必自邇 · 登高必有卑.

THE MODERATION FROM THE BOOK OF RITES STARTING

If you want to go far,
   you should start at a close distance,
If you want to go up high,
   you have to start from a low place.

예기(공자) 출발점(中庸에서)

멀리 가려면
   가까운 곳에서 시작해야 하고,
높은 곳에 오르려면
   낮은 곳으로부터 시작해야 한다.

禮運篇

大道之行也 · 天下爲公. 選賢與能 · 講信修睦. 故人不獨親其親 · 不獨子其子 .
使老所有於 · 壯有所用 · 幼有所長. 鰥寡孤獨閉疾者 · 皆有所養 · 男有分 · 女有歸.
貨惡其棄於地也 · 不必藏於己 : 力惡其不出於身也 · 不必爲己. 是故謨閉而不與 ·
盜竊亂賊而不作 · 故外戶而不閉 · 是謂.

GRAND UNION

In the pursuit of the Great Way, a common public spirit ruled the world. Those who had talent, virtue, and ability were chosen, and what they said was true and what they raised was harmony. Therefore, people did not love only their parents, and did not treat only their children as their own children.

A man was given enough food until he grew up as a young man and was fit to work, and employment was guaranteed until he reached the age of death. They fully supported widows, orphans, young children, and those who were incapacitated by the disease, and showed kindness and mercy.

Men did the right thing and women kept the house. They accumulated valuable items and threw away their dislike, but they did not want to keep their wealth for their own satisfaction. They hated working hard and exercising their abilities, but they did not invoke their abilities only for their own gain. In this way, selfish plots were suppressed and development could not be found.

Robbers, petty thieves, and [1]treasonous rebels hid themselves and thus the door to the outside was open and closed. This was the period called Grand Union.

---

[1] treasonous[tríːznəs] a.반역의; 불충한, 반역심이 있는.

대동(大同)

대도(大道)를 추구할 때, 공적(公的)인 공동의 정신이 천하를 지배했다. 재능과 덕과 능력이 있는 사람들이 선택되었고 그들이 하는 말은 진실하고 그들이 양육하는 것은 조화였다. 따라서 사람들은 자신들의 부모만을 사랑하지 않고 그들의 자식들만을 자기 자식으로 취급하지 않았다.

사람은 청년으로 성장하여 일할 수 있는 몸이 될 때까지 충분한 식량이 주어지고, 죽을 나이가 될 때까지 고용이 보장되었다. 그들은 과부와 고아, 어린 아이들과 질병으로 무력해진 사람들을 충분히 부양하고 친절함과 자비를 베풀었다.

남자들은 적절한 일을 하고 여자들은 집을 지켰다. 가치 있는 물품을 축적하고 싫어하는 것은 내동댕이쳐버렸지만, 자신들의 만족을 위해서 재물을 지니고 싶어 하지는 않았다. 그들은 힘들여 일하고 능력행사를 싫어했지만, 그들 자신의 이득만을 위해서 능력을 발동하지는 않았다. 이와 같이 이기적인 계략은 억압되었고 아무런 진전이 없었다.

강도와 좀도둑 그리고 반역 역적들은 그들 자신을 감추도록 밖으로 나가는 문은 열려있고 닫치지 않았다. 이것이 대동(大同)이라고 하는 시기였다.

〈예기〉에서

孟子
告子篇

(孟子: BC 372-289)

天將降大任於斯人也,
必先苦其心志, 勞其筋骨,
餓其體膚, 空乏其身,
行拂亂其所爲, 所以動心忍性,
增益其所不能.
魚·我所欲也, 熊掌亦我所欲也;
二者不可得兼, 舍魚而取熊掌者也.
生亦我所欲也· 義亦我所欲也:
二者不可得兼· 舍生而取義者也.

THE DUTY

When heaven intends to give a large position to someone, heaven first [1]tames the person's job by making his heart suffer and overwork his muscles and bones. The job makes him hungry and subject to extreme poverty. The job given [2]frustrates his task. The job given to him by all these means inspires his mind and trains his nature to complement his [3]incompetence.

I like fish and I like bear [4]soles. If I can't have both, I will throw away the fish and take the bear soles. So I like life and I also like justice. If I can't take both together, I will abandon life and choose justice.

1) tame[teim]: vt. 길들이다. 복종시키다, 따르게 하다. 억누르다. 재배하다, 이용할 수 있도록 통제하다.
2) frustrates[frʌ́streit]: vt. 쳐부수다, 꺾다. 헛되게 하다, 실패하게 하다. vi.실망하다. a.무익한. 좌절된.
3) incompetence[inkάmpətəns]: n.무능력, 부적당; 〖법률학〗무자격, 금치산; 〖의학〗(기능) 부전(증).
4) sole[soul]: n. 발바닥. 신바닥; 구두의 창(가죽). 밑부분, 하부. a. 오직 하나[혼자]의, 유일한(only).

직무(職務)

하늘이 어떤 사람에게 큰 직책을 맡기려 할 때, 하늘은 먼저 그 사람이 맡은 직무가 그의 마음을 고통스럽게 하고 근육과 뼈를 혹사해 길들인다. 직무는 그의 몸을 굶주리게 하고 극심한 빈곤을 당하게 한다. 주어진 직무는 그의 과업을 좌절시킨다. 이런 모든 수단에 의해서 그에게 주어진 직무는 그의 마음을 고무하고 본성을 단련시켜서 그의 무능력을 보완하게 한다.

나는 생선을 좋아하고 곰 발바닥도 좋아한다. 두 가지를 다 가질 수 없다면, 생선을 버리고 곰 발바닥을 취할 것이다. 그래서 나는 삶을 좋아하고 또한 정의를 좋아한다. 만일 두 가지를 함께 취할 수 없으면, 삶을 버리고 정의를 택할 것이다.

離婁篇

君子所以異於人者, 以其存心也,
君子以人存心, 以禮存心,
仁者愛人, 有禮者敬人,
愛人者人恆愛之, 敬人者人恆敬之.

THE SAGE

How the wise man is distinguished from others is that he has kindness and manners visible to others in his heart. A person who respects others is constantly respected by others.

현자(賢者)

현자가 다른 사람과 어떻게 구별되는가 하면, 그 사람의 마음속에 다른 사람에게 보이는 인(仁)과 예의범절을 지니고 있다는 것이다. 다른 사람을 존중하는 사람이 다른 사람들에게 지속적으로 존경받는다.

〈맹자〉에서

莊子
刻意

(戰國: BC 369-286)

衆人重利, 廉士重名, 賢人尙志, 聖人貴精

PAINSTAKING

Many people regard profit as the most important thing, pure scholars want fame, wise men want their own ambitions, and the sages value essential [1]purity.

1) purity[pjúərəti]: n. 청정, 순수. 깨끗함, 청결, 맑음. 순도;청렴, 결백.

고심(苦心)

다수의 사람은 이익을 가장 중요한 것으로 생각하고, 순수한 학자는 명성을, 현명한 사람은 자신의 대망을 원하고, 현인은 본질적인 순수함을 중시한다.

人間世

山木, 自冠也; 膏火, 自煎也. 桂可食, 故伐之; 漆可用, 故割之. 人皆知有用之用, 而幕知無用之用也.

THE HUMAN WORLD

The mountains are weakened by planted trees. Burning oil [1]splatters itself. [2]Cinnamon trees are cut into small pieces because they are [3]edible. The varnish tree is useful for painting clothes, so its body is cut into segments. Everyone knows the benefits of being useful, but no one knows the benefits of being useless.

1) splatter[splǽtər]: vt., vi. 절벅절벅 소리를 내다, 튀기다, 철벅거리다; 재잘재잘. 지껄이다. n.튀기기. 혼신.
2) cinnamon[sínəmən]: n. 육계(肉桂); 계피; 육계색; 육계나무. a.육계색의, 황갈색의, 육계의 향료를 친.
3) edible[édəbəl]: a.식용에 적합한, 식용의. n.식품, 음식. vt., vi. 분단[분할]하다, 분열하다[시키다].

사람 사는 세상

산은 심어진 나무에 의해서 스스로 약화한다. 불에 타는 기름은 스스로를 튀긴다. 계피 나무는 먹을 수 있어서 잘게 잘린다. 옻나무는 옻칠에 유용하여 몸체가 절개된다. 사람은 누구나 쓸모 있는 것의 이점은 알고 있지만 쓸모없는 것의 이점은 아무도 모른다.

〈莊子〉에서

荀子(荀子)
勸學篇

(戰國 荀子: BC 313-238)

積土成山, 風雨與焉; 積水成淵, 蛟龍生焉.
不積蹞步, 無以致千里; 不積小流, 無以成江海.
騏驥一躍, 不能十步; 駑馬十駕, 功在不舍.
鍥而舍之, 朽木不折: 鍥而不舍, 金石可鏤.

SELECTIONS FROM XUNZI
ENCOURAGE LEARNING

The soil builds up and becomes a mountain,
   where wind and rain decorate the mountain.
The water settles and becomes a deep well
   a dragon that control rain and flood are thus born.

Without taking one step at a time,
   one cannot travel a thousand miles,
Without accumulating small streams,
   one cannot form rivers and seas.

A steed cannot exceed ten steps in a single leap,
   while a nag can keep running for ten days by never giving up.

To give up only after a few chisels,

not even rotten wood will ¹⁾snap

To keep chiseling without giving up,

even gold and stone can be ²⁾engraved.

1) snap[snæp]: vi. 덥석 물다, 찰깍(딱)하고 소리를 내다. 스냅 사진을 찍다. vt. 낚아채다, 스냅 사진을 찍다.
2) engrave[engréiv]: vt. 조각하다, 새기다. 명심하다, 새겨두다. n. 조각사; 조판공(彫版工).

순자(荀子)의 가르침에서 학문을 권장하다.

(전국 순자: BC 313-238)

흙이 쌓여 산이 되고,
  바람과 비가 산 위를 장식한다.
물이 고여 깊은 우물이 되면
  비와 홍수를 조절하는 용이 태어난다.

반걸음들이 모이지 않으면,
  천릿길을 갈 수 없다.
작은 물줄기가 모이지 않으면
  강과 바다가 형성될 수 없다.

군마(軍馬)는 한 번의 도약으로 10발을 뛸 수 없지만,
  둔마(駑馬:둔한 말)는 결코 포기하지 않고 열흘을 계속 달릴 수 있다.

끌로 몇 번 깎고 나서 포기하면,
  썩은 나무조차 끊을 수 없다.
포기하지 않고 끌질을 계속하면,
  금과 돌에도 새겨 넣을 수 있다.

大略篇

歲不寒, 無以知松柏; 事不難, 無以知君.

《荀子》

AS A GENERAL RULE

Without the cold season,
  no one can know the nature of the [1]cypress and the [2]cedar.

Without difficult tasks,
  no one can know the characteristics of a gentleman.

1) cypres [sáipris]; n. 삼(杉)나무의 일종
2) cedar[síːdər]; n. 히말라야 삼목.

대략(大略)

추운 계절이 없으면,
  노송나무와 향나무의 본질을 알 길이 없다.

주어진 임무가 어렵지 않다면,
  군자의 특성을 알 길이 없다.

〈순자〉에서

4. 서한(西漢: BC 202~8) 시대

高祖本紀

(司馬遷, 西漢: BC 145-86)

高祖置酒雒陽南宮, 高祖曰:「列侯諸將無敢隱朕, 皆言其情. 吾所以有天下者何?」
高起, 王陵對曰:「陛下慢而侮人, 項羽仁而愛人. 然陛下使人攻城掠地. 所降下者因而予地. 與天下同利也.
項羽妬賢嫉能. 有功者害之, 賢者疑之, 戰勝而不予人功, 得地而不予人利, 此所以失天下也.」
枯湖曰:「公知其一, 未知其二. 夫運籌策帷帳之中, 决勝於千里之外, 吾不如子房.
鎭國家, 撫百姓, 給餽饟, 不絶糧道, 吾不與蕭何. 連百萬之軍, 戰必勝, 攻必取, 吾不如韓信. 此三者, 皆人傑也, 吾能用之, 此吾所以取天下也. 項羽有一范增而不能用, 此其所以爲我擒也.」

〈史記〉

BIOGRAPHY OF GAO ZU

Emperor Gaozo of the Han dynasty said at a banquet held at Yangnam Palace, "I know, my dukes and generals, none of you dare hide your thoughts from me and you always tell the truth. Then tell me why I won the war and why Hangwoo was defeated."

Gao Qi and Wang Ling said, "Your Majesty, while Hangwoo was kind and loving to the people, your Majesty is [1]arrogant and insults the people. However, after [2]conquering the city and taking away his land, your Majesty gave proper compensation to the [3]combatants and shared all the profits with your subjects. On the other hand, Hangwoo was envious of prominent figures and of competent people. This led to his [4]sabotage of public servants and suspicion of reputable people. When he won, he took the [5]conquest alone without giving any merit. This is why he lost the war."

Emperor Gozo said, "You only saw one part, not the whole picture. When I was planning my victory strategy inside the [6]barracks of a battlefield tens of thousands of miles away, I couldn't compare myself to the Zi Fang. When it comes to protecting the kingdom, [7)]appeasing the people, compensating the army, and maintaining food resources, I am nowhere near Xiaohe. I am no match for Hanshin, who founded a million-strong [8)]coalition that has always won under his control. Everyone mentioned above is a hero, but I can give them orders. The reason is that I conquered the world. On the other hand, although Hangwu had Fan Zheng, but still could not hire him. The reason is that he became my prisoner."

1) arrogant[ǽrəgənt]: a.ad. 거드럭거리는, 거만한, 건방진(haughty).
2) conquering[kάŋkər]: vt.정복하다, 공략하다. 획득하다. 극복하다. vi. 승리를 얻다, 이기다.
3) combatant[kəmbǽtənt]: a. 싸우는; 교전 중의; 전투적, 호전적. n. 싸우는 사람; 전투원.
4) sabotage[sǽbətɑ:ʒ]: n.생산 방해; 파괴방해)행위. vt., vi.고의로 방해[파괴]하다.
5) conquest[kάŋkwest]: n.정복. 획득. 획득물; 전리품, 정복지; 애정에 끌린 이성.
6) barrack[bǽrək]: n.막사, 병영; 바라크(식 건물); 건초 헛간. vt.막사에 수용하다. vi. 야유하다; 성원하다.
7) ap·pease[əpí:z]: vt. 달래다. 진정시키다, 가라앉히다. 풀다, 채우다. …과 유화(宥和)하다.
8) coalition[kòuəlíʃən]; n.연합, 합동(union); (정치)연립, 제휴(提携).

고조(高祖)의 전기(傳記)

한나라 고조 황제는 양남궁(陽南宮)에서 열린 연회에서 이렇게 말했다. "나의 신하들과 장군들이여, 그대들 중 누구도 감히 나에게 자신의 생각을 숨기지 않는다는 것을 나는 안다. 그리고 그대들은 항상 진실을 말한다. 그렇다면 내가 전쟁에서 승리한 이유와 항우(項羽)는 왜 패배했는지 말해보라."
고기(高起)와 왕릉(王陵)은 말하기를 "폐하, 항우는 백성들에게 자애로웠고 사랑했던 반면, 폐하께서는 오만하고 백성들을 모욕하십니다. 그러나 폐하께서는 도시를 정복하고 땅을 빼앗은 후, 전투 병사에게 적절한 보상을 하고 신하들과 모든 이익을 나누었습니다. 반면 항우는 저명한 인물을 시기하고 유능한 사람들을 질투했습니다. 이로 인해 공신들에게 방해 공작을 하고 평판이 좋은 사람들을 의심했습니다. 승리했을 때 그는 공훈은 주지 않고 정복지를 혼자 차지했습니다. 이런 이유로 그는 전쟁에 졌습니다."
고조 황제는 다음과 같이 말했다. "그대는 한 부분만 보았지, 전체 그림은 볼 수 없었다. 수만 리 떨어진 전장의 막사 안에서 승리를 위한 전략을 세울 때, 나는 자방(子房)과 비교할 수 없었다. 왕국을 지키고, 백성들을 달래며, 군대를 보상하고, 식량자원을 유지하는 일에 관해서라면 샤오허(蕭何) 근처에도 못 미친다. 자신의 통제하에 항상 승리했던 백만 대군의 연합군을 창설한 한신에게 나는 상대가 되지 못한다. 위에서 말한 사람들은 모두 영웅이지만 나는 그들에게 명령을 내릴 수 있다. 그 이유는 나는 이 세상을 정복했기 때문이다. 반면에 항우는 범증(范增)이 있었지만 그런데도 그를 고용하지 못했다. 그 이유는 그가 내 포로가 됐기 때문이지."

〈사기〉에서

申文定公百字銘

(西漢, 朱買臣: BC ?-115)

欲寡精神典, 思多血氣衰; 少杯不亂性, 忍氣免傷財.
貴自勤中得, 富從儉裡來; 溫柔終益己, 強暴必招炎.
善處眞君子, 刁唆是禍胎; 暗中休使流, 乖裡放些呆.
養性須修善, 欺心莫吃齋: 衙門休出入, 鄉黨要和諧.
安分身無辱, 間非口莫開; 世人依此語, 災退福星來.

《解人頭》

A HUNDRED-CHARACTER INSCRIPTION BY SHEN WENDING GONG

Reducing desire clears your mind.

Over thinking [1]depletes energy.

Suppressing your temper can prevent harming from your health.

Nobility is earned through diligent endeavors.

Wealth comes from frugality.

Being generous and soft is ultimately beneficial to you.

Force and violence will lead to inevitable misfortune.

Friendship makes one truly superior,

A person who [2]spouts discord becomes a source of concern.

Don't shoot your bow behind a person's back.

Self-discipline cannot be achieved without virtue.

There is no spout for the deceptive mind in vegetarianism.

Avoid appearing in court.

Maintain harmony between relatives and friends,

If you know where people are, you keep yourself safe.

Be especially careful with rumors.

Those who obey this word,

Shall attract good luck and good fortune.

1) deplete[dipli:t]: vt. 고갈[소모]시키다; …에서 (자원 따위를) 빼앗다; 의학〕 방혈(放血)하다.
2) spout[spaut]: vt 내뿜다; 분출하다(eject). 막힘없이 말하다; 전당잡히다(pawn).
    n.(주전자 따위의) 주둥이; 물 꼭지; (고래의) 분수공(噴水孔); 관(管), 홈통; 분수, 물기둥(wate).

신문정공(申文定公)의 백 가지 헌사

(서한 주매신: BC ?-115)

욕망을 줄이면 정신이 맑아진다.

지나친 사고는 에너지를 고갈시킨다.

성질을 억제하면 건강을 해치는 것을 예방할 수 있다.

고귀함은 근면한 노력을 통해 얻어지며,

부는 검소함에서 온다.

관대하고 부드러우면 결국은 자신에게 유익하다.

무력과 폭력은 피할 수 없는 불행을 초래할 것이다.

우정은 사람을 진정으로 우월하게 만들고,

불협화음을 내뱉는 사람은 화근이 된다.

남의 등 뒤에서 활을 쏘지 말라.

자기의 수양은 덕행 없이는 할 수 없다.

채식주의에서 기만적인 정신에 대한 치료법은 없다.

법원에 출두하는 것을 피하라.

친척과 친구들 사이의 조화를 유지하고,

사람이 있을 곳을 알면 자신을 안전하게 지킨다.

특히 뜬소문을 조심해서 말하라.

이 말을 준수하는 사람들은
행운과 복을 끌어들일 것이다.

〈解人頤〉에서

唐雎說信能君(戰國策)

(劉向,西漢: BC 77-6)

信陵君殺晉鄙, 救邯鄲, 破泰人, 存趙國, 趙王自郊迎.
唐雎說信能君曰:「臣聞之曰:『事有不可知者, 有不可知者; 有不可忘知者, 不可不忘者』
信陵君曰: 何謂也?」
對曰: 人之憎我也, 不可忘知也: 吾憎人也, 不可. 得而知也, 人之有德於我也, 不可忘也: 吾有德於人也, 不可不忘也. 今君殺晉鄙, 救邯鄲, 破泰人, 存趙國, 比大德也. 今趙王自郊迎, 卒然見趙王, 臣願君之忘之也.」信陵君曰:無忌謹受教.」

TANG JU PERSUADES LORD XINLING

After killed General Jinbi and saved the city of Handan, the lord Sinneung defeated Jin's army and save the state of Zhao. Before the king of Zhao arrived in the countryside to welcome him in person, Tang Ju said to Xinling,
"As a subject of the Lord, I have heard the following.
If there's something you can't tell, there's something you have to tell.
If there's something you can't forget, there's something you have to forget."
"What's the matter with you?" asked the lord's Shinneung.
He said, "If someone detest me, it must be known. If I [1]detest others, it should not be known, and if others do me a favor, I should not forget it, but if I do a favor to others, I should forget it."
"Today, the Lord saved the kingdom by killing Jinbi and saving Handan, after defeating Jin's army. Now, King of Zhao has come to this countryside to personally welcome. As soon as the you meet the King of Zhao, I sincerely hope that my Lord forget that."

After hearing the Lord's tomb, he said, "I will, [2)]inevitably, respectfully accept your teaching."

1) detest[ditést]: vt. 몹시 싫어하다, 혐오하다.
2) inevitably: ɑd.불가피하게, 필연적으로, 아무래도; 부득이; 반드시, 확실히.

영주 신릉(信陵)에게 당유(唐睢)의 진언

영주 신릉은 진비(晉鄙) 장군을 죽이고 한단성(邯鄲省)을 구한 후, 진(秦)의 군대를 물리쳐 조(趙) 나라를 구했다. 조의 왕이 직접 그를 맞아들이기 위해서 시골에 도착하기 전에 탕추가 신릉에게 말하기를,
나는 영주님의 부하로서, 다음과 같은 말을 들었습니다.
"알릴 수 없는 것이 있다면, 반듯이 알려야 할 것이 있다.
잊을 수 없는 것이 있다면, 반듯이 잊어야 할 것이 있다."
라고 들었습니다.
영주 신릉은 "왜 그런가?"라고 물었다.
그는 "남이 나를 싫어하면 그것은 반듯이 알아야 하고, 내가 남을 싫어하면 그것은 알려서는 안 되며, 남이 내게 호의를 베풀면 그것은 잊어서는 안 되지만, 만약 내가 남에게 호의를 베풀면 그것은 잊어야 한다."라고 했다.
"오늘, 영주께서는 진비를 죽이고 한단을 구한 후 진의 군대를 물리쳐 조 나라를 구해 주셨습니다, 오늘 조 왕은 몸소 영주님을 환영하기 위해서 이 시골에 왔습니다. 영주님이 조 나라의 왕을 만나시는 대로 부하인 저는 군주께서 진실로 그 말을 잊으시기 바랍니다."
영주 신릉은 듣고 나서 말하기를, "부득이, 정중하게 그대의 가르침을 받아들이겠다."

〈전국책〉에서

鄒忌諷齊王納諫

(西漢 劉向 編: BC 77-6)

鄒忌形貌俊秀英廷, 他聽聞城北的徐公是個美男子, 於是分別問了妻子, 侍妾及來訪的賓客: 我與徐公誰美?」他們都回答: 徐公不如您美!」隔天徐公來訪, 鄒忌仔細端詳他, 自認遠不如徐公. 夜晚自忖:「妻子說我美, 是偏愛我: 侍妾說我美, 是懼怕我: 客人說我美, 是有求於娥啊!」

於是而此上諫齊威王:「齊國土地方圓千里, 有一百二十座城邑, 陛下的後宮嬪妃左右親信, 沒有一個不便愛陛下: 滿朝大臣, 沒有一個不懼怕陛下: 齊國人民, 沒有一個不有求於陛下, 可見, 陛下被隱瞞的真相, 那就更多了!」齊威王於是發佈命令:「能當面指責我的過錯者, 上等獎賞: 呈上書信勸諫者, 得中等獎賞: 能在公共場所說出我的錯誤傳到我耳中者, 下等獎賞.」命令發布後, 進諫的人多如市集, 排滿宮城內外: 直至一年, 才漸趨止息. 燕國, 趙國, 韓國, 魏國聽聞此事, 都來朝拜齊威王. 此即「戰勝於朝廷」.

〈戰國策〉

ZOU JI REMONSTRATES KING QI FOR ACCEPTING ADVICE.

A Good-Looking Man Zou Ji,* heard that Seo from the north was also handsome, so he asked his wife, his [1]concubine and guests separately: "Who is more handsome, Seo or me?"

They all replied, "Mr. Seo is not as handsome as you are!"

When Seo visited the door the next day, he took a particular careful look and finally admitted that he was not as handsome as Seo.

That evening, he thought to himself, "My wife said I was more handsome because of her prejudice against me. My concubine said I was more handsome because she was afraid of me, and my guest said I was more handsome to [2]ingratiate himself with me to ask me a favor!"

After that, he went to the imperial court to [3]remonstrate King Wei of Qi. "The state of Qi has a territory [4]spanning over a thousand li,** and a hundred and twenty cities." said Zou Ji. "There isn't single one of your Majesty's concubines and attainments, who isn't [5] biased towards to you. There isn't single high official who isn't afraid of you. And there isn't a single subject of the state of Qi who doesn't have a favor to ask of you.

As you can see, there are many truths hidden in Your Majesty!"

Then the King Wei issued an official order, "If anyone points out my wrongdoing directly, I will give you the highest reward. The people who advise me by writing will be properly rewarded; and those who give me news of expressing the [6]grievances of the people will be given a small reward."

Immediately after the Loyal comment was announced to the public, people flocked to the imperial palace and were as busy as a marketplace. There were several lines of people trying to suggest inside and outside the wall. It took a year for the number of people in line to gradually decrease.

Upon hearing the news, neighboring countries of Yan, Zhao, Han and Wei paid tribute to the king of the empire. And it was a way to win a war without using military force.

1) concubine[káŋkjəbàin]: n. 내연의 처, (일부(一夫) 다처제 나라에서) 제2부인 이하의 처.
2) ingratiate[ingréiʃièit]: vt. 마음에 들도록 하다, 영합하다.
3) remonstrate[rimánstreit]: vi. vi.: 이의를 말하다, 항의(질책)하다(against), 충고하다, 간언하다(expostulate).
4) spanning[spæn]: n. 한 뼘, 두 날짜 사이의 기간, 지름, 전장(全長), 경간(徑間), 지점(支點)간의 거리, 지간(支間).
5) biased[báiəs] n. 사선(斜線), 엇갈림, 선입관, 편견. 치우침. a.,ad. 비스듬한; 엇갈리게.
6) grievances[gríːvəns] n. 불만, 불평의 씨; 불평하기.

제왕(薺王)에 대한 추기(鄒忌)*의 간언

(서한 유향 편: BC 77-6)

준수한 외모의 잘생긴 남자 추기(鄒忌)*는 북쪽에서 온 서(徐) 씨도 미남이라고 들어서 그는 아내와 그의 첩과 손님들에게 따로따로 물었다. "서 씨와 나, 둘 중, 누가 더 미남인가?"

그들은 모두 "서 씨는 대감님만큼 미남이 아닙니다!"라고 대답했다.

다음날 서 씨가 문안차 방문했을 때 추기는 특히 주의 깊고 세심하게 살펴보고 드디어 자신이 서 씨만큼 미남이 아님을 인정했다.

그날 저녁, 그는 속으로 생각하기를 "내 아내는 내가 더 미남이라고 했는데 나에 대한 그녀의 편견 때문이다. 내 첩은 내가 더 잘생겼다고 했는데 내가 두려웠기 때문이고, 내 손님은 내게 무언가 부탁을 하기 위해서 나의 환심을 사려고 내가 더 미남이라고 말했다!"

그 일이 있고 나서, 추기는 제왕에게 간(諫)하기 위해 황궁에 갔다. "제나라의 주에는 천여 개의 도시와 백 이십 개의 도시가 있나이다."라고 말했다. "폐하를 편애하지 않은 첩과 박식한 학자들은 단 한 명도 없나이다. 폐하를 두려워하지 않는 고위급 신하는 한 명도 없습니다. 폐하께 부탁드리기 위해서 환심을 사려 하지 않은 백성은 단 한 사람도 없습니다.

보시다시피, 폐하께 숨겨진 많은 진실이 있습니다!"

그러자 제왕은 공식 명령을 내렸다. "누구든지 나의 잘못을 직접 지적한다면 가장 높은 보상을 하겠다. 글을 써서 나에게 충고하는 백성들은 적절한 보상을 받을 것이다. 그리고 나에게 백성들의 불만을 표명하는 소식을 주는 사람들은 작은 보상을 받을 것이다."

어명이 대중에게 발표된 직후, 사람들은 황궁으로 몰려들어 시장통처럼 북새통을 이뤘다. 성벽 안팎에는 진언하려는 사람들이 줄지어있었다. 줄을 선 사람들의 수가 점점 줄어들기까지는 1년이 걸렸다.

이 소식을 들은 이웃 연(燕)나라, 조(趙)나라, 한(韓) 위(巍) 나라들은 제국의 국왕에게 경의를 표했다. 그리고 이것은 군사력을 사용하지 않고 전쟁에 승리하는 방법이었다.

〈전국책〉에서

* 추기(鄒忌): 전국시대 제나라의 고위 관리.

** 리(li)는 중국의 전통적인 단위 거리로 약 0.5km이다.

5. 삼국(三國: 220~280) 시대

崔子玉座右銘

(東漢, 崔瑗: 77-142)

無道人之短, 無說己之長; 施人愼勿念, 受施愼勿忘.
世參不足慕, 唯仁爲紀網; 隱心而後動, 謗議庸何傷?
無使名過實, 守愚聖所臧; 在涅貴不緇: 曖曖內含光.
柔弱生之徒, 老氏誡剛强; 行行鄙夫志, 悠悠故難量.
愼言節飮食, 知足勝不祥; 行之苟有恒, 久久自芬芳.

《全宋詞》

CUI ZIYU'S MOTTOS

Don't talk about other's shortcomings,

Don't say your virtue, either.

Don't expect a reward for what you have given.

Don't forget the kindness you received.

What is there to envy about the reputation of the world?

Only pursue the principle of self-discipline.

Hide your intentions before you act on people.

Don't mind [1]slander or criticism.

Don't overdo your reputation;

Sages admire the fact that the calm water is flowing deep.

Get rid of prejudice when it comes out in black.

Hide your [2]splendor with a faint appearance.

Soft and weak is the way to survive.

Lao-tzu thus splendor the rigid and strong.

Late acts are petty acts of mind,

As time goes by, the problem deepens,

Carefully talk and control what you eat.

Satisfaction triumphs over misfortune,

If a person acts patiently,

In the end, there will be a scent of life.

1) slander[slǽndər]: n.중상, 비방; 구두(口頭) 비난, 명예 훼손. vt. 중상[비방]하다, 명예를 훼손하다.

2) splendor[spléndər]: n. 빛남, 호화, 장려(magnificence), 장대(壯大). 훌륭함, 뛰어남; 화려함, 탁월. 호사

최자옥(崔子玉)의 좌우명

(동한 최완: 77-142)

남의 결점을 말하지 말고,

자신의 덕행도 말하지 말라.

자신이 준 것에 대한 보답을 기대하지 말라.

받은 친절은 잊지 말라.

세속의 명성을 부러워할 게 무엇인가?

오직 자기 수양의 원칙만 추구하라.

사람들에게 행동하기 전에 당신의 의도를 숨기라.

중상모략이나 비판에 개의치 말라.

당신의 평판이 과도해지게 하지 말라;

현자는 고요한 물이 깊이 흐르고 있다는 사실에 감탄한다.

검은색으로 나왔을 때는 편견을 없애라.

희미한 모습으로 자신의 화려함을 숨기라.

부드럽고 약한 것이 생존하는 방법이다.

노자(老子)는 따라서 경직되고 강한 것에 대하여 훈계했다.

때늦은 행위는 옹졸한 마음의 행위로,

시간이 지남에 따라 문제는 그지없이 깊어지나니,

조심해서 말하고 먹는 음식을 통제하라.

만족은 불행을 이기고,

사람이 끈기 있게 행동하면,

결국에는 삶의 향기가 있을 것이다.

〈全宋詞〉에서

短歌行

(曹操 東漢: 155-220)

對酒當歌, 人生幾何? 譬如朝露, 去日苦多. 慨當以慷. 憂思難忘. 何以解憂? 推有杜康.

青青子衿, 悠悠我心. 但爲君故, 沉吟至今. 呦呦鹿鳴, 食野之蘋. 有嘉賓, 鼓瑟吹笙.

明明如月, 何時可輟? 憂從中來, 不可斷絶. 越陌度阡, 枉用相存. 闊談讌, 心念舊恩.

月明星稀, 烏鵲南飛. 繞樹三匝. 何枝可依? 山不厭高, 海不厭深. 公吐哺, 天下歸心.

《宋書》

THE SHORT SONG

I sing with a glass,

Who knows how long they'll live?

Just Like morning dew,

The joy of the past was not small.

Upon overwhelming emotions,

I'm worried about an unforgettable thought.

What should I do to solve this concern?

There is nothing but the liquor, Du Kang(杜康).

Evergreen is your folded collar,

My heart is full of longing.

It's only for you,

My [1]murmur continues.

Out there a deer [2]bleats,

Oh, my God, people try to eat it.

To welcome my guests with all my heart,

Play the flute and rip off the harp.

The reflecting moonlight is too bright,

When can I add it to my collection?

Suddenly from within sorrow arises,

There is no possibility that it will disappear.

Across the path in the countryside,

I can feel your true greetings.

Congratulations on meeting again after our long separation,

We recall the precious bond.

Surrounded by few stars, the moon hangs bright,

Flying towards the South were the [3]magpies .

Over the trees, nonstop,

Which magpie will finally come to the nest?

There's no mountain that's too steep,

There is no ocean too deep.

Lord Zhou stopped eating to meet the good men.

Because of this, all hearts will come and bow before his feet.

---

1) murmur[mə́ːrmər]: n. 중얼거림, 속삭임 불평. 스치는 소리; 쏴쏴 소리; 졸졸 소리; (연속적인) 희미한 소리.
   vi. 졸졸 소리 내다, 속삭이다; 희미하게 소리 내다. 불평을 하다, 투덜대다.

2) bleat[bliːt]: vi. 매애 울다; 재잘재잘 지껄이다. 푸념하다. vt. 말하다; (실없는). n. (염소)울음소리; 우는 소리.

3) magpie[mǽgpài]: n.까치, 까치를 닮은 새. 수다쟁이(idle chatter); 잡동사니 수집가.

짧은 노래

(동한 조조: 155-220)

나는 술잔을 들고 노래한다,

얼마나 살지 누가 아는가?

마치 아침 이슬같이,

지난날의 기쁨은 적지 않았다.

벅차오르는 감정에 사로잡혀,

잊을 수 없는 생각에 걱정이다.
나의 이 걱정거리를 무엇으로 풀까?
두강(杜康)의 술밖에 아무것도 없다.
상록수는 당신의 접힌 옷깃,
내 마음은 그리움으로 가득 차네.
그건 오직 당신만을 위한 것,
내 중얼거림은 계속된다.
유유, 사슴* 우는 소리가 나는데,
세상에, 사람들은 그것을 먹으려 한다.
진심으로 내 손님을 환영하기 위해,
그 피리를 연주하고 그 하프를 뜯어라.
반사하는 달빛이 너무 밝은데,
언제 그것을 내 수집품에 추가할 수 있을까?
갑자기 북받쳐 올라온 서러움이,
사라질 가능성은 없다.
시골 벌판의 오솔길을 건너,
그대의 진정한 인사를 나는 느낄 수 있네.
우리의 긴 이별 뒤에 다시 만남을 축하하며,
우리는 그 귀중한 유대감을 회상한다.
몇 개의 별에 둘러싸인 달은 밝고,
남쪽으로 날아가는 것은 까치들이었다.
나무 위를 날아 쉬지 않고,
어느 까치가 마침내 둥지로 올 것인가?
너무 가파른 산은 없고,
너무 깊은 바다도 없다.
주나라 왕은 선량들을 만나려고 식사를 중지했다.
이 때문에 모든 마음들이 와서 그의 발 앞에 절을 할 것이다.

〈송서〉에서

* 시경 소아 녹명(鹿鳴) 사슴 우는 소리

呦呦鹿鳴, 食野之蘋. 我有嘉賓, 鼓瑟吹笙

'유유' 소리 내며 사슴이, 들판의 대쑥을 뜯도다.

내 반가운 손님 있어, 비파를 뜯고 생황을 부노라. (이하생략)

** 맛있는 풀을 발견한 사슴이 다른 배고픈 동료 사슴들을 불러 먹이를 나눠 먹기 위해 먼저 목 놓아 우는 울음소리를 '녹명(鹿鳴)'이라 한다. 수많은 동물 중에서 사슴만이 먹이를 발견하면 함께 먹자고 동료를 부르기 위해 운다고 한다. 여느 짐승들은 먹이를 발견하면 혼자 먹고 남는 것은 숨기기 급급한데, 사슴은 오히려 울음소리를 높여 함께 나눈다.

誡子書

(三國 諸葛充: 181-234)

夫君手之行, 靜以修身, 儉以養德, 非擔泊無以明志, 非事靜無以致遠. 夫學煩靜世, 才須學也, 非學無以廣才, 非靜無以成學. 焰慢 則不能所精, 險躁則不能理性. 年與時馳, 意與歲去, 遂成枯落, 多不接世, 悲守窮盧, 將復何及!

《戒子通錄》

A LETTER FOR SONS

To act as a sage, build your virtue by cultivating your own [1]tranquility and practicing frugality. If you don't have [2]detachment, you can't clean yourself up, and if you aren't [3]serenity, you can't stay away from your sight. Before you learn, you must first gain tranquility. You cannot leave your abilities to luck without learning. Learning is not possible without tranquility. Laziness and arrogance cannot purify one's personality, and impatience cannot bring about rational behavior. Like time passing by, one's resolutions weaken, dry up, and wither as time goes by. What good is it to regret, sigh, and try to look back in time?

1) tranquility[trǽŋkwíləti]: n. 평정, 평온, 평안, 침착.
2) detachment: n. 분리, 이탈; 고립. 〔집합적〕 파견대, 지대(支隊).(세속·이해 따위로부터) 초연함, 초월; 공평.
3) serenity[sirénəti]: n. 고요함; 평온; 청명, 화창함. 차분함; 침착, 태연.

아들에게 보내는 편지

(삼국 제갈량: 181-234)

현자로 행동하려면 스스로 평온함을 키우며 검소함을 실행하여 자신의 덕행을 키우라. 초연함이 없다면 자신을 깨끗하게 할 수 없으며, 평온하지 않고서는 자신의 시각을 멀리할 수 없다. 배우기 전에 먼저 평온을 얻어야 한다. 배우지 않고 자신의 능력을 운에 맡길 수는 없는 것. 평온하지 않으면 배움이 가능하지 않다. 게으름과 거만은 자신의 성격을 순수하게 할 수 없으며 조급함은 합리적인 행동을 가져올 수 없다. 빨리 지나가는 세월처럼 자신의 결심은 시간이 지날수록 약화하고 마르고 시들어 버린다. 후회하고 한숨 쉬며 시간을 되돌려 보려 한들 무슨 소용이 있겠느냐?

〈계자통록〉에서

出師表

侍術之臣, 不懈於內; 忠志之士, 忘身於外. 親賢臣, 遠小人,
此先漢所以與隆也: 親小人, 遠賢臣, 此後漢所以傾頹也.

《資治通鑑》

MANIFESTO OF DEPLOYMENT

A minister who serves and defends his [1)]sovereign, performs his duties in the castle of the capital, while a faithful and [2)]passionate general selflessly devotes himself outside in his mission.
Having [3)]acquainted with dutiful ministers and [4)]eschewed wicked ones, Western Han thus saw prosperity. On the contrary, having acquainted with the later and [4)]eschewed the former, Eastern Han thus fell.

1) sovereign[sάvərin]: n.주권자, 원수(元首), 군주(monarch), 국왕, 지배자. 독립국, 자주국.
   a. 주권이 있는, 군주인, 군림하는, 독립한, 자주적인. 최상의(supreme), 최고의. 탁월한(excellent); 특효가 있는.
2) pas·sion·ate[pǽʃənit] a. 열렬한, 열의에 찬, 격렬한, 강렬한, 성미가 급한, 성 잘 내는.

3) acquaint[əkwéint]: vt. 숙지시키다, 알리다, 고하다; 알려 주다. (…을) 소개하다, 친분을 맺어 주다.

4) eschewed[istʃúː]: vt. 피하다, 삼가다

출사표(出師表)

주군을 섬기고 수호하는 신하는 수도의 성 안에서 직무를 수행하는 반면, 충실하고 열정을 가진 장군은 사심 없이 자신의 사명으로 밖에서 헌신한다.
충성스러운 신하와 가까이하고 사악한 자와는 멀리한 서한은 번영했다. 반대로 후자와 사귀며 전자(前者)를 멀리한 동한은 망했다.

〈자치통감〉에서

朋友四品

(三國 支謙譯: 約 197-266)

友有四品, 不可不知: 有友如花, 有友如秤, 有友如山, 有友如地.
何謂如花? 好時挿頭, 萎時損之; 見富貴附, 貧賤則棄, 是花友也.
何謂如秤? 物重頭低, 物輕則仰; 有與則敬, 無與則慢, 是秤友也.
何謂如山? 譬如金山, 鳥獸集之, 毛羽蒙光; 貴能榮人, 富樂同歡. 是山友也.
何謂如地? 百穀財寶, 一切仰之, 施給養護, 恩厚不薄, 是地友也.

《佛說孛經抄》

FRIENDS IN 4-CATEGORIES

There are friends of a must-know grade and they are people like flowers, scales, mountains, and land.
Which friends are like a flower? They wear you on their head when flowers bloom and throw away when they wilt. They stick to the rich and abandon the poor. They are friends like flowers.

Which friends are like a scale? If the weight of scale is heavy, bend their head and the weight removed, their head will rise. They respect the weight, and if it is removed, it becomes arrogant. They are like a scale.

Which friends are like mountains? They are like golden mountains, where birds and animals gather, so their feathers shine on them. Their nobility brings honor, and their wealth brings joy to others. These are friends like the mountains.

Which friends are like the land? All crops and treasures [1]thrive on the land. They nurture and protect everything, and therefore their great grace is immense. These are friends like the land.

1) thrive[θraiv]: vi. 번창하다, 번영하다; 성공하다; 부자가 되다; 행운에 젖다. 잘 자라다, 성장하다, 무성하다.

네 가지 부류의 친구

(삼국 지겸 역: 197-266)

꼭 알아야 할 등급의 친구가 있는데 그들은 꽃, 저울, 산, 땅과 같은 사람들이다.

어느 친구가 꽃과 같은가? 그들은 꽃이 피었을 때 그대를 머리에 쓰고 시들면 팽개쳐 버린다. 그들은 부자에 달라붙고 가난한 사람을 버린다. 이들은 꽃과 같은 친구이다.

어떤 친구가 저울 같은가? 저울추가 무거우면 머리를 숙이고 저울추를 치우면 머리가 올라간다. 그들은 저울추를 존경하며 추가 없어지면 오만해진다. 이들은 저울 같은 친구이다.

어떤 친구가 산과 같은가? 그들은 새와 동물이 모이는 황금빛 산과 같아서 새의 깃털은 그 영광을 비춘다. 그들의 고결함은 영광을 가져오고, 그들의 재물은 다른 사람들에게 기쁨을 준다. 이들은 산과 같은 친구이다.

어떤 친구가 땅과 같은가? 모든 농작물과 보물들이 땅에 의존해서 번성한다. 그들은 모든 것을 양육하고 보호하며, 따라서 그들의 위대한 은혜는 엄청난 것이다. 이들은 땅과 같은 친구이다.

〈불설발패경초〉에서

詠懷詩

(三國 阮籍: 210-263)

壯士何懷假, 志歡威八荒. 驅車遠行役, 受命念自忘.
良弓挾鳥號, 明甲有精光. 臨難不顧生, 身死魂飛揚.
皇爲全賴士? 效命爭戰場. 忠爲百世榮, 義使令名彰.
垂聲謝後世, 氣節故有常.

《漢魏六朝百三家集》

[1]ODE TO SOLDIERS

Such valiant soldiers,
   their strong ambition to rule the world,
Riding a long way on an [2]expedition,
   orgetting the self over their commands given.
Powerful wuhao bows in their hands,
   shining light gleaming from their armors.
They're ready to give their lifes in the face of danger,
   their bodies die and the soul is scattered into the [3]fling dust.
How can they think of their own safety,
   when they get combat orders on the battlefield
Loyalty is an eternal glory,
   justice gives an honorable name.
Make a name for yourself in history,
   to ensure that integrity is widespread.

1) ode[oud]: n. 송시(頌詩).
2) expedition[èkspədíʃən]: n. 긴 여행, 탐험, 원정, 장정; 파견. 탐험대, 원정 함대. 유람 여행. 신속, 기민, 민활.
3) fling[fliŋ]: vt. 던지다, 내동댕이치다, 던져넣다, 집어넣다; 빠지게 하다. 투입하다, 급파하다(dispatch);

병사들을 위한 송시

(삼국 원적: 210-263)

용맹한 군인들,
  세상을 지배하려는 그들의 강한 야망,
말을 타고 멀리 원정을 가면서,
  주어진 명령에 자신을 잊고.
손에 든 강력한 우하오 활시위를 당기면,
  갑옷은 반짝 빛을 발하네.
위험에 직면하여 목숨을 바칠 준비가 되어있고,
  몸은 죽고 영혼은 나르는 먼지 속에 흩어지네.
전장에서 전투명령을 받을 때
  어찌 자신의 안전을 생각하리요?
충성은 영원한 영광이거늘,
  정의는 영예로운 이름을 준다네.
역사에 이름을 남기라,
  고결함이 널리 퍼지는 것을 보증하도록.

〈한위육조백삼가집〉에서

6. 진(晉: 서진 265~317, 동진 317~420) 시대

蘭亨集序

(東晉 王義之: 303-361)

仰觀宇宙之大, 俯察品類之盛; 所以遊目騁懷, 足以極視聽之娛, 信可樂也.

夫人之相與, 俯仰一世, 或取諸懷抱, 晤言一室之內; 或因寄所託, 放浪形骸之外. 雖趣舍萬殊, 靜躁不同; 當其欣於所遇, 暫得於己, 快然自足, 不知老之將至.

及其所持之既倦, 情隨事遷, 感慨系之矣. 向之所欣, 俛仰之間已爲陳跡, 猶不能不以之與懷; 況修短隨化, 終期於盡. 古人云:「死生赤大吳.」豈不痛哉!

《晉書, 王羲之傳》

PREFACE TO THE ORCHID PAVILION COLLECTION

We overlook a tremendously [1]diverse Earth while looking at the enormous universe. So we can broaden our view and expand our horizons, which is enough of a luxury that pleases the eyes and ears. While socializing with others throughout life, and some people gather under one roof to share their ambitions, some people are overwhelmed by emotions and enter a state of trance which is free from the constraints of reality. Although there are different ranges of interaction between them, where the [2] temperaments of feeling comfortable or excited are different, the moment they feel happy to meet and be satisfied with their encounter, they cannot notice that they are approaching old age. When people get tired of being [3]obsessed, their desire for the world changes, and [4]remorse takes over the satisfying place. What satisfies them in the blink of an eye becomes a thing of the past, and all that remains is to grieve over it. Furthermore, human lifespan changes according to one's behavior, but eventually everyone dies. As the old saying goes, "Life and death are also important events." Does this cause more sadness!

1) diverse[divə́ːrs, dai-, dáivəːrs]: a. 다양한, 가지각색의, 여러 가지의; 다른, 딴
2) temperament[témpərəmənt]: n. 기질, 성질, 성미, 체질. 예민한 감수성, 조절, 타협; 중용.
3) obsess[əbsés]: vt. 들리다, 사로잡히다; 괴롭히다. 괴로워하다, 고민하다
4) remorse[rimɔ́ːrs]: n. 후회, 양심의 가책(compunction). 연민, 자비

난(蘭)정에서 수집한 서문

(동진 왕이지: 303-361)

우리는 어마어마한 우주를 보면서 엄청나게 다양한 지구를 간과하고 있다. 따라서 우리는 우리의 시야를 넓혀 지평을 연장할 수 있는데 이것은 눈과 귀를 기쁘게 하는 사치품으로 충분하다. 삶을 통해 다른 사람들과 어울리면서 어떤 사람들은 그들의 야망을 공유하기 위해 한 지붕 아래에 모이는 반면, 어떤 사람들은 감정에 압도되어 현실의 제약으로부터 자유로운 무아지경의 상태에 들어간다. 비록 그들 사이에는 편안함을 느끼거나 흥분하는 기질이 다른 다양한 상호작용의 범위가 있지만, 그들이 마주하여 만족시키고 만족하는 것에 기쁨을 느끼는 순간, 그들은 노년에 가까워지는 것을 눈치채지 못한다. 사람들은 집착하는 것에 싫증이 날 때 세상에 대한 열망이 변하고 회한이 그 만족하는 자리를 차지한다. 눈 깜짝할 사이에 그들을 만족시킨 것은 과거의 것이 되고, 남는 것은 모두 그것을 두고 애통해하는 일만 남을 뿐이다. 더욱이, 인간의 수명은 사람의 행동에 따라 바뀌지만 결국 모든 사람은 죽는다. 옛사람들이 말한 것처럼 "삶과 죽음 또한 중요한 사건이다." 이것이 더 큰 슬픔을 일으키지 않는가!

〈동진, 왕의지전〉에서

四句偈

(東晉 鳴摩羅什 譯: 344-413)

切有爲法, 如夢幻泡影 ; 如露亦如電, 應作如是親.

FOUR VERSES

All harmonized phenomena are dreams,
 it's like a fantasy, a bubble, a shadow.

Like dew and light,

　we have to think them through in this way.

4구 게(四句偈)

(동진 구마라십 역: 344-413)

모든 조화된 현상은 꿈,
　환상, 거품, 그림자와 같다.
이슬과 불빛처럼.
　우리는 이런 식으로 그것들을 깊이 생각해야 한다.

諸相非相

凡所有相皆是虛妄, 苦見諸相非相, 即見如來.

《金剛經》

ALL FORMS ARE NON-FORMAL.

All with form are empty and illusion.
The form that you see has no trace.
So we look at the Tathagata.

PARABLE: A newly-wed couple originally lived in harmony. To celebrate their anniversary, the husband asked his wife to get some wine from the cellar. But when the wife open the wine jar, she was shocked to find a beautiful lady her husband hide inside the jar.

She angrily asked husband. "Why is there a woman hidden in the jar? Her husband denied such a statement and went to examine the jar himself, but instead saw a man hidden in the jar! As a result, the couple had an unresolvable dispute that they finally decided to ask a [1]venerable to be the judge.

After understanding the entire incident, the Venerable shattered the jar with stone. The wine bursted forth and both the woman and man inside were gone.

Hence, it is said that "all with marks are false and empty." In daily life, [2]affliction arise when we are attached to form and take delusions to be real. The Diamond Sutra is mainly s discussion on "emptiness." Emptiness is Right View, Dependent Origination, and can help us to realize the Truth without being kept in the dark.

1) venerable a.: 존경할 만한, 훌륭한, 덕망 있는. 장엄한, 고색창연하여 숭엄한, 유서 깊은, 오래된.
2) affliction n.: 고통, 고뇌, 고생(misery), 병. 재해 (calamity), 역경, 불행의 원인.

형상이 있는 모든 것은 허상이다.

형상이 있는 모든 것은 허상으로 빈 것이다.
보이는 형상은 흔적이 없는 것이다.
그래서 우리는 여래(如來)를 본다.

〈金剛經〉에서

비유: 신혼부부는 원래 화목하게 살았다. 그들의 기념일을 축하하기 위해, 남편은 아내에게 지하실에서 술을 좀 가져오라고 했다. 하지만 아내가 술 항아리를 열어보니 남편이 항아리 안에 숨겨놓은 아름다운 여자를 보고는 놀랐다. 그녀는 화가 나서 남편에게 물었다. "항아리 안에 웬 여자를 숨겨뒀어요?" 남편은 그녀의 말을 부인하고 직접 항아리를 조사하러 갔는데 여자가 아니라 남자가 항아리 안에 숨어 있는 것을 보았다. 그래서 부부는 다투다 끝내 결론을 내지 못하고 덕망이 있는 스님을 찾아가 판결해 달라고 요청하였다.

이들의 주장을 듣고 그 스님은 돌로 항아리를 내리쳐 산산조각 내버렸다. 술 항아리가 깨져버리자 안에 있던 여자와 남자가 모두 사라져버렸다.

그래서 "형상은 모두 거짓이고 빈 것"이다. 일상생활에서 정신은 우리가 형태에 애착을 갖고 망상을 현실로 받아들일 때 발생한다. 금강경은 주로 "공(空)"을 설파한다. 공은 바른 시야, 의존적 창조이며, 어둠 속에 갇히지 않고 진실을 깨닫게 해준다.

董遇傳

(西晉 陳壽: 233-297)

人有從學者, 遇不肯教之, 而云:「必當先讀百遍.」言:「讀書百遍, 其義自見.」

從學者云:「苦渴無日.」

遇言:「當以三餘.」

或問三餘之意?

遇言:「冬者歲之餘, 夜者日之餘, 陰雨者時之餘.」

《三國志》

BIOGRAPHY OF DONG YOU

When my disciples approached me for instructions on learning, I refused and instead said, "You read the teaching a hundred times first," and added, "Reading the book a hundred times will make sense."

"What do you do if you don't have time?"

the student asked.

"Take advantage of three hours of leisure," he replied.

"What are those three hours?"

"Leisure is the time of winter, night, and rainy days."

동우(童遇)의 전기(傳記)

(서진 진수: 233-297)

제자들이 학습에 대한 지침을 얻기 위해 나에게 다가왔을 때 나는 거절하고 대신에 "너는 우선 가르침을 백 번 읽어라."라고 했다. 그리고 "책을 백 번 읽으면 의미가 생길 것이다"라고 덧붙였다.

"시간의 여유가 없다면 어떻게 합니까?" 학생이 물었다.

"세 시간의 여가를 이용하라."라고 대답했다.

"그 세 시간은 무엇입니까?"

"여가는 겨울, 밤, 비 오는 날의 시간이다."

〈삼국지〉에서

陶淵明詩選
歸園田居

(晉 陶潛: 365-427)

種豆南山下, 草盛豆苗稀; 晨興理荒穢, 帶月荷鋤歸.
道狹草木長, 夕露沾我衣; 衣沾不足惜, 但使願無違.

SELECTED POEMS OF TAO YUANMING
RETURN TO THE GARDEN AND RURAL RESIDENCE

Planting beans at the foot of Southern Mountain,
There are a lot of weeds and few bean sprouts.
The thing to care about when I wake up in the morning is weed.
The moon is looking at me coming home with a hoe on my back.
The road is narrow and overgrown with grass.
The evening dew [1)]drenched my clothes.
Clothes don't bother to get wet.
For as long as I have my will.

1) drench[drentʃ]: vt. 흠뻑 적시다. 담그다; 완전히 채우다. 약을 먹이다, 마시게 하다. n. 흠뻑 젖음. 억수. 물약.

도연명의 시선
전원으로 회귀

(진 도연명: 365-427)

남산 기슭에 콩을 심으니,
잡초는 많고 콩 싹은 거의 없네.
아침에 일어나 신경 써야 할 것은 잡초이다.
괭이를 짊어지고 집으로 오는 나를 달이 보고 있네.
길은 좁고 풀들은 웃자란다.
저녁 이슬이 옷을 적신다.

옷은 젖어도 귀찮지 않다.
나의 의지가 있으니.

飲酒

結廬在人境, 而無車馬喧. 問君何能爾? 心遠地自偏.
採菊東籬下, 悠然見南山. 山氣日夕佳, 飛鳥相與還.
此中有真意, 欲辯己忘言.

ON DRINKING

My house, I built in the men's world,
But sound of horse and carriage are none;
I ask myself how this stillness is protected.
A detached mind keeps my seat alone.
Pulling [1]chrysanthemums from under the eastern fence,
If you stop looking over the Southern Mountain;
The mountain air of the sunset is lovely,
The birds flock homeward to their nests.
Here, it seems a true meaning revealed.
Even if I try to tell you, words keep me quiet.

1) chrysanthemum[krisǽnθəməm]: n. 국화

술을 마시며

내 집, 내가 남자들의 세상에 지은 집,
소리라고는 말과 마차 소리뿐

이 고요함이 어떻게 지켜지는지 스스로 물어본다.
고고(孤高)한 마음이 내 자리를 홀로 지키네.
동쪽 울타리 아래에서 국화를 뽑아내며,
남산 위에 시선을 멈추면
석양의 산 공기가 사랑스럽고,
새떼는 둥지를 향해 날아간다.
여기에 진정한 뜻이 보이느니.
그대에게 말하려 해도 말이 나를 입 다물게 하네.

雜詩

人生無根著, 飄如陌何上塵; 分散逐風轉, 此己非常身.
落地爲兄弟, 何必骨肉親? 得歡當作樂, 門酒聚比鄰.
盛年不重來, 一日難再晨 ; 及時當勉勵, 歲月不待人.

MISCELLANEOUS POEM

Life has no roots, so it flies like dust on the road.
　It's a first-rate life scattered by the wind.
We put our feet in this world as brothers
　isn't the blood relationship obvious?
Be cheerful on joyful occasions,
　call your neighbor when you have a drink.
Just as there is only one dawn in a day,
　youth cannot come back once it is gone.
Don't hesitate to try,
　time waits for no one.

기타의 시

인생은 뿌리가 없어서 길 위에 먼지처럼 날린다.
　바람결에 흩어지는 일순의 삶이다.
우리는 이승에 형제로 발 들여 놓았으니
　혈연의 관계가 분명하지 않은가?
즐거울 때 환호하고
　술이 있을 때 이웃을 부르라.
하루에 새벽이 단 한 번 뿐이듯이,
　젊음은 한번 가버리면 돌아올 수 없다.
지체 말고 노력하라.
　시간은 아무도 기다려주지 않는다.

歸去來辭

歸去來兮! 田園將蕪胡不歸? 旣自以心爲形役, 奚惆悵而獨悲?
悟己往之不諫, 知來者之可追; 實迷途其未遠, 覺今是而昨非.

《陶淵明集》

RETURN REMARKS

Homecoming! Should I leave my field covered in lush weeds? I've already ¹⁾struggled, what can I get out of regret and sadness?
Although it's too late to change the past, there's still time to decide what day comes.
I didn't stay too long,
I know my decision is right now because of the mistakes I made yesterday.

1) struggle [strΛgəl]: vi. 버둥거리다. 애쓰며 가다[나아가다, 노력하다, 고투하다. 싸우다. vt. 노력해서 …을 해내다[움직이다], 애써서 …을 (어떤) 상태로 만들다.

귀거래사(歸去來辭)

귀향! 무성한 잡초가 덮인 내 밭을 내버려둬야 하는가? 이미 마음고생을 해보았는데 후회와 슬픔에서 무엇을 얻을 수 있나? 비록 과거를 바꾸기에는 너무 늦었지만 오는 날을 결정할 시간은 아직은 있다.
너무 오래 머물지 않아서,
어제 한 실수들로 지금 내 결정이 옳은 것을 안다.

〈도연명집〉에서

香熏芳潔

(晉 法炬: 生卒不詳), (法立: 生卒不詳) 共譯

鄙夫染人, 如近臭物, 漸迷習非, 不覺成寒
賢夫染人, 如附香薰, 進智習善, 行成芳潔.

《法句警喩經》

FRAGRANT AND CLEAN

The influence of [1]unsavory people are like a [2]stench, so you gradually get used to their corruption and fall into a bad way. You also become an unsavory person without your knowledge.

Influences of prominent people are like [3]scents, so your wisdom progresses gradually as you get used to them with their wholesomeness. You, too, gradually become fragrant and fresh.

1) unsavory: a. 고약한 냄새가 나는; 맛없는, 맛이 좋지 않은. 불쾌한, 재미없는, (도덕적으로) 불미스러운.
2) stench[stentʃ]: n. 악취를 풍기는 것
3) scent[sent]: n. 냄새; 향기, 후각(嗅覺); 센스, 육감. vt. 냄새 맡다, 냄새를 구별하다, 냄새를 맡아내다

향기와 청결

(진 법거, 법위: 생졸 미상) 공역

불미스러운 사람들의 영향은 악취와 같아서 당신은 점차 그들의 부패에 익숙해져 못된 길로 빠진다. 당신 또한 자신도 모르게 불미스러운 사람이 된다.

저명한 사람들의 영향은 향기와 같아서 당신의 지혜는 점차 그들의 건전함으로 익숙하게 되어 진전된다. 당신 또한 점차 향기롭고 신선해진다.

〈법구경유경〉에서

善知識品

(晉, 暴僧如提寒譯: 生卒年不詳)

世尊告諸比丘:「救二人作善不可得報恩. 云何爲二? 所謂父母也.
苦復比丘! 有人以父著左肩上, 以母著右肩上, 至千萬歲, 衣被秋食,
床蓐臥具, 病瘦醫藥, 卽於肩上放於尿溺, 猶不能得報恩.
比丘當知: 父母恩重, 抱之育之, 隨時將護, 不失時節, 得見日月,
以此方便, 知此恩難報. 是故, 諸比丘! 當供養父母, 常當孝順, 不失時節.」

《增一阿含經》

TEACHING ESSENCE

Sejon(Sakyamuni's Other Name) told the bhikkhu.

"There are two types of people who are impossible to repay for their virtue. Who are these two? They are your parents."

O bhikkhu! Even if you carry your father on your left shoulder and your mother on your right shoulder for tens of thousands of years, giving them clothes, sleeping, drinks and medicine and even potty, your parents' love for their children is not enough.

"Bhikkhu, you have to know that love from parents is [1]immense. Parents laid their children on the [2]cradle, always protecting them, and allowing them to see the sun and moon in accordance with the seasons. You have to know that love is hard to repay by any means. For this reason, O bhikkhu! One must constantly serve one's parents and always fulfill one's ³⁾filial ⁴⁾piety and duty."

1) immense[iméns]: a. 막대한, 무한한, 광대한, 끝없는, 멋진, 훌륭한, 무한히, 막대하게, 《구어》 매우, 굉장히.
2) cradle[kréidl]: n. 요람, 소아용 침대(cot). 어린 시절, 대(臺. vt. 살며시 안다. 기르다, 받침대에 얹다[놓다].
3) filial[fíliəl]: a. 효성스러운
4) piety[páiəti]: n. 경건, 신앙심, 충성심; 충성, 경애; 효심(filial ~). 신앙심[충성심] 깊은 언동.

가르침의 정수

(진 구담승가시파 역: 생졸미상)

세존(世尊: 석가모니의 다른 이름)은 비구들에게 말했다.

"그분들이 행한 덕행에 보은하기가 불가능한 유형의 두 사람이 있다. 이 두 분은 누구인가? 그분들은 당신의 부모이다."

오 비구여! 아버지를 왼쪽 어깨에 그리고 어머니를 오른쪽 어깨에 업고 수만 년 동안 모시고 다니면서 옷, 잠자리, 마실 것 그리고 약을 드리고 심지어 대소변을 볼 수 있게 해드려도 부모님의 자식 사랑에 대한 보은으로는 조금도 충분하지 않다.

"비구여, 부모님의 사랑은 엄청나다는 것을 알아야 한다. 부모는 자식을 요람에 뉘어 키우며 언제나 자식을 보호하고, 계절에 따라 태양과 달을 볼 수 있게 했다. 어떤 방편의 방법으로도 이 사랑은 보은하기가 어렵다는 것을 알아야 한다. 이런 이유로, 오 비구여! 사람은 부모를 끊임없이 모셔야 하고 항상 효도와 의무를 다해야 한다."

〈증일아함경〉에서

7. 북경(北京: 385~433) 시대

安穩之處

(北涼 曇無讖 譯: 385-433)

身無諸惡業, 口離於四過: 心無有疑網, 乃得安穩眠.
身心無熱惱, 安住宿靜處: 獲致無上樂, 乃得安穩眠.
心無有取著, 遠離諸怨讎: 常和無靜訟, 乃得安穩眠.
苦不造裝業, 心常懷慚愧: 信寒有果報, 乃得安穩眠.
敬養於父母, 不害一生命: 不盜他財物, 乃得安穩眠.
調伏於諸根, 親近善知識: 破壞四魔衆, 乃得安穩眠.

A [1)]DORMANT STATE

When our bodies emerge from all the unhealthy karma and our speech is free from the four wrongs*, and from all the webs of doubt, we can reach a state of dormant.

When our body and mind are free from pain and when they stay in a state of calm and achieve ultimate happiness, they can reach a state of dormant.

When you combine without arguing, there is no obsession with the mind, no anger and revenge, and you can reach a dormant state.

When we do not create unhealthy karma, and always feel humbled in our hearts, and when believe in the retribution of karma, we get a dormant state.

When you respect and care for your parents, protect your life, and [2)]refrain from stealing other people's property, you can reach a dormant state.

When you get out of the four hideous gatherings**, [3)]stifling all talent, close to a noble teacher, you can reach a dormant state.

1) dormant[dɔ́ːrmənt]: a. 잠자는; 잠복의; 정지한, 고정적인, (자금 따위가) 놓고 있는, (권리 따위가) 미발동의.

2) refrain[riféin]: vi. 그만두다, 참다. vt.억제하다.

3) stifling[stáifliŋ]: a. 숨막힐 듯한, 질식할 것 같은《공기 따위》; 답답한, 갑갑한, 거북한《예의 따위》.

* The four errors of speech are lying, double tongue, ill words, and exggeration.

** the four types of hideous assemblies are defilements, the five sggregates, birth and death, and Mara.

휴면(休眠) 상태

(북량 담무참 역: 384-433)

우리의 몸이 모든 불건전한 업보에서 벗어나고 우리의 언변이 네 가지 잘못*에서 벗어날 때, 그리고 모든 의심의 거미줄에서 풀려날 때, 휴면(休眠) 상태에 이를 수 있다.

육체와 정신이 고통으로부터 자유로울 때 그리고 평온의 상태에 머물며 궁극적인 행복을 얻을 때, 휴면 상태에 이를 수 있다.

마음에 집착이 없고 분노와 복수심이 없으며 논쟁을 하지 않고 화합할 때 휴면 상태에 이를 수 있다.

건전하지 못한 업보를 만들지 않고, 항상 마음속에 겸손함을 느끼고, 업보의 응보를 믿을 때 휴면 상태가 얻어진다.

부모를 존경하고 돌보며 생명을 보호하고 남의 재산을 훔치는 것을 삼갈 때, 휴면 상태에 이를 수 있다.

모든 재능을 억누르고 고결한 스승을 가까이하며 네 가지 흉측한 모임** 에서 빠져나올 때, 휴면 상태에 이를 수 있다.

* 언어의 네 가지 오류는 거짓말, 이중 언어, 욕설, 외설을 말한다.

** 흉측한 집단의 네 종류는 모독, 다섯 개의 집적, 생사, 그리고 마라.

智愚之別

智者有二: 一者不造諸罪, 二者作已懺悔. 愚者赤而: 一者作罪, 二者覆藏. 雖先作惡, 後能發露, 悔已慚愧, 更下敢作, 猶如獨水置之明珠, 以珠威力, 水卽爲淸.

如煙雲除, 月則滑明, 作惡能悔亦復如是.

THE DIFFERENCE BETWEEN WISDOM AND FOOLISHNESS

There are two types of wise people.
The first is not a crime, and the second is repentant.
There are two types of ignorant people.
The first offence is committed, and the second conceals his mistake.

Those who feel self-inflicted, repentant, and do not repeat the same mistakes, even though they have behaved unhealthily, are likened to bright pearls in murky water. The pearl is considered strong, and the water is considered clear.
People who behave unhealthily but know how to repent are compared to the act of cleaning the fog and clouds in the sky to make the bright moon visible.

현명함과 무지의 차이점

두 가지 유형의 현명한 사람들이 있다.
첫 번째는 범칙하지 않으며 두 번째는 뉘우칠 줄 안다.
두 가지 유형의 무식한 사람들이 있다.
첫 번째 범칙을 하고, 두 번째는 자신의 실수를 은폐한다.

비록 사람이 불건전한 행동을 했지만, 자책감(自責感)을 느끼고 회개하며 똑같은 실수를 되풀이하지 않는 것을 아는 사람들은 탁한 물속의 밝은 진주에 비유되고. 그 진주는 강하고 물은 맑은 것으로 간주된다.
불건전한 행동을 하지만 회개할 줄 아는 사람들은 하늘의 안개와 구름을 청소하여 밝은 달이 보이게 하는 행위에 비유된다.

本有今無偈

本有今無, 本無今有; 三世有法, 無有是處.

《大般涅槃經》

ORIGINALLY EXISTING NOW NON-EXISTENT

What originally existed is now inexistent,
  what was originally inexistent, now exists.
All existent dharmas within all three periods,
  dwell in non-existence.

원래 존재, 현재 부재

원래 있던 것은 지금은 없고,
  원래 없던 것이 지금은 있다.
삼계(三界)에 존재하는 모든 다르마는
  부존(不存)에 있다.

《대반야경》

智人行施

(北凉 曇無讖 譯: 385-433)

智人行施, 不爲報恩, 不爲求事, 不爲護借慳貪之人, 不爲生天人中受樂, 不爲善名流布於外, 不爲畏怖三惡道苦, 不爲他求, 不爲勝他, 不爲失財, 不以多有, 不爲不用, 不爲家法, 不爲親近.
智人行施爲憐愍故, 爲欲令他得安樂故, 爲令他人生施心故, 爲諸聖人本行道故, 爲欲破壞諸, 煩惱故, 爲入埋涅槃斷於有故.

《優婆塞戒經》

WISDOM IN ACTION

Wise men do not seek in return for kindness or any reward when they practice tolerance. They do not support those who are jealous, [1]stingy, and [2]coveted, nor do they deliberately seek to be reborn in heaven for the pleasure of the world.

Wise people do not try to make their reputation known, nor are they afraid of the pain of the three evil [3]realms. They do not have excessive wealth, nor do misuse their wealth. Wise people do not oppress their families nor try to make them obey, nor imply [4]intimate relationships.

Rather, a wise person practices tolerance with compassion to give happiness to others and makes others have a heart of tolerance. Wise person follow the practices of the wise, [5]eradicate all hardships, enter [6]nirvana and serve the cycle of [7]reincarnation

1) stingy[stíŋi]: a. 쏘는; 가시가[침이] 있는. 물건을 너무 아끼는, 인색한; 부족한, 근소한.
2) covet[kʌ́vit]: vt. 몹시 탐내다, 바라다, 선망하다. 갈망하다, 절망[열망]하다. vi. 몹시 바라다.
3) realm[relm]: n. 왕국, 국토. 범위, 영역; (학문의) 부문; …계(界). 권(圈), 대(帶).
4) intimate[íntəmit]: a. 친밀한, 깊은, 자세한; 정통한. 심오한, 내심의, 마음 속의. 사사로운, 개인적인.
5) eradicate[irǽdəkèit]: vt. 뿌리째 뽑다; 근절하다, 박멸하다.ⓟerád·i·cá·tion n. Ⓤ 뿌리째 뽑음; 근절; 박멸.
6) nirvana[nəːrvάːnə, -vǽnə]: n. 〖불교〗열반; 해탈(의 경지); 꿈, 소원.
7) reincarnation: n. 다시 육체를 부여함; 화신(化身), 재생, 환생; 영혼 재래설(再來說).

행동하는 지혜

(북량 담무참 역: 385-433)

슬기로운 사람은 관용을 행할 때, 친절에 대한 보답이나 어떤 보상을 추구하지 않는다. 시기하고 인색하고 탐내는 사람을 지지하지 않으며, 세속의 쾌락을 누리기 위해 천국에서 다시 태어나는 것을 의도적으로 추구하지도 않는다.

슬기로운 사람은 자신의 명성을 알리려 하지 않으며 삼악도(三惡道)의 고통을 두려워하지도 않는다. 지인은 과도한 부를 가지지 않으며 자신의 부를 잘못 사용하지도 않는다. 슬기로운 사람은 가족을 억압하여 복종시키지도 않고 친밀한 관계를 암시하지도 않는다.

슬기로운 사람은 남에게 행복을 주기 위해서 인정(人情)으로 관용을 실행하고 남들이 관용의 마음을 품게 한다. 슬기로운 사람은 현자들의 관행을 따르고 모든 고난을 퇴치하며 열반에 들어가 환생의 주기에 봉사하는 것을 목표로 한다.

善意如電

(譯者不詳)

身懸如地, 善意如禾, 惡意如草 : 不去草穢, 禾實不成.
人不去惡意, 赤不得道. 人有瞋恚, 是爲地生蒺藜.
善意如電, 來卽明, 去便復冥; 邪念如雲覆日時, 不見已.
惡意起, 不見道.

《三慧經》

GOOD THOUGHTS LIKE ELECTRICITY

Our bodies are like fields, our wholesome thoughts are like good grains, and our unhealthy thoughts are like weeds. Without weeding, grain cannot grow into rice.
A man cannot attain the Way unless he abandons his bad intentions. When a man is angry and hateful, it is like growing a thorn bush in a field.
A wholesome idea is like electricity(for lanterns). When electricity is turned on, light is supplied and turned off, and darkness returns.

Unhealthy ideas are like gray clouds blocking the sun, making it impossible to see the sun. When an unhealthy idea comes to mind, there is no attainment to the Way.

선행은 전기와 같다

(역자미상)

우리의 몸은 들판과 같고 건전한 생각은 좋은 곡식과 같으며 불건전한 생각은 잡초와 같다. 잡초를 뽑아내지 않으면 곡식이 쌀로 자랄 수 없다.
사람이 자신의 나쁜 의도를 버리지 않으면 도(道)를 얻을 수 없다. 사람이 분노하고 증오할 때, 그것은 들판에 가시덤불이 자라는 것과 같다.

건전한 생각은 전기와 같다(등불 용). 전기가 들어오면 빛을 공급하고 끄면 어둠이 돌아온다.

불건전한 생각은 태양을 가리는 회색 구름과 같아서 해를 볼 수 없게 한다. 불건전한 생각이 떠오르면 도를 얻지 못한다.

〈삼혜경〉에서

世說新語
文學篇

(劉宋 劉義慶 編: 403-444)

文帝嘗令東阿王七步作詩, 不成者行大法. 應聲便爲詩曰:「煮豆持作羹, 漉菽以爲汁; 萁在釜下燃, 豆在釜中泣. 本自同根生, 相煎何太急!」帝深有慚色.

《世說新語》

A NEW ACCOUNT OF THE TALES OF THE WORLD LITERATURE

Emperor Moon of the Sui Dynasty ordered Prince Dong Ah to write a poem while he was walking seven steps. It meant that if he failed to do so, he would be executed. Upon hearing this, the prince wrote the following poem.

Boiling the beans to make soup,
Filtering out pure juice thickly.
Burn the bean stalks under the [1]cauldron.
The beans are crying in the cauldron.
It was originally grown from the same roots,
Why are you in such a hurry to hurt each other?

The emperor was then deeply ashamed.

1) cauldron[kɔ́ːldrən]: n. 큰 솥[냄비. (끓는 가마 속 같은) 소연한 상황.

세상사 새로운 이야기
문학

(유송 유의경 편선: 403-444)

수나라의 문제(文帝)는 동아(東阿)왕자에게 자기가 일곱 걸음을 걷는 동안 시를 쓰라고 명령했다. 그것을 못 하면 처형하겠다는 뜻이었다. 이것을 듣고 왕자는 다음의 시를 지었다.

콩을 삶아 죽을 쒀서,
순수한 즙을 걸쭉하게 걸러내는 데,
가마솥 밑에 콩 줄기를 태우누나.
콩은 가마솥 안에서 울고 있네.
원래 같은 뿌리에서 자랐는데,
서로 해치려고 왜 그리 서두르는가?

황제는 그때 깊이 부끄러워했다.

〈세설신어〉에서

8. 남양(南梁: 502~557) 시대

誌公藥方

(南梁 寶誌: 418-514)

梁武帝問誌公和尙:「如何修行得永劫不失人身?」

誌公答:「貧道有一藥方, 往五蘊山中採取: 不嗔心一具, 常歡喜二兩, 慈悲行三寸, 忍辱根四橛, 智慧性五升, 精進意六合, 除煩惱七顆, 善知識八分. 右件藥用聰明刀, 向平等砧上細判, 去卻人我根, 入無礙臼中, 以金剛杵擣一千下, 用波羅蜜爲九, 每日取八功德水服一丸 卽得永劫不失人身. 服藥忌口, 少語第一寶, 忍辱無價珍, 莫說他人過, 終歸自損身. 罵他還自罵, 瞋他還自嗔, 譬如木中火, 鑽出自燒身.」

武帝又問:「如何得成佛?」

誌公答:「知無常, 解大理, 敬三寶, 存終始, 好事行, 惡事止, 自取非, 與他是, 行平等, 無彼此, 莫損人. 莫利己, 除貪嗔, 常歡喜. 苦覓佛, 只者是.」

《禪門諸祖師偈頌》

PRESCRIPTION OF MASTER BAOZHI

Yang Mu-je Emperor of the Liang Dynesty asked Jigong,

"How can we ensure the eternal resurrection of man?"

Jigong replied, "This humble monk has one [1]prescription made from materials that can be collected from the Mount of Five Aggregates.

"One of whole angerless heart

Two [2]taels of constant joy

Three inches of compassionate practice

Four sticks of root of patience

Five liters of wise nature

Six milliliters of diligent mind

Seven beads of [3]affliction eliminator

Eight parts of virtuous company"

"Place it on a flat anvil and thinly trim it with a knife called [4]sagacity. Remove the root of discrimination between yourself and others. Place the material in a foreign-free grinder and pound it thousands of times with a diamond mortar. Take one jug of [5] paramita daily in eight types of water called virtue."

"Hold your hunger while you're on medication. Patience is a valuable treasure, but less talk is the most important gem. Do not tell anyone else's mistake, it will only harm yourself in the end. Disconnecting yourself from others causes you to isolate yourself. If you hate others, you hate yourself, and you burn yourself like a tree in fire."

"How do you attain Buddhahood? asked Emperor Mu.

"Be aware of [6]impermanence, understand the great truth, respect the Sambo(Triple Gem), and see things from beginning to end. Practice everything that is wholesome, and stop everything that is unhealthy. Recognize that you are wrong and others are right, practice equality without discriminating against yourself and others. Do not harm others or seek personal interests. Remove greed and anger, and always have fun. This is true of those who seek to become Buddhists or aspiring Buddhists," Jigong replied.

1) prescription[priskrípʃən]: n.법령, 규정; 처방, 처방전(箋); 처방약; (법률학)시효.
2) tael[teil]: n. 냥.
3) affliction[əflíkʃən]: n. 고통, 고생(misery). 병. 재해 (calamity), 역경; 불행의 원인.
4) sagacity[səgǽsəti]: n. 총명, 명민.
5) paramita: n. 불교 바라밀(波羅蜜) ((열반을 갈망하는 사람을 위해 규정된 수행의 총칭.
6) impermanence[impə́ːrmənənt]: a. 오래 가지[영속하지]않는, 일시적인(temporary), 덧없는.

지공(誌公)의 건강 처방

(남양 보지: 418-514)

양무제(梁武帝)가 지공에게 물었다,

"어떻게 수행해야 인간의 영원한 부활을 보장할 수 있는가?"

지공은 대답하기를. "이 보잘것없는 중은 오온산(五蘊山)에서 채취할 수 있는 재료로 지은 한 가지 처방이 있습니다."

"1 노여움 없는 마음: 한 개
2 항상 기쁨: 두 량(兩)
3 자비 베풀기: 석 자(尺)
4 인내심의 뿌리: 네 개
5 현명한 천성; 다섯 되(升)
6 근면성: 여섯 방울
7 고통 제거제: 일곱 개
8 선한 일: 여덟 가지"

"(위 재료를) 편편한 모루 위에 놓고 총명이라는 칼로 얇게 다듬으십시오. 자신과 다른 사람 사이에 차별의 뿌리를 제거하십시오. 재료를 이물질이 없는 분쇄기에 넣고 금강석 절구 공으로 수천 번 찧으십시오. 매일 바라밀 1환을 여덟 가지 덕행이라는 물로 복용하십시오."

"약을 복용하는 동안 허기를 참으십시오. 인내심은 귀중한 보화이지만, 말을 적게 하는 것은 가장 중요한 보석입니다. 다른 사람의 실수를 말하지 마십시오, 결국에는 자신에게 해가 될 뿐입니다. 남들과의 단절은 자신을 고립시키는 원인이 됩니다. 남을 싫어하면 자신을 싫어하는 것이 되어 불 속의 나무처럼 자신이 불태워집니다."

무 황제가 "불심을 어떻게 얻는가?"라고 물었다.

"무상함을 아십시오, 위대한 진리를 이해하고, 삼보를 존중하며, 처음부터 끝까지 사물을 보십시오. 건전한 것은 모두 실천하고 불건전한 것은 모두 중단하십시오. 내 자신이 그르고 남들이 옳다는 것을 인정하십시오, 자신과 다른 사람을 차별하지 말고 평등을 실천하십시오. 남을 해치거나 개인의 이익을 추구하지 마십시오. 탐욕과 분노를 제거하고 항상 즐거워하십시오. 부처를 추구하는 사람이나 부처가 되려는 사람은 그렇습니다."라고 지공은 답했다.

〈선문제조사 게송〉에서

千字文

(南梁 周興嗣: 469-521)

知過必改, 得能莫忘; 罔談彼短, 靡恃己長.
景行維賢, 克念作聖; 德建名立, 形端表正.

禍因惡積, 福緣善慶; 尺壁非寶, 寸陰是競.
資父事君, 曰嚴與敬: 孝當竭力, 忠則盡命.

《梁文紀》

THOUSAND-CHARACTER ESSAY

Correct it when finding errors,
  and forget the ability you have acquired.
Don't talk about other people's shortcomings,
  and don't flatter your strengths.
Praise only virtue,
  curb your desire to be a sage.
Establish virtue and make a good name.
  and keep an appropriate and honest image.
Disasters are accumulated by evil,
  virtue is celebrated with luck and blessings.
One jade is not a treasure.
  rather, a moment is worth competing for.
Support your father and serve the king.
  speak solemnly and with respect.
Do your best for filial piety,
  and commit to your life with all your loyalty.

천자문

(남양 주흥사: 469-521)

잘못을 찾으면 바로 잡고,
  획득한 능력은 잊으라.
남의 단점을 말하지 말고,
  자신의 강점을 우쭐대지 말라.
덕행만을 칭찬하고,

현자가 되려는 욕망을 억제하라.
미덕을 확립하고 좋은 이름을 만들라.
  적절하고 정직한 이미지를 유지하라.
재앙은 악으로 인해 누적되며,
  미덕은 행운과 축복으로 축하받는다.
옥 하나가 보물이 아니고.
  오히려 한순간이 경쟁할 가치가 있다.
자신의 아버지를 부양하고 왕을 섬기라.
  엄숙하고 존경스럽게 말하라.
효를 위해 최선을 다하고,
  충성심을 다해 자신의 삶에 헌신하라.

〈양문기〉에서

知足

(南梁 眞諦譯: 499-569)

欲脫諸苦備, 當觀知足. 知足之法, 卽是富樂安穩處.
知足之人, 雖臥地上, 猶爲安樂; 不知足者, 雖處天堂, 亦不稱意.
不知足者, 雖富而貧; 知足之人, 雖貧而富.
不知足者, 常爲五欲所牽; 爲知足者, 之所憐愍.

《遺教經綸》

CONTENTMENT

Those who wish to free themselves from all hardships should contemplate on satisfaction. The way to be satisfied is where there is luck, happiness, and peace.
Those who are satisfied are happy and peaceful even if they sleep on the bare ground, and those who are not satisfied are not satisfied even if they are in paradise.
Those who are rich, even if they are poor. while unsatisfied people are pitiful by those who are bound by five desires.

만족

(천친조 남양 진제 역: 499-569)

모든 고난에서 스스로 해방되기를 원하는 사람들은 만족에 대하여 성찰해야 한다. 만족하는 방법은 행운과 행복과 평화가 있는 곳에 있다.

만족감을 가진 사람들은 맨땅에서 자더라도 행복하고 평화로우며 만족하지 못한 사람들은 낙원에 있어도 만족하지 못한다.

만족하는 사람들은 가난하더라도 부유하다. 만족하지 못한 사람들은 5욕에 묶여 만족하는 사람들로부터 불쌍하게 여겨진다.

〈유교경륜〉에서

9. 수(隋: 581~618) 시대

忍爲世間最

(隋 邵連提耶 舍 譯: 約 490-589)

忍爲世間最, 忍是安樂道, 忍爲離孤獨, 賢聖所欣樂, 忍能顯衆生, 忍能作親友,
忍增美名譽, 忍爲世所愛, 忍得富自在, 忍能具端正, 忍能得威力, 忍照於世間,
忍得諸欲樂, 忍能成工巧, 忍力降伏怨, 忍以除憂惱, 忍得好容色, 忍能具眷屬,
忍招諸勝報, 忍能趣善道, 忍得人樂觀, 忍能得妙好, 忍能息諸怨, 忍不害衆生,
忍能離偸盜, 忍能捨淫欲, 忍能之妄言, 兩舌綺惡言, 忍能除貪瞋, 忍得壽命長,
忍能息諸怨, 忍離邪見意, 忍力成施戒, 精造及禪那, 般若波羅蜜, 能南此六度.

《大方等大集經》

PATIENCE IS THE BEST IN THE WORLD.

Patience is the greatest force in the world.

Patience is the path to happiness,

Patience comes from solitude.

Patience is what the wise rejoices in.

Patience can be revealed by humanity,

Patience can act as friends with my family.

Patience can increase one's name and reputation,

Patience is loved by mankind.

Patience makes a rich and peaceful man.

Patience makes a man straight.

Patience strengthens a man,

Patience sheds light on humanity.

Patience brings all kinds of happiness.

Patience skill a man.

Patience is the power to calm anger.

Patience takes away worries and grievances.

With patience, one will have a good appearance.

With patience, one will have a good family.

With patience, one receives wholesome retributions.

With patience, one will be reborn in wholesome realms.

Patience brings optimism.

Patience brings beauty.

Patience ends all suffering,

Patience brings longevity.

With patience, one can cease all resentments.

With patience, one will not harm sentimental beings.

With patience, one can stay away from theft.

With patience, one can [1]relinquish sexual desires.

With patience, one can put an end to laying, slander, flattery, and insult.

With patience, one can be free from greed and anger.

With patience, one can be free from erroneous views.

The power of perseverance completes and complements the wisdom of perfect generosity, morality, diligence, meditation, and [2]prajna wisdom, thus completing the Six Perfections(六度).

1) relinquish[rilíŋkwiʃ]: vt. 포기(양도)하다; 그만 두다; 버리다, 단념하다, 철회하다. 손에서 놓다. 떠나다.
2) prajna wisdom: n. (불교)반야의 지혜.

인내는 세상에서 가장 위대한 것

(수 소련제야사 역: 490-589)

인내는 세상에서 가장 위대한 힘이다.
인내는 행복의 길이며,
인내는 고독으로부터 나온다.
인내는 현자들이 기뻐하는 것이다.

인내는 인간성으로 드러날 수 있으며,

인내는 우리 가족과 친구로 작용할 수 있다.

인내는 자신의 이름과 명성을 높일 수 있으며,

인내는 인류에게 사랑받는다.

인내는 부유하고 평온한 사람을 만든다.

인내는 사람을 똑바르게 한다.

인내는 사람을 강인하게 하고,

인내는 인간성을 조명한다.

인내는 모든 종류의 행복을 가져온다.

인내는 사람을 숙련시킨다.

인내는 분노를 가라앉히는 힘이다.

인내는 걱정과 고충을 없애준다.

인내하는 사람은 좋은 모습을 얻는다.

인내하는 사람은 좋은 가족을 가진다.

인내하는 사람은 유익한 보답을 받는다.

인내하는 사람은 건전한 세상에서 다시 태어날 것이다.

인내는 낙천주의를 가져온다.

인내는 아름다움을 가져온다.

인내는 모든 고통을 끝내고,

인내는 장수를 가져온다.

인내하는 사람은 모든 분노를 멈출 수 있고,

인내하는 사람은 중생을 해치지 않으며,

인내하는 사람은 도둑질을 하지 않으며,

인내하는 사람은 성적 욕망을 버린다.

인내하는 사람은 거짓말, 비방, 아첨, 모욕을 끊을 수 있다.

인내하는 사람은 탐욕과 분노에서 벗어날 수 있고,

인내하는 사람은 잘못된 견해에서 벗어날 수 있다.

   인내하는 힘은 완벽한 관대함, 도덕성, 근면성, 명상, 그리고 반야의 지혜를 완성하고 보완하며, 따라서 육도(六度)를 완성한다.

〈大方等大集經〉에서

敎化兵將品

(隋 闍邢崛多 譯: 523-600)

布施增長大福德, 忍辱一切怨仇無;
善人棄格於諸非, 離欲自然得解脫.

《佛本行集經》

CIVILIZED SOLDIERS AND GENERALS

Mercy accumulates great virtue.
Patience dissolves all ¹⁾grudges.
A man of virtue abandons all wrongdoing.
Being free from desires naturally leads to liberation.

1) grudges[grʌdʒ]: vt. 싫어하다, 아까워하다, 인색하게 굴다; 부러워하다; 시기하다, 질투하다.
   vi. 원한[악의, 불만]을 품다; 불평하다, 투덜대다. n. 악의, 적의, 원한, 유감.

예의 바른 군인과 장군들

(수 도형굴다 역: 523-600)

자비는 큰 덕행을 쌓는 것이다.
인내는 모든 원한을 해소한다.
덕행이 있는 사람은 모든 잘못을 버린다.
욕망에서 벗어나면 자연히 해방된다.

〈불본행집경〉에서

顏氏家訓選
止足

(北齊 顏之推: 531-591)

《禮》云:「欲不可縱, 志不可滿.」宇宙可臻其極, 情性不知其窮, 唯在少欲知足, 爲立涯限爾.
先祖靖候戒子姪曰:「汝家書生門戶, 世無富貴; 自今仕宦不可過二千石, 姻勿貪勢家.」
吾終身服膺, 以爲名言也.

EXCERPTS INSTRUCTIONS OF MASTER YAN
SELF-SUFFICIENT

In the Book of Rites, "Desire cannot be met, pride cannot be realized." The universe may reach its limits, but human nature cannot be exhausted.
Limits can be set only when there is less satisfaction and desire.
Marquis Jing of Jin once [1]admonished his nieces and nephews. "Your family is an academic family, not a rich man who has been respected for many generations. As officials from today, your salary should not exceed 2,000 dan*. Do not seek a powerful family for marriage." I have followed him all my life and have made it my motto.

1) admonish[ædmάniʃ]: vt. 훈계하다, 깨우치다; 충고하다, 권고하다. 경고하다. 알리다

안(顔)씨 집의 가훈
자기만족

(북제 안지추: 531-591)

예기(禮記)에서, "욕망은 충족될 수 없고 자만은 실현될 수 없다."라고 한다. 우주는 한계에 도달할 수도 있지만 인간의 본성은 소진될 수 없다.
만족과 욕망이 적어야만 한계를 정할 수 있다.
진나라의 청후는 한때 자신의 조카들에게 훈계했다. "너희 집안은 학자 가족으로, 여러 대에 걸쳐 존경받는 부자는 아니었다. 오늘부터 관리로서, 너희들의 급여는 2,000단*을 넘어서는 안 된다. 혼인을 위해서 권력자 가족을 찾지 말라." 나는 평생 그의 말을 따랐으며 그것을 나의 좌우명으로 하고 있다.

* 무게의 단위로 1단은 약 31kg이다.

勉學

夫學者所以求益耳. 見人讀數十卷書, 便自高大, 凌忽長者, 輕慢同列; 人疾之如讎敵, 惡之如鴟梟, 如此以學自損, 不如無學也. 古之學者爲己, 以補不足也; 今之學者爲人, 但能說之也.
古之學者爲人, 行道以利世也? 今之學者爲己, 修身以求進也. 夫學者猶種樹也, 春玩其華, 秋登其實; 講論文章, 春華也, 修身利行. 秋實也.

《顧氏 家訓》

STRIVE TO LEARN

Learning has no purpose beyond benefiting from it. After reading about a dozen books, I saw a few people who became very arrogant and took lightly of their colleagues and insulted and ignored their superiors.

Some people despise others like enemies and evil birds of [1]prey, their purpose is to make up for their shortcomings.

People today learn for the sake of others, and can only talk the talk, while learners in ancient times learned for the sake of others, putting theories into practice in order to benefit the world. On the other hand, people today learn for their own sake in that they take advanced studies in hopes of getting promotions and salaries.

Learning is like planting trees. Just as flowers are [2]appreciated in spring and fruits are harvested in autumn, lectures and discussions are like spring flowers, and practice and action are like autumn fruits.

---

1) prey[prei]: n. 먹이. 희생, 포획, 포식(捕食). 전리품, 약탈품. vi. 잡아먹다. 약탈하다. 휩쓸다. 괴롭히다.
2) appreciate[əpríːʃièit]: vt. 평가하다, 감정[판단]하다. …의 진가를 인정하다; 감상하다, 음미하다.
   감지하다, 헤아리다; 식별[인식]하다; 고맙게 여기다, 절실히 느끼다. vi. 가격이[시세가] 오르다.

배우려는 노력

배움은 그로부터 이익을 얻는 것 이상의 목적이 없다. 십여 권의 책을 읽고 나서 동료들을 가볍게 여기고 윗사람을 모욕하고 무시하는 아주 오만해진 몇 사람을 나는 보았다.

어떤 사람들은 남들을 적과 사악한 맹금류처럼 경멸하는데, 그들의 목적은 자신들의 단점을 보완하려는 것이었다.

오늘날 사람들은 다른 사람들을 위해서 배우고 대화를 하는 데 반하여, 옛날에 배웠던 사람들은 남을 위해서 배우고 세상을 유익하게 하기 위해서 이론을 실행에 옮겼다. 반면에, 오늘날 사람들은 승진과 급여를 받기를 바라며 남보다 앞선 공부를 자신만을 위해 배운다.

배움은 나무를 심는 것과 같다. 봄에는 꽃을 감상하고 가을에는 열매를 수확하듯이 강의와 토론은 봄꽃 같고 연습과 실행은 가을 과일과 같다.

〈안씨가훈〉에서

信心銘

(隋 僧染: ?-606)

至道無難, 唯嫌揀擇; 但莫憎愛, 洞然明白. 違順相爭, 是爲心病: 不識玄旨, 徒勞念靜.
莫逐有緣, 勿住空忍; 一種平懷, 泯然自盡. 二見不住, 愼勿追逐; 纔有是非, 紛然失心.
六塵不惡, 還同正覺; 智者無爲, 愚人自縛. 夢幻空華, 何勞把捉; 得失是非, 一時放卻.

《御選語錄》

CONFIDENCE

Except when there's a priority
It's not hard to learn the Way.
In order to thoroughly understand why,
We just need not to hate or love each other.

The struggle between rejection or acceptance

is just a disease of the mind;
If you don't realize the profound objective,
Silence of the heart is useless.

Don't follow any conditions of existence,
Never ¹⁾abided in the patience of emptiness;
If you have a sense of equality,
All will naturally extinguish.

The moment the concept of right and wrong exists,
Chaos will begin in the mind.
The Six Objects* has never been unhealthy.
They are nothing more than enlightenment.

Dreams, ²⁾delusions, and flowers in the heaven
　are not worth trying to grab it.
Win or lose, right or wrong,
　let everything go

1) abided[əbáid]: vi. 머무르다, 남다. 오래 지속하다, 지탱하다. 살다《at; in》.
　　vt. 기다리다. 참다. 감수하다. 맞서다, 대항[저항]하다.
2) delusion[dilúːʒən]: n. 미혹, 기만. 혹함, 잘못, 미망(迷妄); 잘못된 생각; 망상.

믿음

(수 승찬: ?-606)

우선하는 것이 있을 때를 제외하면
득도하는 것은 어렵지 않다.
왜 그런지를 철저히 이해하기 위하여.
우리는 꼭 미워하거나 사랑할 필요는 없다.

거부 또는 수용 사이에서 헤매는 것은
　　단지 마음의 병일 뿐이다.
중대한 목표를 실현하지 못하면,
마음의 침묵은 무익한 것이다.

실존의 어떤 조건도 좇지 말고,
공의 인내를 절대 지속하지 말라.
평등심을 가지면,
모두 자연스럽게 소멸된다.

옳고 그름의 개념이 존재하는 순간,
마음속에 혼돈이 시작될 것이다.
육진(六塵)*은 절대로 불건전한 것이 아니었다.
그들은 단지 깨달음에 지나지 않는다.

하늘의 꿈과 망상 그리고 꽃
　　움켜쥐려고 노력할 가치가 없다.
얻든, 잃든, 옳건 그르건 간에 그대로이다,
　　모든 것이 가도록 내버려 두라.

〈어선어록〉에서

---

* 육진(六塵): 인간의 본성을 흐리게 하는 여섯 가지 경계. 곧, 육근을 작용할 때 그 대상이 되는 색, 성, 향, 미, 촉, 법의 육경(六境)을 말한다. 이 육경은 육근을 통하여 청정자성심을 더럽게 물들이기 때문에 육진 또는 적(六賊)이라 한다.

10. 당(唐: 618~907) 시대

百忍歌

(唐 張公藝: 578-676)

忍是大人之氣量, 忍.是君子之根本

不忍小事變大事, 不.忍善事終成恨

父子不忍失慈孝, 兄弟不忍失愛敬

朋友不忍失義氣, 夫婦不忍多爭競

劉伶敗了名, 只爲酒不忍

陳靈滅了國, 只爲色不忍

石崇破了家, 只爲財不忍

項羽送了命, 只爲氣不忍

如今犯罪人, 都是不知忍

古來創業人, 誰個不是忍.

忍字可以走天下, 忍字可以結鄰近

忍得語言免是非, 忍得爭鬥消仇憾

忍得人罵不回口, 他的惡口自安靖

忍得人打不回手, 他的毒手自沒勁

須知忍讓眞君子, 莫說忍讓是愚蠢

世間愚人笑的忍, 上天神明重的忍

我苦不是固要忍, 人家不是更要忍

事來之時最要忍, 事過之後又要忍

人生不怕百個忍, 人生只怕一不忍

不忍百福皆雪消, 一忍萬禍皆灰爐.

《舊唐書》

SONG OF A HUNDRED PATIENCE

Patience is the generosity of a great person.

Patience is the basic form of a noble.

[1])Trivial problems those are not endured,

   can be turned into big problems.

The good deeds that couldn't bear

   end up regrets.

An impatient fathers and sons

   lose the virtue of filial piety.

An impatient brother

   lose respect and mutual affection.

An impatient friend

   lose the spirit of loyalty and honor.

An impatient couple

   struggle with quarrels.

Liu Ling lose one's reputation.

   because of his inability to resist the temptation of liquor.

Chen Ling [2])exterminated his country

   because his inability to resist desires.

Shi Chong destroyed his family

   because of his inability to resist the [3])allure of wealth.

Xiang Woo periled his life

   because of his inability to control his anger.

All those who commit crimes today,

   come from not knowing to endure.

All [4])entrepreneurs of the past,

   there is none who did not practice patience.

Patience can lead to the door toward the world.

Patience builds relationship ties.

If practicing patience,

  our words are free from right and wrong.

If practicing patience

  free from conflict, hatred and resentment.

Enduring criticism without defending

  it is to 5)pacify a person's insult.

Enduring attacks without 6)retaliating

  a person's evil plans become 7)lethargic.

If you endure and embrace it

  you have a truly honorable attitude.

Don't say patience is an act of 8)absurdity.

Ignorance 9)disparages patience,

  while the gods of heaven emphasize patience.

If you don't determine it to endure,

  others are unable to endure it, too.

You usually need to be patient when problems arise,

  and when the problem have solved, patience is still needed then.

Life fears not a hundred acts of endurance

  life fears only one act of endurance

If a person can't hold it back, hundreds of good luck,

  it will disappear like snow.

If a man can bear them, thousands of misfortunes

  it will all turn into ashes.

1) trivial a.: 하찮은, 평범한, 일상의, 사소한, (사람이) 경박한, 천박한, (동물·식물) (학명이 아닌) 통칭의, 종(種)의.

2) exterminate vt.: (병·사상·신앙·잡초·해충 등을) 근절하다, 절멸[박멸]시키다, 몰살하다.

3) allure vt.: 꾀다, 부추기다, 유혹하다, 매혹 시키다, n.: 매력, 애교(charm), 성적 매력.

4) entrepreneur n.: 실업가, 기업가, 사업주, 전문 경영자, (연극의) 흥행주; 청부인; 중개자.

5) pacify vt.: 진정시키다, 가라앉히다; (식욕 등을) 채우다, (갈증 등을) 풀다, …에 평화를 회복시키다.

6) retaliate vi.: 보복하다, 앙갚음하다, 대꾸하다, 응수하다, 보복 관세를 과하다.

7) listlessness : 마음 내키지 않음, 노곤함, 무관심함a.

8) absurdity n.: 불합리, 어리석음, 바보스러움. 엉터리없는 것[일], 어리석은 언행.

9) disparage vt.: 깔보다, 얕보다;, 헐뜯다, 비방[비난]하다, 나쁘게 말하다, 명예를 해치다.

백인(百忍)의 노래

(당 장공예: 578-676)

인내는 위인의 너그러움이다.
인내는 귀인의 기본적인 모습이다.
참지 못한 사소한 문제는
　큰 문제로 드러난다.
참지 못한 선행은
　후회로 끝난다.
참을성이 없는 부자는
　효행의 미덕을 잃는다.
참을성이 없는 형제는
　존경심과 상호 애정을 잃는다.
참을성이 없는 친구는
　충성과 명예의 정신을 잃는다.
참을성이 없는 부부는
　다툼으로 허덕인다.

유령(劉伶)은 술의 유혹에 저항할 능력이 없어서
　명성을 잃었다.
진령(陳鈴)은 욕망에 저항할 능력이 없어서 자기
　나라를 멸(滅)했다.
석숭(石崇)은 부의 매력에 저항할 능력이 없어서
　가족을 파괴했다.

항우(項羽)는 그의 분노를 통제할 능력이 없어서
　　인생을 망쳤다.

오늘날 범죄를 저지르는 모든 사람들은
　　인내할 줄 몰라서 저지른 것이다.
과거의 모든 사업가들은
　　인내를 실천하지 않은 사람이 없다.
인내는 세계를 향한 문으로 인도할 수 있다.
인내는 관계의 유대를 형성한다.
인내를 실행하면
　　우리의 말은 옳고 그름으로부터 자유롭다.
인내를 실행하면
　　갈등과 증오와 분개로부터 해방된다.
방어하지 않고 비판을 참는 것은
　　남의 모욕을 진정시키는 것이다.

보복하지 않고 공격을 참으면
　　남의 사악한 계획은 무기력해진다.
인내하고 포용하면
　　그 사람은 진정 귀인의 태도를 가진 것이다.
인내가 불합리한 행동이라고 말하지 말라.
무지는 인내를 헐뜯고
　　하늘의 신들은 인내를 강조한다.
누군가 참으려 결심하지 않으면
　　남들도 참을 수 없을 것이다.
문제가 발생하면 대개 인내할 필요가 있고,
　　문제가 해결되면 그때도 여전히 인내가 필요하다.

살면서 백번 참는 것은 두렵지 않다,
　　단 한 번 참는 것이 두렵다.

사람이 참지 못하면 수백 가지 행운이
  눈처럼 사라질 것이다.
사람이 참을 수만 있다면 수천 가지 불행이
  모두 재로 변할 것이다.

《구당서》

九世同居

(唐 張公藝: 578-676)

少年不學老來悔, 春不勤耕秋無收.
勤讀勤耕自榮華, 交商買賣眼前花.
青春要有英雄氣, 男兒要爲天下奇.
事不三思終有悔, 氣能一忍永無憂.
急難莫求無情漢, 得時就進有道人.
家中幸福賢夫造, 室內平安智婦謀.
妻賢何愁家不富, 子孝必定父親嚴.
父子同心家不退, 兄弟和氣家不分.
世人見訣學仁義, 九世同居福綠來.

《舊唐書》

NINE LIVES UNDER THE SAME ROOF

If you neglect your studies in your youth,
  you will regret it in old age.
If you neglect cultivation in spring,
  you will lead to a bad harvest in the autumn.
With the desire to learn and hard work
  glory and prosperity are naturally achieved.
Trade and business to make money,

it can be as temporary as a flower.
In youth, one must already,
  strive for heroic patience.
One's goal as a man,
  should be to make a rare achievement in the world.
If you act before you think three times,
  you will eventually regret it.
If you put up with a moment of injustice,
  peace comes a lifetime.
In the event of an urgent problem,
  don't seek the help of a heartless man.
To seize the opportunities to make progress
  require a mind in accord with the Way.

The happiness of the family is,
  in the hands of a competent husband.
The health of the family is,
  in the hands of a clever wife.
If you have a faithful wife,
  the family thrives.
The filial son,
  have a strict father,
If father and son have the same meaning,
  the family will never break up.
People achieve mercy and righteousness
  learn the secret for.
For nine people to live under one roof,
  blessings and longevity are needed.

한 지붕 밑 9인 식구

젊어서 공부를 개을리 하면
  노년에 후회하게 될 것이다.
봄에 경작을 소홀히 하면
  가을에 흉작을 초래할 것이다.
배우려는 마음과 부지런한 경작으로
  영광과 번영을 자연스레 얻을 수 있다.
돈을 벌기 위한 무역과 사업은
  꽃처럼 일시적일 수 있다.
사람은 젊어서
  영웅적인 인내력을 얻기 위해 노력해야한다,
남자로서 자신의 목표는
  세상에서 드문 업적을 남기는 것이어야 한다.
세 번 생각하기 전에 행동하면
  결국 후회할 것이다.
한순간의 불의를 참으면
  일생 동안 평화가 온다.
긴급한 문제가 발생하면
  무정한 사람의 도움을 찾지 말라.
진척의 기회를 잡으려면
  도(道)에 일치하는 마음이 필요하다.

가족의 행복은
  유능한 남편의 손에 달려 있다.
가정의 건강은
  영리한 아내의 손에 달려 있다.
충실한 아내가 있으면
  가족은 번영한다.
효자들에게는

엄격한 아버지가 있고,
아버지와 아들이 같은 뜻을 가지면
　가족은 절대 해체되지 않을 것이다.
사람들은 자비와 의를 달성하기
　위한 비밀을 배운다.
한 지붕 밑에 아홉 사람이 살기 위해서
　축복과 장수가 필요하다.

〈구 당서〉에서

諫太宗十思疏

(唐 魏微: 580-643)

君人者, 誠能見可欲, 則思知足以自戒
將有所作, 則思知止以安人
念高危, 則思謙沖而自牧
懼滿磁, 則思江海而下百川
樂盤游, 則思三驅以爲度
憂懈怠, 則思慎始而敬終
盧壅蔽, 則思虛心以納下
想讒邪, 則思正身以黜惡
恩所加, 則思無因喜以謬賞
罰所及, 則思無人努而濫刑.
總此十思, 弘益九德.
簡能而任之, 擇善而從之, 則智者盡其謀,
勇者竭其力, 仁者播其惠, 信者效其忠.

《貞觀政要》

A PETITION OF TEN THOUGHTS TO EMPEROR TAIZONG

As an emperor,

If you find something desirable, be satisfied to train yourself.

If you plan to make an effort, think about stopping and giving peace to the people before going too far.

If you feel a risk about a high position, be humble and think about self-training.

If you fear complacency, think about how the ocean lowers itself over the river.

If you want to enjoy hunting, limit it to three times a year.

If you are concerned about laziness and negligence, start carefully and see it through politely.

If you suspect a trick, open your mind to the target and think about it.

If you feel slander and errors, think about correcting yourself to reduce the number of people who are dishonest.

When you're doing a favor, think of avoiding the undeserved rewards that are given as a result of favoritism.

If you plan to punish, please refrain from abusing torture out of anger.

If you keep those ten thoughts in mind and honor the nine virtues, you can hire a capable person and consult virtue.

In conclusion, the wise must exert their resourcefulness to the fullest, the brave must contribute to strength and vitality, the merciful to kindness, and the faithful to loyalty.

황제에게 열 가지 배려를 청원하는 탄원서

(당 위징: 580-643)

황제로서,

바람직한 것을 발견하시면 자신을 단련시키기 위해서 만족하게 생각하십시오.

노력을 기울일 계획이시면 너무 멀리 가기 전에 멈추어 백성들에게 평화를 줄 것을
　생각하십시오.

높은 자리에 대해서 위험을 느끼신다면 겸손하시고 자기 훈련을 생각하십시오.

무사안일이 두렵다면 바다가 어떻게 강보다 스스로를 낮추는지를 생각하십시오.

사냥을 즐기시려면 1년에 3번으로 제한하십시오.

게으름과 태만에 대해 걱정하신다면 신중하게 시작하고 공손하게 그것을 끝까지
　보십시오.

속임수가 의심되면 대상에 마음을 열고 생각하십시오.

중상모략과 오류를 느끼신다면 부정한 사람들을 줄이기 위해 자신을 교정하는 것을
　생각하십시오.

은혜를 베풀 때는 편애의 결과로 주어지는 과분한 보상을 피하는 것을
　생각하십시오.

형벌을 가할 계획이시다면 진노해서 가하는 고문의 남용을 삼가십시오.

그 열 가지 생각을 명심하시고 아홉 가지 덕목을 영예롭게 하시면 능력 있는 자를
　고용할 수 있고 덕행을 상담할 수 있습니다.

결론적으로 지혜로운 자는 지략을 최대한 발휘하고, 용맹한 자는 힘과 활력,
　자비로운 자는 친절, 충실한 자는 충성을 다하는 데 기여해야 합니다.

〈정관정요〉에서

論任賢

(唐 李世民: 599-649)

以銅爲鏡, 可以正衣冠; 以古爲鏡, 以知興普;

以人爲鏡, 可以明得失. 朕常保此三鏡, 以防己過.

《貞觀政要》

EMPLOYMENT OF COMPETENT PERSONS

A person who looks into a bronze mirror is intended to dress him correctly; a person who looks into the past reflects on the rise and fall of the rulers; and a person who looks into others understands the meaning of his success or failure. As an emperor, I will continue to look back on these people to avoid wrongdoing.

유능인의 등용

(당 이세민: 599-649)

청동거울에 비추어보는 사람은 그 사람의 의상을 바르게 하려는 것이고 과거를 비추어보는 것은 지배자들의 흥망성쇠를 되돌아보게 하고; 다른 사람들을 비추어보는 것은 그 사람의 성패의 뜻을 이해하게 한다. 황제인 나는 잘못을 피하고자 이들 되돌아보기를 지속해서 할 것이다.

百字銘

耕夫役役, 多無隔夜之糧; 織女波波, 少有禦寒之衣.
日食三餐, 當思農夫之荒; 身芽一縷, 每念識女之勞.
寸絲千命, 匙飯百鞭; 無功受祿, 寢食不安.
交有德之朋, 絕無義之友; 取本分之財, 戒無名之酒.
常懷克己之心, 閉欲是非之口: 若能依朕斯言, 富貴功名可久.

《醒世詩詞選》

A HUNDRED-CHARACTER INSCRIPTION

Even if a diligent farmer works,
  most of them run out of food after one night,
Even with the [1]weaver's exhausting work,
  there are few clothes to stop the cold.

When taking three meals a day,

  remember the hard work of the farmers

For every thread that ²⁾wraps around the body,

  don't forget the hard work of a weaver.

A single thread is,

  from the lives of thousands of silkworms.

The rice of a ladle is,

  it was harvested by wraps the bull thousands of times.

Harvesting without ³⁾sowing

  it means eating and sleeping without peace.

Be friends with virtue,

  never do anything unclean.

Take only what you got right,

  never accept drinking without good reason.

Always hold yourself back,

  keep silent on the rumor.

Those who obey this word in their hearts,

  wealth and honor will be outstanding.

1) weaver: n. (베)짜는 사람, 직공(織工).

2) wrap[ræp]: vt. 감싸다, 싸다; 포장하다. 둘러싸다, 감다, 얽다. 가리다, 숨기다. 포함하다. 접다.

3) sow[sou]: vt. (씨를) 뿌리다《in》; (땅에) 파종(播種)하다. …의 원인을 만들다; (소문·해악 등을) 뿌리다, 퍼뜨리다, 유포하다 (disseminate).

백 마디 비문

부지런한 농부가 노동을 해도,
  대부분 하룻밤이 지나면 식량이 떨어지고,
직조공의 지친 작업에도,
  추위를 막을 의복이 거의 없네.

하루 세 끼를 먹을 때,
  농부들의 고된 노력을 기억하라
몸을 감싸는 실오라기 하나마다,
  직조공의 힘든 작업을 잊지 말라.

한 치의 실오라기는,
  수천 마리 누에의 생명으로부터 잦아진다.
한 국자의 쌀은,
  황소를 수천 번 채찍질해서 수확한 것이다.
씨 뿌리지 않고 수확한다는 것은
  평화가 없는 식사와 수면을 뜻한다.

덕행과 친구가 되라,
  고결치 못한 일은 절대로 하지 말라.
올바르게 얻은 것만을 취하고,
  적절한 이유 없는 음주를 절대 받아들이지 말라.

언제나 스스로를 억제하라,
  뜬소문에 침묵을 지키라.
마음속에 이 말에 따르는 자는,
  부와 명예가 뛰어날 것이다.

<성세시사선>에

賜蕭瑀

(唐 李世民: 599-649)

疾風知勁草, 板蕩識忠臣;
勇夫安識義, 智者必懷仁.

《全唐詩》

FOR XIAO YU

The storm plowed the tough grass,
Chaos reveals his loyal subjects,
Would a warrior know what justice is?
The wise certainly has humanity.

소우(蕭瑀)를 위하여

(당 이세민: 599-649)

폭풍은 질긴 잔디를 뽑아버리고,
혼돈은 충성스러운 신하를 드러내는데,
전사는 정의가 무엇인지 알까?
지자(智者)는 확실히 인(仁)을 갖는다.

〈전당시〉에서

心

(唐 義淨 譯: 635-713)

心去如風, 不可捉故: 心如流水, 生滅不住.
心如燈焰, 衆綠有故: 心如虛空, 客塵染故.

〈大寶積經〉

MIND

The mind is like the wind, so you can't hold it.

The mind is like water that changes because of its ups and downs.

The mind is like a flame made in countless conditions.

The mind is emptiness and eternal even in the midst of pollution.

마음

(당 의정 역: 635-713)

마음은 바람과 같아서 잡을 수 없는 것.

마음은 부침 때문에 변하는 물과 같은 것.

마음은 무수한 조건에서 만들어지는 불꽃과 같은 것.

마음은 공(空)하고 오염 속에서도 영원하다.

〈대보적경〉에서

代悲白頭翁

(唐 劉精突: 651-679)

格陽城東桃李花, 飛來飛去落誰家; 格陽女兒好顏色, 坐見落花長歎息.

今年花落顏色改, 明年花開復誰在? 已見松柏摧爲薪, 更聞森田變成海.

古人無復格城東, 今人還對落花風; 年年歲歲花相似, 歲歲年年人不同.

THE WHITE-HAIRED IN SORROW

To the east of Luoyang City, plum blossoms and pear trees bloom,

Who are you going to knock on the door after throwing it around?

Ladies of Luoyang with such fair faces,

　sighs deeply at the falling flower.

As the flowers wither this year, our faces also change.

But who here can see the flowers that are going to fall next year?
I saw that the pine and oak trees were cut down with firewood,
And I heard that dry fields turn into oceans.
There are no longer any old residents in the east of Luoyang City.
The current residents are still getting the spring breeze.

Every year, every day,
Flowers look the same.
Every day, every year,
People never stay.

백발의 서러움

(당 유희이: 651-679)

낙양시의 동쪽은 매화와 배나무 꽃이 피는 곳,
이리저리 내팽개치다가 뉘 집 문을 두드릴 것인가?
단정한 얼굴의 낙양의 여자들은,
   떨어지는 꽃을 보고 깊은 한숨을 쉰다.
올해도 꽃이 시들어가면서 우리의 얼굴도 변한다.

그러나 내년에 지는 꽃을 여기 있는 사람 누가 볼 수 있단 말인가?
잣나무와 참나무가 장작으로 잘리는 것을 보았는데,
그리고 마른 들판은 바다로 변한다고 들었다.
낙양시의 동쪽에는 옛 주민이 더 이상 없다.
현 주민들은 아직 봄바람을 맞고 있는데.

매년, 매일,
꽃은 똑같아 보인다.
매일, 매년,
사람들은 절대 머물지 않는다.

春江花月夜

(唐 張若虛: 約 660-720)

春江潮水連海乎, 海上明月共潮生; 灩灩隨波千萬里, 何處春江無月明.
江流苑轉繞芳甸, 月照花林皆似霰; 空裡流霜不覺飛, 河上白沙看不見.
江天一色無纖塵, 皎皎空中孤月輪; 江畔何人初見月, 江月何年初照人?
人生代代無窮已, 江月年年只相似; 不知江月侍何人, 但見長江送流水.

《全唐詩》

MOONLIT RIVER ON A SPRING NIGHT

In spring, the waves of the river rise to sea level,

The bright moon of the sea rises with the surge.

With the waves, it flows through tens of thousands of ri,

Is there no moonlight on which side of the river?

The river swirls through the fields.

Flowers and forests look like silver ice sheets in the moonlight.

The frost in the air disappears unnoticed.

The silver hills on the sandbank are no longer visible.

The river and the sky are monochrome without words.

The moon hangs alone in the twinkling white sky.

Who was the first person to see the moon on the riverbank?

When was the first time the moon shone a light on people?

For the endless generations of life,

  every year, the moon still floats similarly.

No one knows who the moon is waiting for by the river.

The water in the Yangtze River just flows.

봄밤 달빛 내리는 강

(당 장고허: 660-720)

봄에 강의 물결은 해수면까지 올라서,
바다의 밝은 달 또한 해일과 함께 오른다.
파도와 함께 수만 리를 함께 흘러간다,
강변 어느 쪽에 달빛이 없는가?
강은 밀려들어 들판을 휘감는다.
달빛에 꽃과 숲은 은빛 얼음장처럼 보인다.
공기 중의 서리는 눈에 띄지 않게 사라진다.
모래톱 위의 은빛 언덕은 더는 보이지 않는다.
강과 하늘은 말없이 단색이다.
달은 반짝이는 하얀 하늘에 외롭게 걸려있다.
강둑에서 달을 처음 본 사람은 누구인가?
달이 사람들에게 처음 빛을 비출 때는 언제였던가?
인생 삶의 끝없는 세대를 위해서,
　해마다 달은, 여전히 비슷하게 떠 있다.
누가 강가에서 달을 기다리는지 아무도 모른다.
양자강의 물은 흘러만 갈 뿐.

〈전당시〉에서

參禪三境界

(唐 靑 原行思: 671-740)

參禪前, 見山是山, 見水,是水
參禪時, 山見不是山, 見水,不是水
參禪悟道後, 見山是山, 見水是水.

《靑原 山志略》

THE THREE REALMS OF MEDITATION

Before Chan,
  a mountain is mountain, water is water.
During Chan,
  a mountain is no longer mountains, water is no longer water.
After Chan and enlightenment,
  a mountain is mountain again, water is water again.

참선의 3단계

(당 청원행사: 671-740)

참선 수행 전에는,
  산은 산이요 물은 물이다.
참선 수행 중에는,
  산은 이제 산이 아니요, 물은 더 이상 물이 아니다.
참선 수행으로 깨달음을 얻은 후에는,
  산은 다시 산이요, 물은 다시 물이다.

〈청원 산지략〉에서

登鶴雀樓

(唐 王之渙: 688-742)

白日依山盡, 黃河入海流.
欲窮千里目, 更上一層樓.

《文苑英華》

CLIMBING THE CRANE PAGODA

The bright sun sets behind the mountain range,
The Yellow River flows to the sea.
To overcome the limitations seen,
Go up another floor of pagoda.

학작루(鶴雀樓)에 오르니

(당 왕지환: 638-742)

밝은 태양은 산맥 뒤로 지고,
황하는 흘러 바다로 간다.
보이는 한계를 극복하기 위해.
루의 또 한 층을 더 올라라.

〈문원영화〉에서

長歌行

百川東到海, 何時復西歸?
少壯不努力, 老大徒傷悲.

《樂府詩集》

A SONG WITH LONG DRAGGING SOUND

A hundred rivers flow toward the East Sea.
When will you come back to the west again?
If you're lazy in your youth,
Regret comes with old age.

장행가 (소리를 길게 끌어 하는 노래)

(작가 미상)

백 개의 강이 동해 쪽으로 흐른다.
언제 다시 서쪽으로 돌아올 것인가?
젊은 시절에 게으르면
늙어서 후회가 따른다.

〈낙부시집〉에서

浪淘沙

(唐 劉禹錫: 772-842)

莫道讒言如浪深, 莫言遷客似沙沉.
千淘萬漉雖辛苦, 吹盡狂沙始到金.

《全唐詩》

WAVES WASHING SAND

Don't think flattery is as deep as a wave.
Don't say that exiled people are as good as sunken sand.
Although it's hard to wash and sort out,
　　when the rough sand is filtered out, real gold will be revealed.

모래를 씻는 파도

(당 유우석: 772-842)

아첨이 파도처럼 깊다고만 생각하지 말라.
유배된 사람들이 가라앉은 모래처럼 곱다고 말하지 말라.
비록 씻겨 선별하기가 어렵지만,
　　거친 모래가 걸러지면 진짜 금이 드러나리라.

〈전당시〉에서

孟港然詩選
春曉

(唐 孟法然: 689-740)

春眠不覺曉, 處處聞啼鳥: 夜來風雨聲, 花落知多少?

《孟浩然集》

SELECTION OF POEMS BY MENG HAORAN
A SPRING DAWN

I sleep without knowing that dawn has come in spring,
   I hear bird chatter everywhere.
The sound of the wind and the sound of rain at night,
   how many flowers fall, who knows?

맹호연(孟浩然)의 시선(詩選)
봄날의 새벽

(당 맹호연: 689-740)

봄에 새벽이 온 것도 모르고 잔다,
   어디서나 들리는 새의 재잘거림을 듣는다.
밤에 들려오는 바람 소리와 비 오는 소리,
   얼마나 많은 꽃이 지는지, 그 누가 알랴?

〈맹호연집〉에서

與諸子登峴山

人事有代謝, 往來成古今; 江山留勝讀, 我輩復登臨.
水落魚梁淺, 天夢澤深: 羊公碑尙在, 讀罷淚沾襟.

《湖廣通志》

CLIMBING MOUNT XIAN WITH SOME FRIENDS

There is a rise and fall in human history.
Time comes and goes from ancient times to the present.
There is a well-known place among rivers and mountains,
  let's climb this mountain again today.
The water calms down and looks it shallow land at Yuliang,
  the weather is cold and the water in the Mengze looks very deep,
The monument to Lord Yang still remains,
  reading the inscription, we are all in tears.

친구 몇 명과 시안산에 오르다.

인간사에 흥망성쇠가 있나니,
시간은 고대로부터 현재까지 오고 가는 것.
강, 산 중에는 잘 알려진 곳이 있으니,
  우리 오늘 다시 한번 이 산을 오르세.
물은 잠잠해져 어량(魚梁)의 얕은 땅이 보이고,
  날씨는 차갑고 몽택(夢澤)의 물은 아주 깊어 보이는데.
양왕(羊王)의 기념비는 아직 남아있어,
  비문을 읽으며 우리 모두 눈물을 흘리네.

〈호연통지〉에서

夜歸鹿門山歌

山寺鍾鳴晝已昏, 漁梁渡頭爭渡喧: 人隨沙路向江村, 余赤乘舟歸鹿門.
鹿門月照開煙樹, 忽到龐公棲隱處; 巖扉松徑長寂寥, 惟有幽人夜來去.

《全唐詩》

NIGHT RETURNING TO LUMEN MOUNTAIN

The night deepens with the sound of the bells of the mountain
   temple,
A traveler's clamor is heard from the ship at the Eoryang pier.
Others walk on the sand,
   while returning to the house in the riverbank village,
I'm also heading to Lumen by boat.
As the faint trees glow in the moonlight,
   unexpectedly, I arrive at Pang's secret abode,
   the outside door of the hermitage is the way to the pine forest,
   it's lonely and rare.
The only who comes and goes,
   is none but the hermit himself.

밤에 녹문산(鹿門山)으로 돌아오면서

산사의 종소리 울리며 밤은 깊어지고,
어량(魚梁) 부두에서 여행자의 외침이 배에서 들린다.
다른 사람들이 모랫길을 걸어
   강둑 마을의 집으로 돌아오는 동안,
   나 또한 배를 타고 녹문(鹿門)으로 향하네.
희미한 나무들이 달빛 아래 빛나면서,
   뜻밖에 방공(龐公)의 비밀 주거지에 도착하니.
   암자의 바깥문은 송림으로 가는 길로 나 있어,
   한적하고 희귀하다.
아무도 오가는 사람 없이
   은자(隱者) 홀로 있네.

〈전당시〉에서

王維詩選
九月九日憶山東兄弟

(唐 王維: 699-759)

獨在異鄉爲異客, 每逢佳節倍思親:
遙知兄弟登高處, 遍插茱萸少一人.

SELECTION OF POEMS BY WANG WEI
THINKING OF MY SHANDONG BROTHERS IN SEPTEMBER 9TH.

All alone a stranger in a strange land,
   longing for family doubles every holiday.
I know my brothers are coming up from afar,
   out of all the many wooden sticks, the one I lost is mine.

9월 9일 산동(山東)의 형제들 생각하며

(당 왕유: 699-759)

낯선 땅에서 홀로 외로운 나그네,
   가족에 대한 그리움은 명절 때마다 배가 된다.
내 형제들이 멀리서 올라오는 것을 아는데,
   많은 나무 지팡이 중에서 잃어버린 것이 내 것일세.

渭城曲

渭成朝雨浥輕塵, 客舍青青柳色新:
勸君更盡一杯酒, 西出陽關無故人.

MELODY OF WEI CITY

Wei City's thin dusts dampened by the morning rain,
  the guest house was green with fresh willow trees.
I'm urging you to have a drink with me,
  once westward beyond me Yangguan pass,
  no more [1]acquaintances there shall be.

1) acquaintances n.: 지식, 익히 앎, 면식, 친면. 아는 사람, 아는 사이. (집합적) 지기, 교제 범위.

위성(渭城)의 노래

위성의 엷은 먼지는 아침에 내리는 비에 젖고,
  객사가 신선한 버드나무로 푸르렀다.
그대와 함께 술 한 잔 기울기를 재촉하노니,
양관(陽關)을 지나 서쪽으로 건너가면 더 이상 아는 사람이 없겠지.

終南別業

中歲頗好道, 晚家南山陲; 與來每獨往, 勝事空自知.
行到水窮處, 坐看雲起時; 偶然值林叟, 談笑無還期.

《王右丞集》

ZHONGNAN COTTAGE

During mid-life, I was rather fond of the way,
  growing old, I then lived beside the mountain.
When in the mood, I would wander about alone,

being the only one to know my delights.

Coming upon where the water end,
　I would sit and watch the clouds rise.
And occasionally,
　I met with that old man in the woods,
Chatting and laughing continuously,
　giving home time an endless delay.

종남(終南)의 오두막집

나이 들어가면 오히려 늙어가는 것이 좋아,
　나이가 들면서 나는 산 옆에 살았다.
기분에 따라 나는 혼자서 돌아다니고,
　내 기쁨을 아는 유일한 사람이 되었다.

개천이 끝나는 곳에 우연히 와 앉아서
　떠오르는 구름을 보곤 했다.
그리고 때때로
　숲속에 사는 그 노인과 만나서,
계속해서 지껄이고 웃고 하느라
　집에 갈 시간을 한없이 늦췄다.

〈王右丞集〉에서

李白詩選
把酒問月

(唐李白: 701-762)

今人不見古時月, 今月曾經照古人
古人今人若流水, 共看明月皆如此.

SELECTION OF POEMS BY LI BAI
ASKING THE MOON ABOUT THE DRINK

People of our time don't see the old moon.
But today's moon once shone on people of the past.
People come and go from the past to the present like water,
   it is certain that everyone looked at the moon in the same way.

이백(李白)의 시
술잔을 들고 달에게 물어봄

(당 이백: 701-762)

우리 시대의 사람들은 옛 달을 보지 못한다.
그러나 오늘의 달은 한때 과거의 사람들에게 빛을 발했다.
사람들은 물처럼 과거와 현재를 오가는 것은,
   모든 사람들은 같은 방식으로 달을 보았다는 것은 확실하다.

春夜宴從弟桃李園序

天地者, 萬物之逆旅; 光陰者, 百代之過客.
而浮生苦夢, 爲歡幾何?
古人秉燭夜遊, 良有以也.
況陽春召我以煙景, 大塊假我以文章.

SPRING NIGHT BANQUET WITH MY BROTHERS AT THE PEACH AND PLUM GARDEN

The sky and the earth are the guesthouse of all things, and time is the traveler of all history. Life is only a dream, how happy were you in life? So the old people walked in with candles and had a good reason. Moreover, the warm spring brought me to an atmosphere full of fog, and nature inspired my writing.

도원에서 형제들과 봄날 밤의 잔치

하늘과 땅은 만물의 객사이며 시간은 모든 역사의 여행자이다. 인생은 꿈일 뿐, 살면서 얼마나 행복했는가? 따라서 옛사람들은 촛불을 들고 걸어 들어갔고 그럴만한 이유가 있었다. 더욱이, 따뜻한 봄은 안개가 가득한 분위기로 나를 불렀고, 자연은 나의 글쓰기에 영감을 불어 넣었다.

宣州謝朓樓餞別校書叔雲

棄我去者, 非日之日不可留
亂我心者, 今日之日多煩憂.
抽刀斷水水更流, 擧杯鎖愁愁更愁
人生在世不稱意, 明朝散髮弄扁舟.

《全唐詩》

FAREWELL PARTY FOR SECRETARY SHUYUN AT XIETIAO HOUSE IN XUANZHOU

The one who abandoned me yesterday,
　who cannot be kept.
The one who distressed me today,

who gives me much to ¹⁾fret.
Holding up a blade to cut water,
 but the water still flows,
Raising a glass to drown sorrows,
 but sorrow still remain as sorrows.
Since life in this world is dissatisfactory,
 tomorrow morning I shall loosen my hair
 and be liberated by a small boat.

1) fret vt.: 초조하게 하다, 괴롭히다, (평생 등을) 안달복달하며 살다, 침식하다, 부식하다, (심신·건강을) 해치다, (바람이 수면에) 물결을 일으키다, 어지럽히다.

선주(宣州) 사조루(謝朓樓)에서 비서인 숙운(叔雲)을 위한 송별회

어제 나를 버린 사람은,
 지켜줄 수 없고.
오늘 나를 괴롭힌 사람은,
 너무도 애타게 하네.
칼을 들어 물을 갈랐지만
 물은 여전히 흐른다.
슬픔을 달래려고 잔을 들지만
 슬픔은 여전히 슬픔으로 남는다.
이 세상의 삶은 만족스럽지 못해
 내일 아침에 나는 머리카락을 풀고
 작은 배에 올라 해방되겠지.

〈전당시〉에서

勸學

(唐 顏眞卿: 709-785)

三更燈火五更雞, 正是男兒發憤時;
黑髮不知勤學早, 白首方悔讀書遲.
《讀書聲：中國古代讀書勸學詩選》

ENCOURAGE LEARNING

Midnight time with the lights on,
In the morning when the chicken cries,
It's the best time for a boy trying to move on.
If you don't study hard while your hair is still black,
It will be too late when the hair turns grey.

배움에 대한 권고

(당 안진경: 709-785)

등불이 켜진 한밤중의 시간,
닭이 우는 아침에,
앞으로 나아가려는 소년에게 최상의 시간이다.
머리카락이 아직 검은 동안 열심히 공부하지 않으면,
머리카락이 회색으로 바뀔 때면 너무 늦을 것이다.

〈독서성〉에서

杜甫詩選
贈衛八處士

(唐 杜甫: 712-770)

人生不相見, 動如參與商: 今夕復何夕? 共此燈燭光.
少壯能幾時? 鬢髮各已蒼: 訪舊半爲鬼, 驚呼熱中腸.

焉知二十載, 重上君子堂.: 昔別君未婚, 兒女忽成行.
怡然敬父執, 問我來何方? 問答未及已, 驅兒羅酒漿.
夜雨剪春韭, 新炊間黃粱: 主稱會面難, 一擧累十觴.
十觴赤不醉, 感子故意長: 明日隔山嶽, 世事兩茫茫.

SELECTION OF POEMS BY DU FU
FOR MR. WEI, A RETIRED SCHOOLER

To live without seeing each other
  is like a group of stars living apart,
What evening, then, is this,
  where can we share the same candle light?
Both of our hair is gray right now,
  how long will your youth last?
Discovering half our friends are ghosts,
  we burst into tears in [1]disbelief.
I never thought I'd go into your house again,
  how could we have known 20 years ago.
Before we broke up, you were a bachelor,
  look at the son and daughter in line in front of you now.
They happily greeted their father's friend,
  and asked me where are you from?
Before I could finish answering,
  the children are urged to prepare a feast of wine.
It's raining in the evening, so let's pick spring [2]chives,
  soon the scent of yellow [3]sorghum liquor rose.
"It's going to be hard to meet again." you said a word,
  and emptied a series of glasses.
Ten drinks don't get me drunk,
  it was a feeling that moved with your old [4]appreciation.

Tomorrow, when we return to the world,
　　the towering mountains will separate us.

1) disbelief[dìsbilíːf]: n. 믿지 않음, 불신, 의혹, 불신앙.
2) chive[tʃaiv]: n. 골파《조미료》.
3) sorghum[sɔ́ːrgəm]: n. 수수속(屬)의 식물, 사탕수수로 만든 시럽(당밀糖蜜), 몹시 감상적인 것.
4) appreciation[əpriːʃiéiʃən]: n. 평가, 판단, 이해; 진가의 인정. 감상, 음미; 비평. 감지, 인식; 식별. 감사, 존중.

은퇴한 학자 위팔(위팔) 씨를 위해

(당 두보: 712-770)

서로 만나지 않고 사는 것은
　　별 무리가 떨어져 사는 것과 같은데,
오늘 저녁은 그런데 어떤가,
　　어디서 우리가 같은 촛불을 함께할 수 있는가?
지금 우리 둘의 머리털이 모두 회색인데
　　젊음은 얼마나 갈 것인가?
친구들 절반이 귀신이 된 것을 알고,
　　우리는 믿기지 않는 충격에 울음을 터뜨린다.
자네 집에 내가 또 한 번 들어갈 줄을
　　20년 전에 어떻게 알 수 있었겠는가.
우리가 헤어지기 전에 자네는 그때 총각이었는데,
　　지금 자네 앞에 줄 서 있는 아들딸을 보라고.
그 애들은 아버지의 친구에게 기쁘게 인사하면서 내게 물었지,
　　어디서 오셨어요?
내가 대답을 끝내기도 전에
　　아이들에게 술잔치를 준비하라고 재촉했었지.
저녁 비가 내리는데 봄 부추를 따오자,
　　곧 황색 수수 주(酒)의 향이 피어올랐지.
"또 만나기 어려울 걸세."라고
　　자네는 한 마디하고 술잔을 연거푸 비웠지.

술 열 잔으로 나는 취하지 않아,
　자네의 늙은 감상에 따라 움직인 감정이었어.
내일 우리가 세상사로 다시 돌아올 때,
　우뚝 솟은 산이 우리를 갈라놓을 것이네.

旅夜書懷

細草微風岸, 危檣獨夜舟; 星垂平野闊, 月湧大江流,
名豈文章著? 官應老病休; 飄飄何所似, 天地一沙鷗.

《全唐詩》

THOUGHTS WHILE TRAVELING AT THE NIGHT

A breeze blows through the grassy bank,
　the high mast of a lonely ship in one night,
　stars shine widely on the ground,
　the moon runs along a large stream of rivers.

Does my reputation come from writing alone?
As I get old and sick, I have to leave my place.
What will happen if it flies and flies?
A solitary seagulls between heaven and earth.

야간여행 중 생각

풀이 무성한 강둑을 따라 산들바람이 불고,
　한밤에 외로운 배의 높은 돛대,
　별은 폭넓게 땅을 비추고,

달은 큰 강줄기를 따라 흘러간다.

내 명성은 혼자서 글 쓰는 데서 온 것인가?
늙고 병들면 내 자리를 떠나야 한다.
날리고 날려가서 어떻게 될까?
하늘과 땅 사이에서 고독한 갈매기 한 마리.

〈전당시〉에서

茅屋爲秋風所破歌

(唐 杜甫: 712-770)

八月秋高風怒號, 卷我屋上三重茅.
茅飛渡江灑江郊, 高者掛罥長林梢, 下者飄轉沉塘坳.
南村群童欺我老無力, 忍能對面爲盜賊.
公然抱茅入竹去, 脣焦口燥呼不得, 歸來倚杖自歎息.
俄頃風定雲墨色, 秋天漠漠向昏黑.
布衾多年冷似鐵, 嬌兒惡臥踏裡裂.
床頭屋漏無乾處, 雨腳如麻未斷絶.
自經喪亂少睡眠, 長夜沾濕何由徹!
安得廣廈千萬間, 大庇天下寒士俱歡顏.
風雨不動安如山!
嗚呼! 何時眼前突兀見此屋, 吾廬獨破受凍死亦足!

《全唐詩》

SONG OF A [1]THATCHED HUT DAMAGED BY AUTUMN WIND

(Dangbo: 712-770)

As the strong winds in August fall [1]growling wildly,
　it swept away three leaves of [2]thatches from the roof of my cottage.
They fly far, scattering across the river,

the tallest thing that flew was hanging from the top of the tree,

while the lower ones float and then sink into the crevices of the [3)]embankment.

A group of kids from the south village

take advantage of my old and feeble age,

turning into a thief looting before my eyes.

They grab that thatches [4)]unabashedly,

ran into the bamboo forest.

I shouted to them in a hushed voice, but everything was in vain,

returned home by [5)]hobbling on my cane, sighing to myself.

Suddenly the wind stopped, but it got dark with clouds,

the autumn sky turns quietly into a bleak twilight.

My blanket has been like a cold iron plate for years,

the lining was trampled on by spoiled children in their sleep.

The ceiling over beside leaks everywhere,

so it looks like there are no dry spots.

Raindrops are keeping pouring like non-stop sesame.

Whenever there is political turmoil

I could hardly sleep.

How do I spend this long damp night?

How nice it would be to have thousands of houses to use as

shelter, and bring happiness to those who are cold.

When the wind and rain stop,

they won't be able to move like mountains!

Ah! Seeing the house proudly standing in front of me,

I will feel contented with my lonely damaged hut

that has made me freeze to death.

---

1) growl[graul]; n. 으르렁거리는 소리; 불복(불만)의 소리; 고함 소리; (천둥 따위의) 우르르하는 소리.

   vi. 으르렁거리다, 고함치다; 투덜거리다; 호통치다, 성나서 말하다.

2) thatch[θætʃ]: n (지붕 따위를 이기 위한) 짚, 억새, 풀. 초가지붕. vt. (지붕을) 짚으로(풀로) 이다.

3) embankment: n. 제방 쌓기; 둑, 제방; 축제(築堤).

4) unabashed: a. 얼굴을 붉히지 않는, 뻔뻔스러운; 겁내지 않는, 태연한.

5) hobble[hάbəl/hɔ́bəl]: vi. 절뚝거리며 걷다; 더듬거리며 말하다; vt. 방해하다; 난처하게 하다. n.절뚝거림.

가을바람에 날아간 초가지붕에 대한 노래

(당 두보: 712-770)

8월 가을의 강풍이 사납게 으르렁대면서,
  내 초가집 지붕에서 이엉 3장을 휩쓸어 가버렸다.
강 건너편으로 멀리 날아가
가장 높이 날아간 것은 나무 꼭대기에 매달렸고
  낮게 날아간 것들은 제방의 틈새로 내려앉았다.
남쪽 마을에서 온 아이들이
  내가 나이 들어 노쇠한 것을 알고
  내 눈앞에서 약탈하는 도둑으로 변했다.
뻔뻔하게도 그 이엉을 움켜쥐고
  대나무 숲속으로 달려 들어갔다.
나는 그들에게 쉰 목소리로 외쳤다. 그러나 모든 것이 허사였고
  한숨을 쉬면서 지팡이를 짚고 절뚝거리며 집으로 돌아왔다.
갑자기 바람은 멈추었지만 구름으로 어두워지고
  가을 하늘은 조용히 암울한 황혼으로 변한다.
내 이불은 수년간 차가운 철판 같았고,
  그 안감은 버릇없는 아이들이 잠자다가 짓밟아 놓았다.
천장의 위쪽은 어디에서든지
  빗물이 새서 마른자리가 없어 보인다,
빗방울은 참깨 알처럼 쉬지 않고 쏟아진다.
정치적 혼란이 있을 때마다
  나는 좀처럼 잠을 잘 수 없었다.
이 긴 습기 찬 밤을 어떻게 보내야 하나?
피난처로 쓸 수천 채의 집이 있으면 얼마나 좋을까.
  추위에 떠는 사람들에게 행복을 가져다주기 위해서 어떻게 기원해야 하나.

바람과 비가 그치면
　　그들은 산처럼 움직일 수 없을 것이다!
아아! 내 앞에 도도하게 서 있는 이 집들을 보면서
　　나를 얼어 죽게 만든 외롭게 파손된
　　초가집에 만족을 느껴야 할 것이다.

〈전당시〉에서

逢入京使

(唐 岑參: 715-770)

故園東望路漫漫, 雙袖龍鍾淚不乾.
馬上相逢無紙筆, 憑君傳語報平安.

ENCOUNTER WITH AN ENVOY IN THE CAPITAL

Eastward, the road to home is far and away,
　　sleeve socked in tears that continued to run,
　　crossing paths on the horses, pen and paper scarce,
　　I entrust you to bring back messages of my safety.

수도에서 사신과 만남

(당 잠삼: 715-770)

동쪽을 향해 집으로 가는 길은 멀고도 먼데,
　　계속 흐르는 눈물은 소매를 적시고,
　　말을 타고 우연히 마주쳤는데 붓과 종이가 없네.
　　내 안녕에 대한 전갈을 그대가 가져오도록 맡기네.

報恩品

(唐 般若 譯: 734-?)

悲母在堂, 名之爲富 ; 悲母不在, 名之爲貧.
悲母在時, 名爲日中 ; 悲母死時, 名爲日沒

《大乘本生心地觀經》

THE GRATITUDE GIFT

The presence of one's compassionate mother at home,
  is said to be rich.
The absence of one's compassionate mother at home
  is called poverty.

The presence of one's compassionate mother
  is known as sunrise
The passing away of one's compassionate mother
  is known as nightfall.

감사의 선물

(당 반야 역: 734生)

자애로운 어머니가 집에 계신 것을
  부유하다고 한다.
자애로운 어머니가 집에 안 계신 것을
  빈곤이라고 한다.

자애로운 어머니가 계시는 것은
  해돋이라고 한다.
자애로운 어머니가 안 계시는 것은
  황혼이라고 한다.

〈대승본생심지관경〉에서

韋應物詩選
初發陽子奇元大校書

(唐 韋應物: 737-792)

悽悽去親愛, 泛泛入煙霧; 歸棹洛陽人, 殘鐘廣陵樹.
今朝爲此別, 何處還相遇: 世事波上舟, 沿洄安得住?

SELECTED WORKS BY WEI YINGWU
SETTING OUT ON THE YANGTZE RIVER FOR SECRETARY MR. YUAN

It's sad to break up with friends and relatives.
My boat went into the fog and drifted away.
When you row to return to Luoyang,
　bells ring from the forest of trees in Guanglin.
This morning is the day we say goodbye.
When and where will we meet again?
The affairs of the world is like a boat on a wave,
　pushed by the current, where is there to stay?

양쯔강을 떠나면서, 비서 원(元)을 위해서

(당 위응물: 737-792)

친구와 친척과 헤어지는 것은 슬픈 일.
내가 탄 배가 안개 속으로 들어가 표류하여,
낙양(洛陽)으로 돌아오기 위해서 노를 저을 때,
　광능(廣陵)의 나무숲에서 종소리가 울려 퍼진다.
오늘 아침은 우리의 이별을 고하는 날,
언제 어디에서 다시 만날 것인가?
세상사란 파도 위의 조각배 같은 것,
　물살에 떠밀리니 어디에 머물 것인가?

秋夜寄邱員外

懷君屬秋夜, 散步詠凉天: 空山松子落, 幽人應未眠.

AN AUTUMN NIGHT MESSAGE TO SECRETARY QIU

I think of you on this autumn night.
I sing my poem as walking in the cool wind,
   the pine cones that fall into an empty mountain,
   maybe my loner friend isn't asleep yet.

가을밤에 구(邱)에게 보내는 전언

이 가을밤에 자네를 생각하네.
시원한 바람 속을 걸으면서 나의 시를 노래하는데,
   공산에 떨어지는 솔방울,
   아마도 내 외톨이 친구는 아직 잠들지 않았겠지.

寄全椒山中道士

今朝郡齋冷, 忽念山中客; 洞底束荊薪, 歸來煮白石.
欲持一瓢酒, 遠慰風雨夕: 落葉滿空山, 何處尋行跡?

FOR THE MOUNTAIN HERMIT OF QUANJIAO

Today, it's cold in this quiet county,
   suddenly, I think of a hermit in the mountains.

Tie the branches of the ¹⁾thorns at the end of the valley,
  go home and boil white stone pieces.

I'm desperate for a drink full of ²⁾gourd.
To spend a windy and rainy night comfortably,
  this deserted mountain is still full of leaves,
  where can I find you?

1) thorn[θɔːrn]: n. 가시; 가시털, 가시나무, 고통〔근심〕의 원인. vt. 가시로 찌르다, 괴롭히다.
2) gourd[guərd]: n. 호리병박; 조롱박.

전숙산(全椒山) 은자(隱者)에게

오늘, 이 조용한 현(県)은 추운데,
  갑자기 산속의 은자가 생각난다.
계곡 끝의 가시나무 가지를 묶어,
  집으로 돌아가 흰 돌조각들을 삶는다.

나는 조롱박에 가득 담긴 술이 간절해진다.
바람 불고 비 오는 밤을 편히 보내려는데,
  이 인적이 드문 산은 아직도 낙엽이 가득한데,
  어디서 그대를 찾을 수 있을까?

寄李儋元錫

去年花裡逢君別, 今日花開又一年 事范范難自料, 春愁黯黯獨成眠.
身多疾病思田里, 邑有流亡愧俸錢 聞道欲來相問訊, 西樓望月幾回圓.

《全唐詩》

TO LI DAN AND YUAN XI

Last year, we met and parted amidst the blossoms.
Another year goes by,
　the flowers are back in bloom.
There are so many things in the world and it's hard to manage.
The sadness of spring,
　the [1]melancholy of sleeping alone in the dark.
With a sick body,
　think of the world.
[2]Deportees within the [3]precinct shames me for being paid.

Upon the question, "Would you like to come and change?"
How many times does the full moon rise,
　did you see it in the West Pavilion?

1) melancholy[mélənkὰli]: n. 우울, 울적함; 우울증. a. 우울한, 생각에 잠긴. 슬픈, 침울한.
2) deportee[dìːpɔːrtíː]: n. 피(被)추방자.
3) precinct[príːsiŋkt]: n. 관할구역; 경내(境內); 구내; 영역. 경계; 주위, 주변, 부근; 계(界).

이담(李憺)과 원석(元錫)에게

작년에 우리는 한창 꽃필 때 만나고 헤어졌소.
또 한 해가 가고,
　꽃은 다시 피었소.
세상사 너무 많고 관리가 어렵네.
봄의 슬픔,
　어둠 속에서 홀로 잠자는 우울함.
병든 몸으로,
　속세를 생각하오.

현(県) 내 추방자는 보수를 받는 나를 부끄럽게 한다오.

물어보기를, "와서 바꾸시겠소?"
보름달이 몇 번이나 뜨는지
   서편 정자에서 보았는가?

〈당시집〉에서

遊子吟

(唐 孟郊: 751-814)

慈母手中線, 遊子身上衣, 臨行密密縫,
意恐遲遲歸, 誰言寸草心, 報得三春暉?

A WANDERER'S RECITE

From the thread in the hand of my beloved mother,
   until it becomes the clothes worn by the wanderer,
   sewed and sewed until her son left,
   slow and slow his return, her fear.
Who can say the heart of an inch's grass,
   can repay back all the sunshine on a spring day?

방랑자의 암송

(당 맹교: 751-814)

사랑하는 어머님의 손에 들린 실에서,
   방랑자가 입은 옷이 되기까지,
   아들이 떠날 때까지 꿰매고 꿰매서,
   느리고 더디게 돌아오는 아들이 걱정이네.
한 치 풀잎의 마음을 그 누가 말할 수 있는가,
   봄날의 햇빛을 모두 갚을 수 있다고?

長安羈旅行

十日一理髮, :每流飛旅塵: 三旬九過飮, 每食唯舊貧.
萬物皆及時, 獨余不覺春: 失名誰肯訪, 得意爭相親.
直木有恬翼, 靜流無躁離; 始知喧競場, 莫處君子身.
野策藤竹輕, 山蔬薇蕨新; 潛歌歸去來, 事外風景眞.

LIVING AWAY IN CHANG'AN

Because I brush my hair every 10 days,
   the [1]piles of [2]dandruff fly every time the comb.
Not one drinking until after a month's time,
   it's a rough meal as usual, but it's still good.
Except I didn't notice the coming spring,
   everything has to be right in time.
Who is willing to struggle in poverty?
Only competition approaches success.
A bird that lives on a selected tree is pleasant.
Moreover, calm rivers cannot be homes for active fish.
Pick up a bamboo stick, walk in the field,
   eating wild vegetables and fresh grass,
   [1]humming quietly and returns home.
This landscape is outwardly realistic.

---

1) piles[pail]: n. 더미, 장작, 큰돈, 재산, vt. 쌓다.
2) dandruff[dǽndrəf]: n. 비듬.
3) Humming[hʌ́miŋ]: a. 윙윙거리는; 콧노래를 부르는. 정력적인; 활발한; n. 웅웅(윙윙)소리; 콧노래(부르기).

장안을 떠나서 살다

열흘마다 한 번 머리를 빗으니,
　빗살마다 날리는 비듬 더미들,
한 달이 지나도록 아무도 술을 마시지 않고
　평소와 같은 거친 끼니지만 그래도 좋네.
다가오는 봄을 알아채지 못한 것을 빼고는,
　모든 것은 때를 맞춰야 한다.
누가 기꺼이 빈곤으로 허덕이려 하는가?
경쟁만이 성공에 가까워지는 것.
선택된 나무 위에 사는 새가 즐거운 것.
더욱이 잔잔한 강물은 활동적인 물고기의 집이 될 수 없다.
대나무 지팡일 집고 벌판을 산책하고,
　야생 채소와 새로 나는 풀잎을 먹으며,
　조용히 콧노래 하며 집으로 돌아온다.
이 풍경은 겉으로만 사실적이다.

回鄕遇書二首

(唐 賀知章: 659-744)

少小離家老大回, 鄕音無改髮毛衰: 兒童相見不相識, 笑問客從何處來.
離別家鄕歲月多, 近來人事半消磨; 惟有門前鏡湖水, 春風不改舊時波.

《全唐詩》

TWO CASUAL POEM ON RETURNING HOME

In my house where I lived young,
　coming back old,
　my native [1]dialect doesn't change.
Now my hair is gray,

the kids not familiar of me said hello,

　laughing, they ask where I'm from.

Many years have passed since I left home,

　half the people are gone now.

In front of my house, only the lake's reflection,

　remains unchanged despite the [2]ripples from the wind.

1) dialect[dáiəlèkt]: n. 방언, 지방 사투리; 파생 언어; 통용어, 말씨. a. 방언의.
2) ripples n.: 잔물결, 파문. 곱슬곱슬함, 작은 여울. 굴곡. vi.: 잔물결(파문)이 일다.

귀향에 대한 일상의 시

(당 하지장: 639-744)

젊어서 살던 내 집에,

　늙어서 돌아오니,

　내 고향 사투리는 변함이 없구나,

지금은 머리털이 회색으로 변했지만,

　낯선 나에게 아이들이 인사를 하고,

　웃으며 내가 어디서 왔는지를 묻는다.

집을 떠난 후 많은 세월이 흘러,

　지금은 사람들 절반이 사라졌네.

집 앞에는 비치는 호수만이

　바람에 이는 잔물결에도 변함없이 남아있구나.

〈전당시〉에서

師說

(唐 轉愈: 768-824)

古之學者必有師.

師者, 所以傳道, 受業, 解惑也. 人非生而知之者, 孰能無惑?

惑而不從師, 其爲惑也, 終不解矣. 吾師道也, 夫庸知其年之先後生於吾乎?

是故無貴, 無賤, 無長, 無少. 道之所存, 師之所存也.

ON TEACHING

Since ancient times, every leaner must have had a teacher who conveys teaching, gives instructions, and answers questions. Nobody is born with knowledge, so who can argue that there is nothing to doubt? No one will be able to find the answer just by doubt without asking a teacher. What I seek is the teaching, why do I need to know if a teacher was born before me or later? Therefore, a teacher has nothing to do with things like noble or adult children. Where there is teaching, there is a teacher.

가르침에 대하여

(당 한유: 768-824)

예로부터 배우는 사람은 모두가 가르침을 전달하고 지시를 하고 의문에 답하는 스승을 두었어야 했다. 지식을 가지고 태어난 사람은 아무도 없는데 누가 의심할 것이 없다고 주장할 수 있는가? 누구도 스승에게 묻지도 않고 의심만으로 답을 찾을 수는 없을 것이다. 내가 추구하는 것은 가르치는 일로, 스승이 나보다 먼저 태어났는지 나중에 태어났는지를 왜 알아야 할 필요가 있는가? 그러므로 스승은 귀천, 어른 아이와 같은 것과는 상관이 없다. 가르침이 있는 곳에 스승이 있다.

治家格言

大丈夫成家容易, 士君子立志不難; 退一步自然優雅, 讓三分何等淸閒.

忍幾句無憂自在, 耐一時快樂逍遙; 喫菜根淡中有味, 守王法夢裡無驚.

有人問我塵世事, 擺手搖頭說不知; 寧可採山中之茶, 莫去飲花街之酒.
須就近有道之士, 早謝欲無情之友; 貧莫愁兮富莫誇, 那見貧長富久家.

《韓昌黎先生集》

AN APHORISM ON MANAGING FAMILY

Forming a family is easy for a person of character.

Setting a goal is not difficult for an outstanding figure.

1)Conceding steps are elegant natural movements.

A small compromise can give you some ease.

To be tolerant is to solve a problem.

Moment patience brings happiness and rest.

2)Uncharacteristic vegetables are delicious.

Obeying the law, nothing to be afraid of in your dreams.

When someone asks a question about normal things,

　I used to shake my head and act ignorant.

It is rather low to go to the mountains to pick tea leaves.

Don't drink in the 3)brothel.

I think I need to be close to people who have learned.

For a long time, I've already broken up with my 4)ruthless friends.

Don't worry about poverty or 5)brag about property.

Poverty or wealth, which lasts forever?

1) concede[kənsíːd]: vt. 인정하다, 양보하다. 용인하다; (특권 따위를) 양여하다, 지다.

2) uncharacteristic: a. 특징[특성, 특색]이 없는; 독특하지 않은.

3) brothel[brɔ́(ː)θəl]: n. 갈봇집; 지저분한 곳.

4) ruthless[rúːθlis]: a. 무정한, 무자비한, 인정머리 없는(pitiless); 잔인한.

5) brag[bræg]: vi. 자랑하다, 자만하다, 허풍떨다. n. 자랑, 허풍; 자랑거리. 허풍선이, 자랑꾼. a. 자랑할 만한, 훌륭한, 일류의.

가족에 대한 격언

가족을 이루는 것은 인격을 지닌 사람에게 쉬운 일이다.

목표를 세우는 것은 걸출한 인물에게 어렵지 않다.

양보하는 걸음은 우아한 자연의 움직임이다.

조그만 타협으로 약간의 평온을 얻을 수 있다.

관용을 베푸는 것이 문제를 푸는 것이다.

순간의 인내가 행복과 휴식을 가져온다.

특징 없는 야채가 맛이 있다.

법을 지키면 꿈에서도 두려울 것 없다.

누군가가 평범한 일에 대해 질문할 때,
　나는 머리를 흔들고 무식한 행동을 하곤 했다.

차라리 찻잎을 따러 산에 가는 것이 낫다.

매춘업소에서 술을 마시지 말라.

나는 배운 사람들과 가까이해야 한다고 본다.

훨씬 전부터 나는 이미 무자비한 친구들과 절교했다.

빈곤에 대해 걱정하거나 재산에 대해 자랑하지 말라.

빈곤이나 부, 어느 것이 영원히 지속되는가?

〈한창경선생 집〉에서

得力於忍

(唐 白居易: 772-846)

孔聖之忍飢, 顔子之忍貧, 閔子之忍寒, 推陰之忍辱, 張公之忍居, 婁公之忍侮:
古之爲聖爲賢, 建功樹業, 立身處也, 未有不得력於忍也.

《忍耐之人方能成大器》

BENEFITING FROM ENDURANCE

Confucius endured hunger,
Yen Hui endured poverty,
Minja endured the cold,
Hanshin endured his humiliation.
Zang Gong endured his family,
Lou Gong endured the insult.

Among those who have practiced the deeds of merit since ancient times and have been well recognized and become wise men, no one could have done so without the power of patience.

인내의 이득

(당 백거역: 772-846)

공자(孔子)는 굶주림을 견뎌냈고,
안자(顔子)은 빈곤을 견뎌냈으며,
민자(閔子)는 추위를 견뎌냈고,
한신(推陰)은 그의 굴욕을 견뎌냈다.
장공(張公)은 그의 가족을 견뎌냈고,
루공(婁公)은 모욕을 견뎌냈다.

고대로부터 공덕의 행위를 실행하고 좋게 인정받아 현인이 된 사람 중에서, 인내의 힘이 없었다면 누구도 그렇게 될 수 없었을 것이다.

〈인내지인방능성대기〉에서

放言

贈君一法決狐疑, 不用鑽龜與祝蓍; 試玉要燒三日滿, 辨材須待七年期.
周公恐懼流言日, 王莽謙恭未篡時; 向使當時身便死, 一生眞僞復誰知?

《全唐詩》

RANDOM TALK

I provide a way to solve the question even if I don't have a fortune teller
   tool(hole turtle shell or chopsticks).
If you leave it in a furnace for three days, the real jade is proved like this.
After waiting for seven years, it is finally recognized as a great material.
The Duck of Zhou was afraid of the days when rumors were frequent,
   and Wang Mang seemed humble and respectful until he took away the [1]throne.
Thinking they die fast, who would have acknowledged their [2]hypocrisy or sincerity?

1) throne[θroun]: n. 왕좌, 옥좌. 제위; 왕권; 군주. 교황 성좌; 감독의 자리. vt. 왕위에 앉히다, 즉위시키다;
2) hypocrisy[hipάkrəsi]: n. 위선; 위선(적인) 행위.

무작위 대담

나는 점치는 도구(구멍 낸 거북 등껍질이나 젓가락)가 없어도 의문을 해결할
   방법을 제공한다.
보석을 용광로에 3일 동안 놓아두면, 진짜 비취는 이렇게 증명된다.
7년을 기다려야 마침내 훌륭한 재료로 인정된다.
주공(周公)은 소문이 잦은 날들을 두려워했고, 왕분(王莽)은 왕좌를 빼앗을 때까지
   겸손하고 존경스러워 보였다.
그들이 빨리 죽는다고 생각하면, 누가 그들의 위선 또는 진성을 인정했을까?

〈全 唐詩〉에서

戒殺詩
勸打鳥者

(唐 白居易: 772-846)

誰道群生性命微, 一般骨肉一般皮:
勸君莫打三春鳥, 子在巢中望母歸.

《還修必讀》

ABSTAINING FROM KILLING
ADVICE AGAINST BIRD HUNTING

Who is to say that animal life is trivial?
They have exactly the same [1]flesh and bones.
Don't shoot spring birds.
This is because the nest's baby birds wait for their mothers to return.

1) flesh[fleʃ]: n. 살, 육체. 살집, 체중; 살결; 육욕, 정욕. 인간성; 인간미. 인류, 생물. 골육, 육친, 식육(食肉).

살생의 금기
새 사냥에 대한 조언

(당 백거역: 772-846)

누가 동물의 생명을 사소하다고 하는가?
그들도 꼭 같은 살과 뼈가 있다.
봄철 새를 쏘지 말라.
둥지의 새끼 새들이 어미 돌아오기를 기다리기 때문이다.

〈연수필독〉에서

延生妙方

(唐 呂純陽: 796-?)

物要死時汝救他, 汝要死時天救汝:
延生種子別無方, 戒殺放生而己芺.

《還修必讀》

THE SECRET TO LONGEVITY

If you save a life in danger of death,
　heaven will save you when you die.
There is no other way to prolong life.
For longevity is no more than
　abstaining from killing and releasing lives.

장수의 비밀

(당 여순석: 796-?)

만일 그대가 죽음의 위기에 처한 생명을 구하면,
　그대가 죽을 때 하늘이 그대를 구할 것이다.
생명을 연장할 수 있는 다른 방법은 없다.
장수는 살생과 방생의
　금기에 지나지 않기 때문이다.

〈연수필독〉에서

陋室銘

(唐 劉禹錄: 772-842)

山不在高, 有仙則名; 水不在深, 有龍則靈.
斯是陋室, 推吾德聲. 苔痕上階綠, 草色入廉靑;
談笑有鴻儒, 往來無白丁. 可以調索琴, 閱金經.

無絲竹之亂耳, 無案牘之勞形. 南陽諸葛廬, 西蜀子雲亭.
孔子 曰: 何陋之有?」

《全唐文》

INSCRIPTION OF A HUMBLE ROOM

A mountain is not ¹⁾renowned for its ²⁾loftiness
but for the ³⁾celestials being who reside.
A spring is not ⁴⁾enchanted by its deep water
but by dragon that ⁵⁾abide.

The humble space is filled with the scent of my virtue. While the color of the green grass ⁶⁾permeates through the tent, green moss marks clamber up the stairs. Some of the guests who chat with me have learned, but none of the ordinary people come and go. With no festive music to scatter the mind and no ⁷⁾arduous processing of official documents, all I have left is to play my simple zither or read a golden sentence. Comparing Zhuge Liang's hut in Namyang with Zi Yun's pavilion in Seochok, Confucius said, "What is humility?"

1) renowned: a. 유명한, 명성이 있는.
2) loftiness a. 높은, 치솟은, 고위의. 고결한, 거만한, 거드름부리는, 특히 높은 돛대를 가진.
3) celestials a.: 하늘의; 천체의, 천국의(heavenly), 거룩한(divine), 절묘한, 굉장한, n.: 천인(天人), 천사(angel);
4) enchanted vt.: 매혹하다, 황홀케 하다, …의 마음을 호리다. …이 몹시 마음에 들다.
5) abide vi.: 머무르다, 남다, (아무의 곳에) 있다. 오래 지속하다, 지탱하다, 살다(at; in).
6) permeated vt.: 스며들다, 침투하다, 투과하다. 충만하다, 퍼지다.
7) arduous[ɑːrdʒuəs]: a. 힘드는, 곤란한; 분투적인, 끈기 있는, 끈질긴; (산길 등이) 오르기 힘든, 험한.

겸양에 대한 헌사(獻詞)

(당 유우석: 772-842)

산은 우뚝 솟아 유명한 것이 아니라,

거기 사는 천상의 존재(신선)들 때문이다.
샘은 물이 깊어 매료되는 것이 아니라
거기에 사는 용 때문이다.

겸손한 공간에는 내 덕행의 향기만 채워진다.
푸릇푸릇한 잔디의 색깔이 장막을 통해 스며드는 동안, 초록색 이끼 자국이 계단을 기어오른다. 나와 잡담을 하는 손님들 중에 배운 학자들이 있지만 왕래하는 일반인은 없다. 마음을 산란시키는 잔치 음악이 없고 공문서의 고된 처리도 없으니, 내버려둔 모든 것은 나의 소박한 양금을 연주하거나 금빛 문장을 읽는 것이다. 남양에 있는 제갈량의 오두막과 서측에 있는 자운정의 누각을 비교하여 공자가 말하기를, "겸손이라는 것이 무언가?"

〈전당문〉에서

禪堂

(唐 柳宗元: 773-819)

發地結青芽, 團團抱虛白.
山花落幽戶, 中有忘機客.
涉有本非取, 照空不待析.
萬籟俱緣生, 窅然喧中寂.
心境本同如, 鳥飛無還跡.

《禪林象器箋》

INSIDE THE MEDITATION HALL

A green [1])cogongrass rising from the fertile land,
   surrounded by pure white mountains,
   wild flower falling over a [2])secluded house,
   guests who have a detached heart in it,
   never [3])clings to existence.

There is no need to [4)]discriminate against getting to the emptiness.

All sounds come under sufficient conditions,

　　sadly they remain silent in confusion.

Essentially, the mind moves in the same way,

　　without leaving a trace like flying birds.

1) cogongrass : 띠(볏과의 여러해살이풀).

2) secluded a.: 한적한, 외딴, 격리된, 은퇴한, 인가에서 멀리 떨어진.

3) clinging a.; 들러붙는, 점착성의, (옷이) 몸에 찰싹 달라붙는, 남에게 의존하는[매달리는].

4) discriminate[diskrímənèit]: vt.구별하다; 판별[식별]하다; 차별 대우하다, (사람에 따라) 차별(差別)하다.

명상실 안에서

(당 유종원: 773-819)

비옥한 땅에서 자라는 녹색 띠와,

　　순백의 산에 둘러싸여 있는,

　　야생화 지는 한적한 집,

　　그 안에 초연한 마음을 가진 손님들,

　　존재에 관하여 결코 매달리지 않는다.

공에 이르는 데 대하여 차별할 필요가 없다.

모든 소리는 충분한 조건에서 나오는데,

　　애석하게도 그들은 혼란스러운 가운데 침묵한다.

본질적으로 마음은 같은 방식으로 움직여서,

　　날아가는 새들처럼 흔적을 남기지 않는다.

〈禪林象器箋〉에서

離思

(唐 元稹; 779-831)

曾經滄海難爲水, 除卻巫山不是雲.

取次花叢懶回顧, 半緣修道半緣君.

《全唐詩》

ON PARTING

At one point, the ocean could never be water.

Having been to Mount Wu, but I can't compare any clouds.

I don't want to look back at the blooming forest,

Half of the reason is a Tao practitioner, and the other half is because of you.

이별

(당 원진: 779-831)

한때 바다는 결코 물이 될 수 없었다.

무산(巫山)에 가 봤지만 어떤 구름도 비교할 수 없다.

꽃이 피는 숲을 되돌아보기가 내키지 않는데,

그 이유의 절반은 타오 수도사, 나머지 반은 당신 때문이오.

〈전당시〉에서

贈獵騎

(唐 杜牧: 803-852)

已落雙鵰血尙新, 鳴鞭走馬又翻身;

憑君莫射南來雁, 恐有家書寄遠人.

《御定全唐詩》

TO HUNTER

From the two falcons who were shot
  blood is still coming out.
The horse that ran with the whip
  the skin is peeled and cooked.
Don't shoot geese going north.
For they should carry letter home from far away.

사냥꾼들에게

(당 두목: 802-852)

총 맞고 떨어진 두 마리 매에서
  피가 아직도 흘러나온다.
채찍 맞으며 달리던 말은
  가죽이 벗겨지고 요리된다.
북으로 가는 기러기를 쏘지 말라.
아득히 먼 곳에서 집으로 편지를 가져와야 하기 하니까.

〈御定全唐詩〉에서

無題

(唐 李商隱: 約 812-858)

相見時難別亦難, 東風無力百花殘;
春蠶到死絲方盡, 蠟炬成灰淚始乾.
曉鏡但愁雲鬢改, 夜吟應覺月光寒;
蓬萊此去無多路, 青鳥殷勤爲探看.

《全唐詩》

UNTITLED

It's hard to meet,
   even hard it is to break up,
   as the east wind's weakening
   flowers are withering.
Until death comes in the spring
   silkworms keep spinning.
The candle tears doesn't dry up.
   till every bit burnt to the ash.
When I looked in the mirror in the morning
   grief arises from whitening temple hair.
Chanting of verses at night,
   brings feelings of chilling moonlight.
The road from here to paradise is
   not that far away,
Oh, diligent bluebird,
   tell her my message what I'm saying.

무제(無題)

(당 이상은: 812-853)

만나기 힘들고,
   이별도 힘들어,
   동풍이 약해져
   꽃은 시들어간다.
봄에 죽을 때까지
   누에는 계속 돈다.
양초는 타서 완전히 재가 될 때까지
촛농이 마르지 않는다.
아침에 거울을 보니

머리털이 희어져서 슬픔이 솟구치네.
밤에 시구를 외면
　차가운 달빛이 쏟아지는 느낌이 든다.
여기에서 낙원으로 가는 길은
　그리 멀지 않은데,
아, 부지런한 파랑새야,
　그녀에게 내 말 전해주렴.

〈전당시〉에서

山居詩

(唐 貫休: 832-912)

自古浮華能幾基, 逝波終日去滔滔:
漢王廢苑生秋草, 吳主荒宮入夜濤.
滿王黃芩機不息, 一頭白髮氣猶高:
豈知知足金仙子, 霞外天香滿毳袍.

露滴紅蘭玉滿畦, 閑拖象屣到峰西;
但令心似蓮花潔, 何必身將槁木齊.
古塹細煙紅樹老, 半巖殘雪白猿啼;
雖然不是桃源洞, 春至桃花赤滿蹊.

《全唐詩》

POEM OF MOUNTAIN RESIDENCE

How long has [1]impermanence [2]persisted from the past?
The [3]fleeting waves overflow all day.
King Han's ruins covered in autumn weeds,
　Lord Wu's Palace has been [4]engulfed by silent night.

A house full of gold, greed knows no rest,

   completely grey, but still arrogant in ⁵⁾posture.

Who knows that satisfaction makes a man a Buddha,

   whose woollen robes are full of fragrant ⁶⁾nectars.

Across the field of red orchids covered with dewdrops,

   I drag my leisurely steps westward to the peak.

Let the heart be pure so that it doesn't ⁶⁾stain like a lotus flower.

Why are you so fatigued that you turn your body into a corpse?

Clouds and old trees grow on this path,

   a white monkey cries among these snow-covered peaks.

Though to the Peach Blossom Land it can not comparable,

   the stream is covered with peach blossoms in spring,

     it will clear up.

1) impermanence[impə́ːrmənənt]; a. 오래 가지[영속하지] 않는, 일시적인(temporary), 덧없는.
2) persist[pəːrsíst]: vi. 고집하다, 주장하다, 집착하다. 지속하다, 존속하다, 살아남다
3) fleeting: a. 질주하는; 빨리 지나가는, 쏜살같은, 덧없는, 무상한(transient).
4) engulf[engʌ́lf]: vt. 삼켜 버리다; (…을 물속으로) 가라앉히다《in; into》; 몰두케 하다《in; into》
5) posture[pɑ́stʃər]: n.자세, 자태. 젠체하는 태도. 태도, 마음가짐. 사태, 정세. vi. 자세를 취하다. 포즈를 잡다.
6) nectar[néktər]: n. 그리스신화》 신주(神酒). 감미로운 음료, 감로(甘露); 과즙, 넥타. 화밀(花蜜); 기쁜 일.

산중 삶의 시

(당 관휴: 832-912)

과거로부터 무상함이 얼마나 오래 지속되어 왔는가?

덧없는 파도는 온종일 넘친다.

한(漢) 임금의 폐허는 가을 잡초로 덮였고,

   오(吳) 영주의 궁전은 침묵의 밤이 삼켰다.

금이 가득한 집, 탐욕은 쉴 줄을 모르고,

   완전히 백발이지만 자세는 여전히 거만하다.

만족이 사람을 부처로 만든다는 것을 그 누가 안단 말인가,
　　미주(美酒)의 그윽한 향기가 두루마기에 그득 베인 것을.

붉은 난초에 이슬방울이 덮인 밭을 가로질러,
　　한가로이 산꼭대기를 향해 서쪽으로 발걸음을 옮긴다.
마음을 연꽃같이 때 묻지 않게 순수하게 하자.
왜 육체를 시체로 바꾸는 데 그렇게 지치는가?
이 오솔길에 구름과 고목은 자라고,
이 눈 덮인 봉우리들 중에서 흰 원숭이가 울부짖는다.
도원과 비교할 수는 없지만.
　　개울은 봄이면 복숭아꽃이 뒤덮이고,
　　맑아질 것이다.

〈전당시〉에서

花開滿樹紅

(唐 龍牙居遁: 835-923)

朝看花開滿樹紅, 暮看花落樹還空;
苦將花比人間事, 花與人間事一同.

《禪門諸祖師偈頌》

TREE FILLED WITH RED FLOWER BLOSSOM

When I wake up in the morning,
　　red flowers are in full bloom.
When I saw it in the evening,
　　the flowers fell and it was an empty tree again.
If you compare these flowers to the world affairs,
　　then both Flowers and the world are one and the same.

붉은 꽃이 만발한 나무

(당 용아거둔: 835-923)

아침에 눈을 뜨니,
　붉은 꽃들이 만발했다.
저녁에 보니 꽃은 떨어지고,
　다시 빈 나무가 되었구나.
이 꽃들을 세상사와 비교하면,
　꽃과 세상은 하나같구나.

〈선문제조사계송〉에서

無心處處閒

粉壁朱門事甚繫, 高牆大戶內如山;
莫言山林無休士, 人苦無心處處閒

《星雲說揭》

NO-MIND, CAREFREENESS EVERYWHERE

Within whitewashed walls and [1]vermilion gates
　are rather complicated matters.
Inside the walls of the rich
　are mountainous [2]afflictions.
Don't stay that there aren't hermits
　in the mountain forests.
For as long as there is no mind,
　everywhere is carefree.

1) vermilion: n. 주홍, 진사(辰砂), 주색(朱色) (안료). a.: 주홍의, 주홍 칠한. vt: 주홍으로 물들이다[칠하다].
2) afflictions: n. 고통, 고뇌, 고생(misery), 병, 재해 (calamity), 역경, 불행의 원인.

어디나 무심하고 태평한 세상

흰색 벽과 주홍색 문 안에는
　오히려 복잡한 문제가 많다.
부자들의 성벽 안에는
　산처럼 많은 고통이 있다.
은자가 없는 산의 숲속에
　머물지 말라.
무심하기만 하면
　어디서든 태평할 수 있다.

〈성운설게〉에서

題都城南莊

(唐 崔護: ?-831)

去年今日此門中, 人面桃花相映紅;
人面不知何處去, 桃花依舊笑春風.

《全唐詩》

INSCRIBED IN NAN ZHUANG, OUTSIDE THE CAPITAL

Last year today, I came to this doorway.

Your face and peach blossoms were rosy,

　but where has that face gone?

The peach flowers still smile in the spring breeze.

도성 밖 남장(南莊)에 새긴 글

(당 최호: ?-831)

작년 오늘, 이 문간에 왔었다.

그대 얼굴과 복숭아꽃은 장밋빛이었는데,
　　그런데 그 얼굴은 어디로 갔나?
복숭아꽃은 여전히 봄바람에 미소 짓는데.

〈전당시〉에서

擁毳對芳叢

(五代 法眼文益: 885-958)

擁毳對芳叢, 由來趣不同
髮從今日白, 花是去年紅.
艶治隨朝露, 聲香逐映風
何須侍零落, 然後始知空.

《五燈會元》

WRAPPED IN A WOOLEN ROBE, LOOKING AT THE FRAGRANT PLANTS

If you look at the fragrant plants wearing cui,
　　each has a very unique characteristic.
My hair turned white, and the flower was scarlet yesterday.
The color that changes like morning dew is fleeting.
The scent of fragrance is like the breeze of the evening.
Why do men wait to wither and die,
　　only to later understand emptiness?

모직 예복을 입고
향기로운 화초를 보면서

(오대 법안문익: 885-958)

모 예복(cui)을 입고 향기로운 화초들을 보면,
　　각각 아주 독특한 특징이 있다.

머리카락은 희게 변했고, 꽃은 어제 주홍이었다.
아침 이슬처럼 변하는 색깔은 덧없는 것,
향료의 향기는 저녁의 산들바람과 같은 것.
사람은 왜 시들어 죽기를 기다리나,
  죽은 후에나 공(空)을 이해하기 위해서인가?

<오등회원>에서

悟道詩

(唐 布袋和尙: ?-917)

手把靑秧插滿田, 低頭便見水中天: 六根淸淨方爲道, 退步原來是向前.
是非憎愛世偏多, 仔細思量奈我何; 寬卻肚腸須忍辱, 豁開心地任從他.
苦逢知己須依分, 縱遇冤家也共和; 苦能了此心頭事, 自然證得六波羅.

ENLIGHTENMENT POEM

Sprinkle the field full of rice seeding with my hands,
  and heads down to find the sky in the water.
It is the true Way that purifies the fundamentals of the sixth sense.
Taking one step back is taking one step forward.
Right and wrong and love and hate are all dilemmas.
If you think about it carefully, what can a dilemma do to me?
Patience is essential to broaden your mind.
Keep your mind open and just let it be.
Even if you found a soulful friend,
  you must never deviate from the line.
Even if you run into an enemy,
  we should aim to coexist peacefully somehow.
When these problems are solved,

the six Perfection* will finally come true.

깨달음의 시

(당 포대화상: ?-917)

내 손으로 들판 가득 볍씨를 뿌리고.
　머리를 숙여 물속의 하늘을 발견한다.
육감의 근본을 순결하게 하는 것이 진정한 도(道)이다.
한걸음 뒤로하는 것이 한 발 앞으로 나아가는 것이다.
옳고 그름, 그리고 사랑과 미움은 이 모두가 딜레마인 것을.
잘 생각해보면 딜레마가 나에게 무엇을 할 수 있단 말인가?
마음을 넓히기 위해서는 인내가 꼭 필요하다.
마음을 열어 놓고 순리에 따르라.
영혼이 통하는 친구를 찾았다 하더라도,
　결코 선을 벗어나서는 안 된다.
적과 마주친다고 할지라도,
　어떻게든 평화롭게 공존하는 것을 목표로 해야 한다.
이러한 문제들이 풀어지면,
　육예(六藝)*은 마침내 실현될 것이다.

* 육예(六藝: Six Arts): Rites(禮) Music(樂) Archery(射) Charioteerin (御) Calligraphy(書) Mathematics(數)

李後主詞選
子夜歌

(南唐 李煜: 937-978)

人生愁恨何能免?
鎖魂獨我情何限. 故國夢重歸, 覺來雙淚垂.
高樓誰與上? 長記秋晴望. 往事已成空, 還如一夢中.

SELECTION BY LI HOUZHU
SONG OF MIDNIGHT

How can I escape the sadness and regret of life?
I am overwhelmed by endless love alone.
I came back to my old hometown from my dream.
When I wake up, tears flow from my eyes.

Who will climb the high tower with me?
As I remember, it was a long time ago to see beautiful autumn scenery.
The past has turned into emptiness,
   everything is like a dream.

이후주(李後主)의 시문에서
밤의 노래

(남당 이욱: 937-978)

어떻게 하면 인생의 슬픔과 후회에서 벗어날 수 있을까?
나는 끝없는 사랑에 홀로 압도당한다.
꿈에서 나의 옛 고향으로 돌아왔다.
잠을 깨니 눈에서 눈물이 흐른다.

누가 나와 함께 높은 탑을 오를 것인가?
기억해보니 아름다운 가을풍경을 보는 것도 오래전.
과거는 공으로 변했고,
   모든 것이 마치 꿈같구나.

處美人

春花秋月何時了, 往事知多少. 小樓昨夜又東風. 故國不堪回首月明中.
雕闌玉砌應猶在, 只是朱顏改. 問君能有幾多愁, 恰似一江春水向東流.

《尊前集》

VIRGIN BEAUTY

When do spring flowers bloom,
   when does the autumn moon wither and wither?
How much old knowledge do you have,
   when can you get it?
Last night, the east wind
   swept across my [1]attic once again,
What I can't stand under this bright moonlight,
   recalling lost power.
Sculpted railings and jade steps,
   you think there's still something left,
   only a beautiful face
   it's not the same anymore.
Asking how much sadness I can handle,
   like the spring river seems to flow to the East Sea.

1) attic[ǽtik] a. 고전풍의, 우아한. n. 더그매《지붕과 천장 사이의 공간》; 고미다락(방).

순결한 아름다움

봄꽃은 언제 피고
   가을 달은 언제 지고 시드는가?
얼마나 많은 옛 지식을

언제쯤 얻을 수 있는가?
어젯밤 동풍이 내 다락방을
　　다시 한번 휩쓸었다.
이 밝은 달빛 아래 참을 수 없는 것은
　　잃어버린 권세를 회상하는 것.
조각된 난간과 옥의 계단이
　　아직 남아있다고 생각하니,
　　아름다운 얼굴만이
　　더 이상 같지 않고나.
감당할 수 있는 서러움이 어느 만큼인지 물으니,
　　봄의 강물이 동해로 흐르는 만큼이라네.

〈존전집〉에서

垂訓詩

(唐 元眞: 生卒年不詳)

行藏虛實自家知, 禍福因由更問誰? 善惡到頭終有報, 只爭來早與來遲.
閑中檢點平生事, 靜坐思量日所爲; 常把一心行正道, 自然天地不相虧.

《御制恨心集》

PREACHING POEM

Only you can know the truth about your actions.
Who else decides the cause of luck and misfortune?
1)Karmic retribution, good, or evil is only based on results.
Right now or later? it is the only matter of difference.

Think about what you do in your life when you are free.
Meditate and consider your daily actions.

Keep your heart in what is righteous constantly.
Of course, heaven and earth will never betray you.

1) karmic[kάːrmik]: a. 갈마의, 숙명적인. 업보(業報)의

설법의 시

(당 원진: 생졸미상)

자신의 행동에 대한 진실성은 자신만이 알 수 있다.
자신이 아닌 누가 자신의 운과 불행의 원인을 결정하겠는가?
인과응보, 선 또는 악은 단지 결과에 따라 생기는 것.
당장인가 나중인가? 그것이 유일한 차이점이다.

한가할 때 자신의 생애에 하는 일을 생각해보라.
자신의 일상적인 행동을 명상하고 숙고하라.
끊임없이 자신의 마음을 의로운 것에 두라.
당연히 하늘과 땅은 결코 당신을 배반하지 않을 것이다.

〈어제열십집〉에서

除賤語

(唐 徐得: 生卒年不詳)

富貴浮雲未足誇, 民間風氣太奢華; 漫將雨字逢人勸, 勤徐由來好起家.

ELIMINATING LOWLY WORDS

Honour and wealth,
   such a floating cloud is not worth inflating.
People and fashion
   are just a waste of money.

To the person who crosses the street together

　I say this casually.

Diligence and thrift, these will be the foundations of success.

저속한 말을 자제하라.

(당 습득: 생졸미상)

명예와 부,
　그러한 뜬구름은 부풀릴 가치가 없다.
사람들과 유행은
　단지 지나치게 낭비하는 것이다.
함께 길을 건너는 사람에게
　나는 무심코 이 말을 건넨다.
근면과 절약, 이것들은 성공의 토대가 될 것이라고.

寒山拾得忍耐歌

昔日寒山問拾得曰:「世間謗我, 欺我, 辱我, 笑我, 輕我, 賤我, 惡我, 騙我, 如何處置乎?」
拾得云:「只是忍他, 讓他, 由他, 避他, 耐他, 敬他, 不要理他, 再待幾年你且看他」

《寒山詩集》

HANSHAN AND SHIDE'S SONG OF ENDURANCE

One day Hansan asked Shide, "What should I do with anyone in this world who slanders, insults, [1)]ridicules, despises me, [2)]disparages me, attacks me, or deceives me?"
Shide answered "Just tolerate him, let him, avoid him, respect him, ignore him, and wait to see his character for years."

1) ridicules[rídikjùːl]: n.: 비웃음, 조롱. vt: 비웃다, 조소하다, 조롱하다, 놀리다.
2) disparage[dispǽridʒ]: vt.: 깔보다, 얕보다, 헐뜯다, 비방[비난]하다, 나쁘게 말하다, 명예를 해치다.

한산(寒山)*과 습득(拾得)**의 인내의 노래

언젠가 한산은 습득에게 물었다. "이 세상에서 나를 비방하고, 모욕하고, 조롱하거나, 나를 경멸하거나, 나를 폄하하거나, 나를 공격하거나, 나를 속이는 사람을 어떻게 처리해야 하는가?"라고 물었다. 습득이 대답했다. "그냥 그를 용납하고, 놔두고, 피하고, 그를 존중하고, 무시하고, 몇 년 동안 그의 됨됨이를 보며 기다리세요"

〈한산시집〉에서

* 한산(寒山): 인명, 중국 당나라의 승려. 풍간 선사(豊干禪師)의 제자로, 불교의 철학 이론에 두루 통하여 문수보살의 화신(化身)이라 일컬어진다. 저서에 ≪한산시집≫이 있다.
** 습득(拾得): 인명, 중국 당나라의 정관(貞觀) 시대의 승려. 톈타이산(天臺山) 국청사에 있다가, 친구 한산(寒山)과 함께 한암(寒巖)에 숨어 살았다.

心寬山川小

(唐 佛光如滿：生卒年不詳)

心中寬廣山川小, 眼內燈淸日月明;
耳邊天賴人間寂, 脚下飛沙不染塵.

《星雲說偈》

A BROAD MIND AND GENTLENESS

The broad mind senses small mountains and rivers,
  clear eyes reflects the bright sun and moon.
Harmonious ears hear a quiet world.
There is no dust on the fast-walking feet.

넓은 마음과 관대함

(당 불광여만: 생졸미상)

넓은 마음은 작은 산과 강을 감지하고,
  맑은 눈은 밝은 태양과 달을 반영한다.
조화로운 귀는 조용한 세상을 듣는다.
  바쁜 걸음에는 먼지가 오르지 못한다.

〈성운설게〉에서

尋春

(唐 無盡藏: 生卒年不詳)

終日尋春不見春, 芒鞋踏破嶺頭雲;
歸來偶破梅花嗅, 春在技己十分.

《楞嚴經宗通》

SEEKING SPRING

I've been looking for spring all day, but I couldn't find it.
The straw shoes are worn away from the clouded mountain peaks,
  when I suddenly [1]sniffed at the peach flower again,
  spring is already full of plum tree branches.

1) sniff: vi. 코를 킁킁거리다, 냄새를 맡다, 눈치채다, n.: 냄새 맡음, 코로 숨 쉬는 소리. 퀴퀴한 냄새.

봄은 어디에

(당 무진장: 생졸미상)

온종일 봄을 찾으러 다녔으나 찾지 못하고.
짚신은 구름 덮인 산봉우리에서 닳아 없어졌네,
  무심코 복숭아꽃에 코를 다시 훌쩍여 보니,

봄은 이미 매화나무 가지에 가득하구나.

〈능엄경종통〉에서

悟桃花頌

(唐 靈雲志勤: 生卒年不詳)

三十年來尋劍客, 幾回落葉又抽栻:
自從一見桃花後, 直至如今更不疑.

《五燈會元》

ODE TO PEACH BLOSSOMS

I've been looking for swordsmen for thirty years.
Again and again, the leaves fell again and [1]sprouted.
Since I saw peach flowers,
So far, I have never doubted it again.

---

1) sprout[spraut]: vi. 싹이 트다, 발아하다. 갑자기 자라다; 발육하다 n. (새)싹, 봉오리가 벌어짐, 종자의 발아;

복숭아꽃에 대한 송가(頌歌)

(당 영운지근: 생졸미상)

삼십 년 동안 검객을 찾아다녔다.
몇 번이고 잎은 다시 지고 새싹이 돋아났다.
복숭아꽃을 본 이후로,
　지금까지 다시는 의심하지 않았다.

〈오등회원〉에서

金縷衣

(唐 杜秋娘: 生卒年不詳)

勸君莫惜金縷衣, 勸君惜取少年時;
花開堪折直須折, 莫待無花空折枝.

《全唐詩》

GOLDEN-THREAD GOWN

Emphasize not to ¹⁾cherish clothes ²⁾embroidered with gold,
  hold on to your young days for yourself,
  gather flowers while you can.
Don't lie down and wait until you're empty.

1) cherish[tʃériʃ]: vt.: 소중히 하다. 귀여워하다, 소중히 기르다, (소원 등을) 품다.
2) embroider[embrɔ́idər]: vt. 수를 놓다. 꾸미다, 분식(粉飾)하다, (이야기 따위를) 윤색하다. 과장하다.

황금 옷

(당 두추낭: 생졸미상)

황금으로 수놓은 옷을 소중히 여기지 말 것을 강조하며,
  자신을 위해서 자신의 젊은 날을 붙잡아,
  할 수 있을 때 꽃을 거둬들이라.
빈 가지가 될 때까지 누워서 기다리지 말고.

〈전당시〉에서

忍辱護眞心

(唐 寒山: 生卒年不詳)

吾心低秋月, 碧潭淸皎潔: 無物堪比倫, 敎我如何說?
嗔是心中火, 能燒功德林; 欲行菩薩道, 忍辱護眞心.

ENDURANCE TO PROTECT SINCERITY OF MIND

My heart is like the autumn moon
　　it is completely bright and clear like emerald lake.
Nothing can compare to that
　　how can you put those things into words?

Anger is the fire of the heart
　　that burn the forest of virtue.
If you want to practice the path of a [1]bodhisattva
　　keep your mind with patience.

1) bodhisattva[bòudisǽtvə]: n. 보살.

진실한 마음을 지키기 위한 인내

(당 한산: 생졸미상)

내 마음은 가을 달과 같이
　　에메랄드 호수처럼 완전히 밝고 맑다.
아무것도 그것과 비교할 수 없는데
　　그런 것들을 어떻게 말로 표현할 수 있겠는가?

분노는 마음의 불로
　　덕행의 숲을 태워 버린다.
보살의 길을 실천하고 싶다면
　　인내로 마음을 지키라.

心中無一事

水淸燈燈螢, 微底自然見; 心中無一事, 萬境不能轉.
心旣不妄起, 永劫無改變: 若能如是知, 是知無背面.

NOTHING IN MIND

Very clear and [1]translucent is water
　that its floor is clearly visible.
If you don't have anything in your mind
　circumstance cannot change.
Because the mind doesn't cause delusions
　it remains unchanged through [2]eternal kalpas.
If you can understand that
　the understanding of the mind will not show the other side.

1) translucent[trænslúːsənt]: a. 반투명의(=trans·lú·cid), 투명한, 거짓이 없는.
2) eternal[itə́ːrnəl]: a 영원, 영원히 변치 않는, 불멸의, 끝없는, n.: 영원한 것.

무심

아주 맑고 투명한 물은
　바닥이 뚜렷하게 보인다.
마음속에 아무것도 없다면
　상황은 바뀔 수가 없다.
마음은 망상을 일으키지 않으므로
　무한한 겁(劫)을 지나도 변치 않는다.
그러한 것을 이해할 수 있다면
　마음에 대한 이해는 다른 면을 보여주지 않을 것이다.

煩備變歡顔

我苦歡顧少煩惱, 世間煩惱變歡顔. 爲人煩惱終無濟, 大微還生歡喜間.
國能歡喜君臣和, 歡喜庭中父子聯. 手足多歡荊樹茂, 夫妻能喜琴琴賢.
主賓何在堪無喜, 上下情歡分愈嚴.

《寒山子詩集》

ANXIETY TURNS INTO JOY

If you smiled and worry less,
   the worries of the world will turn into laughter.
In fact, the great awakening comes from joy
   worrying for others is useless after all.
In a happy country
   the [1]monarchs and officials are in harmony.
In a happy family
   father and son stand in [2]solidarity.
If there is joy between siblings,
   [3]redbud trees thrive.
If there is joy between a husband and a wife,
   the harmony of marriage will last.
Why is there no joy between the owner and the guest?
   If you're happy, the relationship between your boss and your
[4]subordinates becomes much more solid.

1) monarch[mάnərk/mɔ́n-] n. 군주, 주권자, 제왕. 최고 지배자, 왕자, 거물. 제주왕나빗과의 나비의 일종.
2) solidarity[sὰlədǽrəti]: n. 결속, 단결, 공동 일치; 연대 책임.
3) redbud n.: 박태기나무 속(屬)의 식물《미국산(産)》.
4) subordinate[səbɔ́ːrdənit]: a. 하급의, 종속하는, n.: 부하, 열위(劣位), 종속절, vt.: 종속시키다(to), 경시하다.

걱정을 즐거움으로

웃고 걱정을 덜하면,
　세상의 걱정은 웃음으로 변할 것이다.
사실상 큰 깨달음은 기쁨에서 비롯된 것이기 때문에
　다른 사람들을 위한 걱정은 결국 쓸데없는 것이다.
행복한 나라에서는
　군주와 관리들이 조화를 이룬다.
행복한 가정에서는
　아버지와 아들이 연대한다.
형제자매들 사이에 기쁨이 있으면,
　박태기나무가 번창한다.
남편과 아내 사이에 기쁨이 있으면,
　결혼생활의 조화는 지속될 것이다.
왜 주인과 손님 사이에 기쁨은 없는가?
기쁨이 있으면 상사와 부하 간의 관계는
　훨씬 더 공고해진다.

〈한산자 시집〉에서

辛夷塢

木末芙蓉花, 山中發紅萼; 澗戶寂無人, 紛紛開且落.

《輞川集》

MAGNOLIA-FLOWERED HILLS

[1]Magnolia flowers blooming at the ends of branches,
　the pink [2]calyx is colored the mountains red,

Next to a deserted ³⁾cottage in the middle of the mountain,
One by one they bloom,
   and one by one, they fade away.

1) magnolia[mægnóuliə]: n. 목련·자목련·백목련 따위 목련 속(屬)의 꽃나무; 그 꽃.
2) calyx[kéiliks]: n. 꽃받침.
3) cottage[kɑ́tidʒ]: n. 시골집, 작은 집, 오두막. 별장. 산장. 독채 주택;《속어》공중변소.

목련꽃 핀 언덕

가지 끝에 피는 목련꽃
  분홍색 꽃받침에 산이 붉게 물들고,
산중 도랑가 사람 없는 오두막집 옆에,
  하나하나 피고,
  하나하나 시들어간다.

〈망천집〉에서

鳥夜啼

林花謝了春紅, 太匆匆!
無奈朝來寒雨晚來風.
胭脂淚, 留人醉, 幾時重?
自是人生長恨水長東!

BIRDS CHIRPING AT NIGHT

The flowers in the forest lose their spring red
  much too soon!

Unbearable, cold rain in the morning and
　　wind in the evening.

Tears spread on the red [1]rouge,
　　he stayed in his seat and got drunk.
When shall we meet again?
Life is full of regret, just as the river flows to the east.

1) rouge[ruːʒ]: n. 입술 연지, 연지. a. 붉은. vt., vi. (입술) 연지를 바르다.

밤에 우는 새

숲속의 꽃들은 봄철 붉은색을
　　너무 빨리 잃어버리고!
아침의 찬비와
　　저녁 바람은 견디기 힘들다.

눈물이 붉은 연지에 번지고
　　자리를 지키며 술에 취했다.
언제 우리 다시 만날까?
　　강물이 동쪽으로 흐르듯 인생은 후회로 가득 찬다.

〈남당이주사〉에서

涼州詞

(唐 王翰: 生卒年不詳)

葡萄美酒夜光杯, 欲飮琵琶馬上催;
醉臥沙場君莫笑, 古來征戰幾人回.

SONG OF LIANGZHOU

Delicious liquor in cups that glow in night,
   urgent [1]summons of pipa come before we drink.
Let's lie down drunk on the battlefield, laugh not.
How many warriors have returned in the past?

1) summon[sʌ́mən]: n. 소환(장), 출두 명령, 항복권고. vt.; 법정에 소환하다, 호출하다, (법정에)출석을 명하다.

양주(涼州)의 노래

(당 왕한: 생졸미상)

밤에 은은히 빛나는 잔 속의 맛있는 술,
   마시기 전에 피파(중국의 현악기)를 급히 부르자.
전장에서 술 취해 드러누워 볼까나, 웃지 말고.
지난날 얼마나 많은 전사가 돌아왔던가?

11. 송(宋: 960~1279) 시대

心相篇

(宋 陳希夷: 871-989)

知足與自滿不同, 一則矜而受災, 一則謙而獲福;
大才與見才自別, 一則誕而多敗, 一則實而有成.
忮求念勝, 圖名利, 到底遜人; 惻隱心多, 遇艱難, 中途獲救.
過剛者圖謀易就, 災傷豈保全元? 太柔者作事難成, 平福赤能安受.
好矜己善, 弗再望乎功名; 樂摘人非, 最足傷乎性命.
責人重而責己輕, 弗與同謀共事; 功歸人而過歸己, 盡堪救患扶災.

《陳希夷心相編述疏》

ESSAY ON THE MIND AND APPEARANCE

Satisfaction is not the same as [1]complacency, those who show off face disaster, and those who are humble take good luck. Talented people are different from those who show off. Those who are arrogant often fail, and those who are honest succeed.

Those who aggressively seek fame and ploy will ultimately be inferior, and those who have mercy will be saved in the process when they encounter difficulties.

People who are determined to achieve their goals easily, but how can they be protected from disaster? People with soft [2]temperaments can struggle to achieve their work and still gain peace and luck.

Those who [3]boast of their good deeds won't get a name to praise. Those who enjoy picking out other people's faults only harm their lives. Those who blame others, not themselves, don't get along well with others. Those who [4]attribute success to others and mistakes to themselves will be saved from misfortune.

1) complacency[kəmpléisəns]: n. 자득(自得), 안심, 자기만족; 만족감을 주는 것, 위안이 되는 것.
2) temperament[témpərəmənt]: n. 기질, 성질, 체질. 과격한 기질, 예민한 감수성, 신경질. 조절, 타협; 중용.
3) boast[boust]: vi. 자랑하다, 떠벌리다《of; about》. n. 자랑(거리); 허풍.
4) attribute[ətríbju:t]: vt. 돌리다, (…의) 탓으로 하다, (…의) 행위로[소치로, 업적으로] 하다《to》, [ǽtribjù:t]: n. 속성, 특질, 특성. 부수물, 붙어다니는 것, 상징

마음과 겉모습에 대하여

(송 진희이: 871-989)

만족하는 것은 자기만족과 같지 않은데, 뽐내는 사람은 재앙을 만나고 겸손한 사람은 행운을 거둔다. 재능 있는 사람과 허세 부리는 사람은 서로 다르다. 자만하는 사람들은 종종 실패하고, 정직한 사람들은 성공한다.

공격적으로 명성과 책략을 찾는 사람들은 궁극적으로 열등해질 것이며, 자비심을 가진 사람들은 어려움을 만났을 때 그 과정에서 구원받을 것이다.

결심을 굳힌 사람들은 쉽게 목표를 달성하지만 재앙으로부터 보호는 어떻게 받을 수 있겠는가? 부드러운 기질을 가진 사람들은 어려움을 겪으며 자신의 일을 성취하고 여전히 평화와 행운을 얻을 수 있다.

자신들의 선행을 자랑하는 사람들은 칭송할만한 이름을 얻지 못할 것이다. 남의 잘못을 골라내는 것을 즐기는 사람들은 자신의 삶에 해만 입힌다. 자기가 아닌 남을 비난하는 사람들은 남들과 잘 어울리지 못한다. 남에게 성공을 돌리고 실수를 자신에 돌리는 사람은 불행에서 구출될 것이다.

〈진희이심상편술소〉에서

辛棄疾詞選
賞心亭爲葉丞相賦

(宋 辛棄疾: 1140-1207)

青山欲共高人語, 聯翩萬馬來無數.
煙雨卻低回, 望來終不來.
人言頭上髮, 總向愁中白.
拍手笑沙鷗, 一身都是愁.

SELECTION BY XIN QIJI
WRITTEN FOR MINISTER YE AT SHANGXIN PAVILION

The green mountains desire to [1]converse with the noble man,
  in quick succession, they came like a ten thousand [2]stampeding horses,
    countless in number.
Unfortunately, a mist rain causes them to [3]stall and [4]dither,
  the expected arrival eventually never arrives.

When people talk about their hair,
  the gray hair is always caused by sadness.
I'm filled with sadness from head to toe
  clap my hands and laugh at the gull.

1) converse[kənvə́ːrs]: vi. 담화하다, 정신적으로 교류하다, 대화하다. 친하게 사귀다
2) stampede [stæmpíːd]: vi, vt. 우르르 도망치다, 대패주하다, 몰려오다. n.: 대패주, 쇄도
3) stall[stɔːl]: n. 마구간, 마방(馬房), 매점, 노점, 가게, 사무실, 일터, 상품 진열대, 엔진 정지, (항공) 실속(失速).
   vt.: 마구간에 넣(어 두)다, (축사에) 칸막이를 하다, 오도가도 못하게 하다, 엔진을 멎게 하다, 실속시키다
4) dither[díðər]: vi. 우유부단하게 행하다, 망설이다, 벌벌 떨다; 재잘거리다. n.: 벌벌 떪, 당황, 안절부절 못하는 상태

신기질(辛棄疾)의 시에서
상심정(賞心亭)에서 엽(葉)승상을 위해 쓰다.

(송 신기질: 1140-1207)

귀인과 대화를 바라는 푸르른 산들이
  연달아서 셀 수 없이 몰려오는 수천 마리의 말들처럼 다가왔다.
안타깝게도 궂은비는 말들을 마구간에 가두어 허둥대게 했는지,
  도착을 기대했던 사람은 결국 오지를 않네.

사람들이 자신의 머리카락을 말할 때
  흰 머리는 항상 슬퍼서 생긴다고 한다.

나는 머리부터 발끝까지 슬픔으로 쌓여

　　손뼉을 치며 갈매기를 보고 웃는다.

元夕

東風夜放花千樹, 更吹落, 星如雨.

寶馬雕車香滿路, 鳳簫聲動, 玉壺光轉, 一夜魚龍舞.

蛾兒雪柳黃金縷, 笑語盈盈暗香去.

衆裏尋他千百度, 驀然回首, 那人欲在, 燈火闌珊處.

《辛棄疾詞全集》

LANTERN FESTIVAL EVE

The east wind blooms thousands of trees at night

　　causing flowers fall, and stars were like raindrops.

Jeweled [1]ornate wagons line the whole street,

　　the phoenix flute plays the song of the serenade,

　　the twinkling of the spinning jade kettle, fish and dragon lights [2]sway

　　throughout the night.

The butterfly pins [3]decorated with

　　snowy willow [4]wigs and golden decorations,

　　as they [5]giggled away,

　　so does their [6]perfumed scent fade.

Searching through the crowd

　　a hundred times, a thousand times

Suddenly, when I turned around,

　　she stood right there, beneath the waning light.

1) ornate[ɔːrnéit]: a. 잘 꾸민[장식한]; (문체가) 화려한.
2) sway[swei] vi. 흔들리다, 동요하다. 기울다. 지배하다, 사물을 좌우하다; 권력을 휘두르다.
   n. 동요, 흔들림. 편향(偏向), 경향, 경사.
3) decorate[dékərèit]: vt. 꾸미다, 장식하다. 칠을 하다, 도배하다.
4) wig[wig]; n. 가발; 머리 장식. 판사, 재판관. 머리. (자극적인)경험. 질책(叱責).
   vt. …에 가발을 씌우다. 꾸짖다. 흥분시키다. 괴롭히다, 짜증나게 하다.
5) giggle[gígəl]; vi. 킥킥 웃다《at》, 킥킥 웃어 (감정을) 나타내다. n. 킥킥 웃음; 농담.
6) perfume[pə́ːrfjuːm,]: n. 향기, 방향(芳香)(fragrance). 향료, 향수(scent). vi. 향기를 발하다.

등불축제 전날 밤

동풍은 밤에 수천 그루의 나무에 꽃을 피우고
   지게 하며, 별들은 빗방울 같았다.
보석으로 장식한 화려한 마차가 온 거리에 줄을 서고
   봉황 피리는 소야곡을 연주하며,
   회전하는 옥주전자의 반짝임, 물고기 등과 용 등들이 밤새 일렁인다.
나비 장식 핀들은 눈빛 버드나무 가발과
   황금장식으로 꾸며졌는데,
   사람들이 키득거리며 지나가자
   그윽한 향기가 희미해진다.
군중들 사이를 백 번,
   천 번 찾아보다,
갑자기 내가 돌아서니
   그녀는 바로 거기 희미한 불빛 아래 서 있었다.

〈신기질사전집〉에서

供養父母

(宋 法天譯: ?-1001)

供養老父母, 一切最上德: 田種果成熟, 較量福不盡.
供養老父母, 永不擔重擔; 常得驗馬負, 刀刀不能害.
供養老父母, 不度峰水河; 猛火與刀兵, 而復不能近.
供養老父母, 常得善妻男; 穀麥與資財, 琉璃及金寶.
供養老父母, 常得天宮住: 無數歡喜園: 四面恆園繞.
供養老父母, 常聞佛法音; 具相色端嚴, 誰人不敬重.

《佛說大乘日子王所問經》

SUPPORTING ONE'S PARENTS

By serving your aging parents, you will gain a life of supreme virtue, likened to ripe fruit fields and eternal good fortune.

By serving your aging parents, you will have a donkey and a horse to erase your luggage without carrying a heavy burden, and be protected from the harm of the swords.

By serving your aging parents, you will be safe from fierce flames and armed pursuers without crossing the salty rivers.

By serving your aging parents, you will have a kind wife and children, gain, wheat, property, [1]glaze, gold and treasure.

By serving your aging parents, you will live in heaven surrounded by endless gardens that symbolize joy.

1) glaze[gleiz]: vt. 판유리를 끼우다; 유리창을 달다. 유리 모양이 되다; 미끄럽게 되다; (눈이) 흐려지다,
   n. 유리 끼우기; 유약칠; 윤내기. 유약, 잿물; 덧칠. 반들반들함; 그 면.

자신의 부모님을 섬기는 일

(송 법천 역: ?-1001)

노부모를 섬겨는 일은 잘 익은 과일밭과 영원한 행운으로 비유되는 최고의 미덕의 삶을 얻게 될 것이다.

노부모를 섬겨야 무거운 짐을 지지 않고 짐을 지울 나귀와 말을 갖게 되며 칼의 피해로부터 보호받을 수 있는 삶을 얻을 것이다.

노부모를 섬겨야 짜디짠 소금의 강을 건너지 않고 사나운 불길과 무장한 추격자로부터 안전할 것이다.

노부모를 섬겨야 친절한 아내와 자식, 이득, 밀, 재산, 유약, 금 및 보물을 갖게 될 것이다.

노부모를 섬겨야 기쁨을 상징하는 끝없는 정원에 둘러싸인 천국에서 살게 될 것이다.

〈불설대승일자왕소문경〉에서

勤檢勸世文

(宋 呂蒙正: 946-1011)

勤懶皆因一念生, 家庭興敗此中爭 萬般事業由勤致, 懶漢何曾見有成?
年少光陰最足珍, 都緣兩字誤因循 畢生事業知何限, 哪得工夫走市塵.
淸早黎明便起身, 家庭內外費難辛 君看敗家傾産者, 多是貪眠懶惰人.
人生儉樸最爲高, 莫把錢財浪裡拋 物大艱難常記取, 免敎日後聽號啕.
處世持家年復年, 總須盧後更思前 有錢常想無錢日, 莫待無錢想有錢.

《增廣賢文》

ADVICE FOR FRUGALITY TO THE WORLD

Diligence and laziness are all in one's mind for a moment.
Household ups and downs are also determined by such.
What we achieve in everything is by [1]zeal,
　when have you ever seen an idle man succeed?

Young days are the most important thing,
　because there is a good reason to succeed.
Yet many people failed to [2]cherish such precious moments of life.
There is no time to waste on ordinary things!

Wake up early in the morning,
　　it's also quite hard to do housework alone.
Look at the son who spends his money badly.
Lazy people would be greedy sleepers at most.

The most noble thing is to live a 3)frugal life.
Don't throw your wealth into the waves!
Always keep in mind that you lack wealth,
　　then you will not hear the sound of despair at the last minute of your life.

For many years, we dealt with problems and supported families.
One should always make careful plans for the future.
Prepare for poverty when you're rich,
　　don't wait until you become poor and start thinking about saving.

1) zeal[ziːl]: n. 열중, 열의, 열심; 열성; 열정.
2) cherish[tʃériʃ]: vt. 소중히 하다. 귀여워하다, 소중히 기르다. (소원 등을) 품다.
3) frugal[frúːgəl]: a. 검약한, 소박[질박]한, 조리차한《특히 음식에 관하여》.

검소한 세상에 대한 조언

(송 여몽정: 946-1011)

부지런함과 게으름은 모두 한순간 마음속에만 있다.
가정의 부침은 또한 근검에 의해 결정된다.
매사에서 성취하는 것은 열성(熱誠)에 의한 것으로,
개으른 자가 언제 성공한 것을 본 일이 있는가?

젊은 날은 가장 소중한 것,
　　성공하기 위한 좋은 이유가 있기 때문이다.
여태껏 많은 사람들이 삶의 그런 소중한 순간을 아끼는 데 실패한다.
일반적인 일에 낭비할 시간은 없다!

새벽에 일찍 일어나,
　　홀로 집안 볼일을 보는 것도 꽤나 힘들다.
돈을 헤프게 쓰는 아들을 보라.
게으른 사람들이 많게는 탐욕스러운 잠꾸러기일 것이다.

가장 고귀한 것은 검소한 삶을 사는 것이다.
자신의 부를 파도 속에 던지지 말라!
재물이 부족하다는 것을 항상 마음에 두라,
　　그리하면 생의 마지막 순간에 절망의 소리를 듣지 않을 것이다.

수년 동안, 우리는 문제를 처리하고 가정을 부양했다.
사람은 항상 미래를 위한 주의 깊은 계획을 세워야 한다.
부유할 때 빈곤에 대비하고,
　　가난해져서 절약에 관한 생각을 시작할 때를 기다리지 말라.

〈增廣賢文〉에서

門 銘

(宋 呂夷簡: 979-1044)

忠以事君, 孝以養親. 寬以容衆, 謹以修身.
淸以執俗, 誠以救民. 嫌以處貴, 樂以安貧.
勤以積學, 靜以激神. 敏以給用, 直以全眞.
約以奉己, 廣以施人. 重以臨下, 恭以待賓.
貫之以道, 總之以仁. 在家爲子, 在邦爲臣.
斯言必踐, 盛德聿新. 勒銘於門, 永代書紳

《佛光教科書》

DOOR EMBLEM

Serve the [1]monarch with loyalty.

Serve your parents with filial piety.

[2]Embrace the community with [3]magnanimity,

Discipline yourself carefully.

Follow the rules with clear behavior.

Lead people with sincerity.

Treat your precious people with [4]modesty,

   treat the poor with joy.

Promote learning with hard work,

   clean your mind with [5]tranquility.

Give it to the people cheerfully as needed,

   express your sincerity with honesty.

Maintain your respect by training.

Give it to others with [6]infinite [7]generosity.

Rule the ego [8]solemnly.

Be respectful to the guests.

Follow your principles consistently.

Lead others with [9]benevolence.

Be a son at home and an administrator for the country.

If you decide to realize the [10]admonitions to improve your virtue, engrave them on the door, not on the door frame, and leave them permanently.

1) monarch[mάnərk/mɔ́n-]; n. 군주, 주권자, 제왕. 최고 지배자, 왕자, 거물.

2) embrace[embréis]: vt. 얼싸안다, 둘러싸다. 품다, 포함하다. 맞이하다, 환영하다; (기회를) 붙잡다, 직업에 종사하다; 채택하다, 신봉하다(adopt). 바라보다; 보고 알아채다, 깨닫다.

3) magnanimity[mæ̀gnəníməti]: n. 도량, 아량, 너그러움; 배짱이 큼; (pl.) 관대한 행위.

4) modesty[mάdisti]: n. 겸손, 조심성; 겸양, 수줍음; 정숙, 얌전함. 수수함, 검소, 중용.

5) tranquility[træŋkwíləti]: n. 평정, 평온, 평안, 침착.

6) infinite[ínfənit]: a. 무한한, 무수한, 한량없는. 막대한, 끝없는. 무한의. n. 무한; 무한대(大). 조물주, 신(God).

7) generosity[dʒènərάsəti]: n. 활수(滑手), 협협함. 관대, 아량; 고결. 관대한 행위. 큼, 풍부함.

8) solemn[sάləmli]: a. 엄숙한, 근엄한. 장엄한, 장중한. 엄연한, 중대한.진지한, 성실한, 젠체하는,정식(正式)의.

9) benevolence[bənévələns]: n. 자비심, 박애; 선행, 자선

10) admonitions[ǽdməníʃən]: n. 훈계; 권고, 충고; 경고.

문 위 표장(標章)

(송 여이간: 979-1044)

충성으로 군주에 섬기라.
효심으로 부모를 섬기라.
포용으로 공동체를 받아들이라,
자신을 신중하게 수양하라.
명쾌한 행동으로 규칙을 따르라.
성실하게 사람들을 지도하라.
겸손하게 귀한 사람들을 대하고,
즐거운 마음으로 가난한 사람을 대하라.
근면하게 배움을 증진하고,
　평온함으로 마음을 깨끗이 하라.
필요에 따라 경쾌하게 사람들에게 주라,
정직으로 성실함을 표하라.
수련으로 자신의 존경을 유지하라.
무한한 관대함으로 다른 사람에게 베풀라.
엄숙하게 자아를 지배하라.
손님에게 정중히 대하라.
자신의 원칙을 일관성 있게 따르라.
남들을 인(仁)으로 인도하라.

집에서는 아들이 되고 나라를 위해서는 행정관이 되라.
미덕을 향상하기 위해서 훈계를 깨닫기로 했으면 이 훈계들을 문틀이 아닌 문 위에 새겨 영구히 남겨라.

〈불광교과서〉에서

宇宙空來更有誰

(宋 雪竇重顯: 980-1052)

對揚深愛老俱胝, 宇宙空來更有誰?
曾向滄溟下浮木, 夜濤相共接盲龜.

《禪宗頌古聯珠通集》

WHAT ELSE ARE THERE IN THE UNIVERSE BUT EMPTINESS?

Old Juzhi liked to point with one finger.
Is there anything else in the universe other than a emptiness?
One day he threw a piece of wood into the great ocean,
In the darkness, the waves carried it to blind sea turtle.

우주에는 공(空) 외에 무엇이 있는가?

(송 설보중현: 980-1052)

늙은 구제(俱胝)는 한 손가락으로 가리키는 것을 좋아했다.
우주에는 공(空) 말고 다른 것도 있는가?
언젠가 그는 큰 바다에 나무 한 조각을 던졌다.
어둠 속에서 파도는 그 나뭇조각을 눈먼 바다거북에게 날랐다.

〈선종송고연주통집〉에서

雨霖鈴

(宋 柳永: 987-1053)

寒蟬樓切, 對長亭晚, 驟雨初歇. 都
門帳飲無緒, 方留戀處、蘭舟催發.
執手相看淚眼, 意無語凝噎. 念去去,
千里煙波, 幕靄沉沉楚天闊.

多情自古傷離別, 更那堪、冷落清秋節.

今宵酒醒何處, 楊柳岸、曉風殘月.

此去經年, 應是良辰好景虛設.

便縱有, 千種風情, 更與何人說.

《全宋詞》

[1)]TUNE OF FALLING RAIN

When the [2)]cicadas were making bitter and sad [3)]humming sounds,
   we went to the pavilion late in the evening.
The sudden downpour slows down and stops.

Under a tent built outside the gate,
   no one was in the mood for a drink.
Though [4)]reluctant to leave,
   the [5)]magnolia boat was hurrying along the voyage.

Holding hands,
   looking at each other's tearful eyes,
   our silent words choke me up.
Thinking of leaving,
   away along a thousand mile of foggy waterways,
   even though the evening haze was thick,
   the southern sky was vast.
This romance is a long, painful [6)]breakup,
   let's not talk about this cold, lonely autumn.

Where am I going to wake up after this night?
It's probably the banks of the willow,
A breezy place under the setting moon in the morning,

it shall be years after this breakup.

In the meantime,
  good times and pleasant sights will be wasted.
No matter how many emotions I have in my heart,
  who can I ⁷⁾confide in?

1) tune[tjuːn]: n 곡, 멜로디, 가곡, 장단, 조화, 일치. 동조(同調). 억양, 성조(聲調). 음질, 기분.
   vt.: …의 가락을 맞추다, 조율하다, (통신) (회로를) 동조시키다, …에 파장을 맞추다.
2) cicada[sikéidə]: n. 매미.
3) humming[hʌ́miŋ]; a. 윙윙거리는; 콧노래를 부르는. 원기 왕성한, 독한. n. 윙윙소리; 콧노래(부르기).
4) reluctant[rilʌ́ktənt]; a. 마음 내키지 않는(unwilling), 꺼리는, 마지못해서 하는.
5) magnolia[mægnóuliə]: n.목련·백목련 따위 목련속(屬)의 꽃나무
6) breakup: n. 붕괴, 와해; 분리, 해체; 별거, 파탄, 불화, 이별. 쇠약; 비탄에 빠짐.
7) confide[kənfáid]: vt. 털어놓다. 위탁하다, 맡기다. vi. 신용하다, 신뢰하다. 비밀을 털어놓다《in》.

낙우(落雨)의 곡

(송 유영: 987-1053)

매미가 쓰리고 슬픈 맴맴맴 소리를 내고 있을 때,
  우리는 저녁 늦게 정자에 갔다.
갑자기 쏟아진 폭우는 주춤하다가 멈춘다.

성문 밖에 세워진 천막 아래서,
  아무도 술 마실 기분이 아니었다.
떠나는 아쉬움 속에,
  목련 선이 항해를 서두르고 있었다.

손을 잡고,
  눈물 어린 눈을 서로 바라보며,
  가만히 하는 대화에 목이 멘다.

떠나야 할 생각을 하니,
  안개 낀 수만 리 물길 따라,
  저녁 연무가 두꺼웠지만,
  남쪽 하늘은 광활했다.
이런 낭만은 긴 아픈 이별이어서,
  이 춥고 외로운 가을을 말하지 말자.

이 밤이 지나면 어디서 깨어날 것인가?
아마 버드나무 강둑이겠지,
아침에 지는 달 아래 산들바람 부는 곳.
  이 이별 후에 몇 년 만에 만날 것인가.

그동안,
  좋은 시간이나 즐거운 광경은 허비되겠지.
내 마음속에 무수한 정서가 있더라도
  누구에게 털어놓을 수 있단 말인가?

〈전송사〉에서

岳陽樓記

(宋 范仲流: 989-1052)

不以物喜, 不以己悲, 居廟堂之高, 則憂其民;
處江湖之遠, 則憂其君.
是進亦憂. 退亦憂; 然則何時而樂나?
其必曰
「先天下之憂而憂, 後天下之樂而樂乎!」

《范文㸦集》

YUEYANG [1]PAVILION

Don't feel pleasure in the material.
Don't show yourself pity.

Occupy of the palace hall worry about their people,
   residents of remote areas worry about the ruler.

Progress is the cause of suffering,
   retreat causes concern as well,
   when exactly will the moment of happiness come?

At that time, you are able to
   when one's best interests can relate to national affairs,
   and it's time to put your last goal in your own enjoyment.

악양루(岳陽樓)

(송 범중엄: 989-1052)

물질적인 것에 즐거움을 느끼지 말라.
자신을 불쌍히 표출하지 말라.

궁전을 점유하는 자들은 자신들의 백성을 염려하고,
   외진 지역의 거주자는 통치자를 걱정하라.

진보는 고생의 원인이고.
   후퇴도 마찬가지로 걱정을 야기하는데,
   정확히 행복의 순간은 언제 올 것인가?

그때, 그대가 할 수 있는 일은,
   자신의 최고 관심이 나랏일과 관련할 수 있을 때,

그리고 자신의 최종 목표를 자신의 즐거움에 놓을 때이다.

〈범문정〉 집에서

浣溪沙

(宋 晏殊: 991-1055)

一曲新詞酒一杯, 去年天氣舊亭臺, 夕陽西下幾時回?
無可奈何花落去, 似曾相似燕歸來, 小園香徑獨徘徊.
一向年光有限身, 等閑離別易鎖魂, 酒筵歌席莫辭頻.
滿月山河空念遠, 落花風雨更傷春, 不如憐取眼前人.

STREAM WASHING SAND

Every time I sang a new song, I had another drink.
The weather is nice, as in the old pavilion last year.
When will the sun return once in the West it sets?
A falling flower has no choice but to watch.
Sparrows that look like family returned home.
Lingering home along the path of the fragrant garden.

Holding on to the limited days of this short life,
　frequent parting can easily melt our souls.
Do not reject the banquet and songs.
Distant mountains and rivers remember the gone.
Nothing hurts spring more than fallen flowers and storms.
It's better to appreciate what's in front of you.

시냇물에 시름을 씻다.

(송 안수: 991-1055)

새로운 노래를 부를 때마다 나는 또 한 잔의 술을 마셨다.
작년의 옛 정자에서처럼 날씨가 좋다.
서쪽으로 진 해는 언제 돌아올 것인가?
지는 꽃은 지켜보는 수밖에 없다.
가족처럼 보이는 참새들이 집에 돌아왔다.
향기로운 정원의 길을 따라 어슬렁어슬렁 집에 돌아온다.

이 짧은 생의 한정된 날들을 붙들고,
   잦은 이별은 우리의 영혼을 쉽게 녹일 수 있다.
잔치와 노래를 거부하지 말라.
먼 산과 강은 가버린 자를 추억한다.
떨어진 꽃과 폭풍보다 봄을 더 아프게 하는 것은 없다.
눈앞에 있는 것들의 진가를 알아보는 것이 더 좋다.

歐陽修詞選
玉樓春

(宋 歌陽修: 1007-1072)

尊前擬把歸期說, 未語春容先慘咽
人生自是有情癡, 此恨不關風與月.
離歌且莫翻新闋, 一曲能教腸寸結
直須看盡洛城花, 始共春風容易別.

SELECTION BY OUYANG XIU
SPRING IN THE JADE PAVILION

Making a time appointment to come back to the feast,

words choke in tears, a sad pretty face was drowned.
Fever of love is a natural part of life,
　regret is never caused by the wind or the moon.
You don't need another song before you break up.
One song is enough to break our hearts.
We need to finish watching the flowers of Luoyang,
　before saying airy goodbye to the spring breeze.

구양수(歐陽修)에서 선정
옥루정(玉樓亭)의 봄

(송 구양수: 1007-1072)

잔칫상에 돌아올 시간약속을 하려는데,
　눈물에 말문이 막히고 서글픈 고운 얼굴은 물에 잠겼네.
사랑의 열병은 인생의 자연스러운 부분일진대,
　후회는 결코 바람이나 달로 인해 생기는 것은 아닐지니,
헤어지기 전에 다른 노래는 필요하지 않다.
노래 한 곡이면 우리 마음을 아프게 하는데 충분하다.
우리는 뤄양(洛陽)의 꽃구경을 끝내야 한다.
　봄바람에 헤어지는 공허한 작별 인사를 하기 전에.

心術

(宋 蘇洵: 1009-1066)

爲將之道, 當先治心. 泰山崩於前而色不變,
麋鹿興於左而目不瞬: 然後可以制利害, 可以待敵.
夫惟養技而自愛者, 無敵於天下.
一忍可以支百男, 一靜可以制百動

《嘉祐集》

STRATEGIC [1]PSYCHOLOGY

The general's path starts
   with regulating one's mind.
His expression
   is not changed even if Taesan collapses in front of him.
His eyes are not shaken.
   even when a strange deer appears on the left.
So he can deal with the pros and cons,
   then is ready to confront the enemy.
Only about honing your skills with an unspoiled will
   it is unrivalled.
A moment of patience
   can compete with a hundred kinds of valor.
A moment of silence
   can overcome the agitation of the activity.

1) psychology[saikάlədʒi]: n. 심리학. 심리 (상태). 심리학의 논문.

전략적 심리학

(송 소순: 1009-1066)

장군의 길은
   자신의 마음을 규율하는 데서 시작된다.
장군의 표정은
   자기 앞에 태산이 무너져도 변하지 않는다.
장군의 시선은
   왼쪽에 이상한 사슴이 나타날 때조차도 흔들리지 않는다.
그래서 장군은 찬반양론을 처리할 수 있고,
   적과 대적할 준비가 되어있는 것이다.
때 묻지 않은 의지로 자신의 솜씨를 연마하는 것만이

타의 추종을 불허한다.

인내의 한순간은

  백 가지의 용맹과 맞설 수 있다.

침묵의 순간

  활동의 동요를 극복할 수 있다.

〈가우집〉에서

心安吟

(宋 邵雍: 1011-1077)

心安身自安, 身安室自第: 心與身俱安, 何事能相干?
誰謂一身小? 其安若泰山; 誰謂一室小? 實如天地間.

《擊壤集》

A PEACEFUL MELODY

When one's heart is at peace
  the body is naturally peaceful.
When your body is at peace,
  the room will also be peaceful.
When both your mind and body are at peace,
  what can worry you?
Who says the body is small?
  once peaceful, something as [1]majestic as Mount Tai.
Who is to say the room is small?
  it is as vast as it is between heaven and earth.

1) majestic[mədʒéstik]: a 장엄한, 위엄 있는(dignified), 웅대한, 당당한.

태평가

(송 소옹: 1011-1077)

마음이 평안할 때
　몸은 자연스레 평화롭다.
몸이 평화로우면,
　방이 또한 평화롭게 될 것이다.
마음과 몸이 모두 평화로우면,
　그 무엇이 그대를 걱정시킬 수 있나?
누가 몸이 작다고 말하는가?
　한번 평화로우면, 태산(泰山)만큼이나 장엄한 것을.
누가 방이 작다고 말하는가?
　그 방은 하늘과 땅 사이의 만큼 광대한 것을.

〈격회집〉에서

養心歌

得歲月, 延歲月, 得歡悅, 且歡悅: 萬事乘除總在天, 何必愁腸千萬結.
放心寬, 莫量窄, 古今與廢如眉列; 金谷繁華眼底塵, 淮陰事業錄頭血.
陶潛籬畔菊花黃, 范蠡湖邊蘆絮白: 臨潼會上膽氣雄, 丹陽縣裡簫聲絶.
逍遙且學聖賢心, 到此方知滋味別: 粗衣淡飯足家常, 養得浮生一世拙.

《邵免夫先生詩全集》

THE SONG OF IMPROVING THE HEART

Every year that year passes, life is extended by a year, every time that it is enjoyable, the joy doubles. The rise and fall of life always depends on the will of heaven, so why is it [1]tangled with countless worries?

Expand your mind and never reduce tolerance. Success and failure are countless over time. Wealth and prosperity are only a stain on the eye, Marquis of Huaiyin eventually made his blood bleed on the blade.

Tao Qian(poet of Dongjin during the Six Dynasties of China), sits next to a fence and enjoys the yellow [2]chrysanthemums, while Fan Li stays next to a silver reed flower on the riverbank. Heroism was evidenced in Lintong, whose flute melody was silent in the chrysanthemum flowers of Danyang County.

For tranquility, we must obtain inspiration from the sage's soul and then taste the difference. If rough clothing and smooth food are enough to satisfy your daily needs, you must prepare for a humble life.

1) tangled[tǽŋɡəl]: vt.: 엉키게 하다, 꼬이게 하다, 혼란시키다. 빠뜨리다, 올가미에 걸려들게 하다 n.: 엉킴, 얽힘.
2) chrysanthemum[krisǽnθəməm]: n. 국화; 국화속(屬).

마음을 닦는 노래

한 해가 지나갈 때마다 인생은 한 해 연장되고, 즐거울 때마다 그 기쁨은 배가 된다. 삶의 흥망성쇠는 언제나 하늘의 뜻(因果)에 달려 있는데, 왜 무수한 걱정으로 뒤엉키는가?

자신의 마음을 넓히고 관용을 절대 줄이지 말라. 시간이 지나면서 성공과 실패는 셀 수 없이 많기 때문이다. 부와 번영은 눈에 티끌일 뿐, 회음(淮阴) 후작의 노력은 결국 칼날에 자신의 피를 흘리게 했다.

도잠(陶潛: 중국 육조시대의 동진의 시인, 호는 연명)은 울타리 옆에 앉아서 노란 국화를 즐기는데, 범려(范蠡: 춘추 때의 사람)는 강둑의 은빛 갈대꽃 옆에 머물렀다. 영웅심은 린퉁(중국 산시성의 지명)에서 입증되었는데, 피리의 선율은 단양 현의 국화꽃에서 침묵했다.

평온을 위해서는 현자의 영혼으로부터 영감을 얻어야 하고 비로소 그 차이를 맛보게 된다. 거친 옷과 원만한 음식이 자신의 일상적인 필요를 충족시키기에 충분하다면, 겸손한 삶을 대비해야 한다.

〈소요부 선생 시 전집〉에서

愛蓮說

(宋 周敦頤: 1017-1073)

愛蓮之出淤泥而不染, 濯淸蓮而不妖

中通外直, 不蔓不枝, 香遠益淸,

亭亭靜植, 可遠觀而不可褻翫焉.

LOVE OF LOTUSES

I like lotus flowers that have risen without being contaminated by mud, and dance in clear [1]ripples without falling into temptation. The stems of them are hollow, but they stand upright and bloom only in an intensive way without [2]infringing on each other. The refreshing and universal scent of them, its upright posture, and calmness, you shouldn't play with such things, but just appreciate them from afar.

1) ripple[rípəl]; n. 잔물결, 파문. 곱슬곱슬함. 웨이브. 소곤거림. 작은 여울. vi.잔물결이 일다

2) infringe[infríndʒ] vt. (법규를) 어기다, 범하다; (규정에) 위반하다; (권리를) 침해하다.

연꽃 사랑

(송 주돈두: 1017-1073)

나는 진흙에 오염되지 않고 솟아 나온 연꽃을, 유혹에 빠지지 않고 맑은 잔물결에서 춤을 추는 연꽃을 좋아한다. 연꽃의 줄기는 속이 비어 있지만, 똑바로 서서 서로를 침해하지 않고 집중적인 방식만으로 꽃이 핀다. 연꽃의 상쾌하고 보편적인 향기 그리고 꼿꼿한 자세와 고요함. 그러한 것을 가지고 놀아서는 안 되고 멀리 떨어져 감상만 하는 것이다.

讚蓮

陸上百花競芬芳, 碧水潭泮默默香;

不與桃李爭春風, 七月流火送清凉.

《周元公集》

PRAISES TO LOTUSES

While flowers on land
　　contend for beauty and [1]glamour,
Lotus flower quietly spread their scents
　　on the [2]cyan waters of the pond.
They do not [3]vie with peach blossoms and plums
　　for the spring wind,
But it gives coolness to the flow of summer heat.

1) glamour[glǽmər]: n.. 황홀하게 만드는 매력, (시 따위의) 신비적인 아름다움, 마력. vt.: 매혹하다, 호리다.
2) cyan[sáiæn]: n., a. 청록(색의). n, a.: 청록(색의).
3) vie[vai]: vi. : 경쟁하다, 겨루다, 다투다

연꽃에 대한 찬미

육상의 꽃들이
　　아름다움과 매력을 다투고 있을 때,
연꽃은 연못의 청록색 물에서
　　조용히 향기를 퍼뜨린다.
연꽃들은 봄바람에 복숭아꽃과 홍매화 꽃과
　　경쟁하지 않으며,
단지, 여름 더위의 흐름에 시원함을 준다.

〈주원공집〉에서

司馬溫公家訓

(宋 司馬光: 1019-1086)

積金以遺子孫, 子孫未必守 積書以遺子孫, 子孫未必讀.
不如積陰德於冥冥之間, 爲子孫長久之計.
此先賢之格言, 乃後人之龜鑑.

《古今圖書集成》

TEACHING OF SIMA GUANG FAMILY

Pile up gold for the sake of your descendants.
  then they might not save it.
Pile up books for your descendants,
  then they might not might not read it.
In this life, privately accumulating merit
  can be better for your descendants.
Make a long-term plan for your descendants.
This is an ancient sage [1]adage.
So leave [2]a paragon for your descendants to think about.

1) adage[ǽdidʒ]: n. 격언, 금언; 속담.

2) paragon[pǽrəgɑ̀n]: n. 모범, 본보기, 전형(典型), 귀감, 걸물(傑物), 절세의 미인. 패러건 활자《20포인트》.
   vt. 비교하다, …에 필적하다;《고어》…보다 낫다.《고어》모범으로 삼다.

사마온 가(司馬溫 家)의 가르침

(송 사마광: 1019-1086)

자손을 위해서 금을 쌓아두라.
  그러면 자손들은 그것을 저축하지 않을지도 모른다.
당신의 자손을 위해 책을 쌓아두라,
  그러면 후손들은 그것을 읽지 않을 수도 있다.
이 생에서 사적으로 가치를 축적하는 것이

후손들에게 더 좋을 수 있다.
후손들을 위한 장기간의 계획을 세우라.
이것은 고대 현자들의 격언이다.
그래서 후대가 생각할 귀감을 남기라.

〈고금도서집성〉에서

爲天地立心

(宋 張載: 1020-1077)

爲天地立地, 爲生民立命,
爲往聖繼絶學, 爲萬世開太平.

《長子全書》

DEDICATE YOUR MIND TO HEAVEN AND EARTH

Dedicate your heart to heaven and earth.
Dedicate your life to the people.
Follow the wisdom of the wise.
Create peace for all generations.

당신의 마음을 천하에 바치라

(송 장재: 1020-1077)

당신의 마음을 천하에 바치라.
당신의 삶을 사람들에게 바치라.
현자들의 지혜를 따르라.
만대를 위해서 평화를 창조하라.

〈장자전집〉에서

春日偶成

(宋 程顥: 1032-1085)

雲淡風輕近午天, 傍花隨柳過前川
時人不識余心樂, 將謂徐問學少年.

SPRINGTIME OCCASIONALLY COMES

Thin clouds and light breezes, and nearing noon,
 I cross the river bank surrounded by flowers and willow trees
 the passers-by who saw me do not know my true joy,
 they only think I'm wasting my youth.

우연히 오는 봄

(송 정호: 1032-1085)

옅은 구름과 산들바람에 정오는 가까워져 오고,
 꽃과 버드나무로 둘러싸인 강기슭을 가로질러 가는
 나를 본 행인들은 나의 진정한 기쁨을 모르고,
 젊음을 헛되이 보낸다고만 생각하더라.

程願四藏

(宋 程頤: 1033-1107)

言箴: 人心之動, 因言以宣, 吉凶榮辱, 惟其所召.
視箴: 心兮本虛, 應物無跡, 制之於外, 以安其內.
聽箴: 閑邪存誠, 非禮切聽.
動箴: 順理則裕, 從欲惟危, 造次充念, 戰兢自持.

CHENG YI'S FOUR ADMONITIONS

When speaking
Words causes the human mind to agitate, whether good or bad, honorable or dishonorable. everything is determined by them,

When you look at it
Since the mind is empty by nature, only traces are visible when reflecting things, see the outside and practice self-discipline in order to maintain inner peace.

When listening
Prevent unhealthy behavior, remain honest, and do not hear anything inappropriate.

When acting
According to validity, the person will develop, and according to desire, dangerous things will happen. Hasty behavior and such thoughts must be restrained, trained and handled on their own.

정신(程頤)의 네 가지 훈계

(송 정신: 1033-1107)

말할 때
말은 사람의 마음을 동요하게 하는 원인으로 좋든 나쁘든, 명예롭든 불명예스럽든 간에 모든 것이 그로 인해 결정된다.

볼 때
마음은 원래 비어 있어서 단지 사물을 반영할 때 흔적만 보이는 것이므로, 내적 평화를 유지하기 위해서는 외적인 것을 보고 자기 수양을 실행하라.

들을 때
불건전한 행위를 예방하고 정직을 유지하며 부적절한 것을 듣지 말라.

행동할 때

타당성을 따르면 그 사람은 발전할 것이고, 욕망을 따르면 위험한 일이 발생한다. 성급한 행동과 그러한 생각은 억제해야 하고 스스로 훈련하고 신중히 처리해야 한다.

〈이정문집〉에서

大學

(宋 程顥: 1032-1085)、程頤: 1033-1107)、朱熹: 1130-1200) 等編

大學之道, 在明明德, 在親民, 在止於至善.

知止而後有定, 定而後能靜, 靜而後能安, 安而後能慮, 慮而後能得.

物有本末, 事有終始, 知所先後, 則近道矣.

古之欲明明德於天下者, 欲治其國, 欲治其國者, 先齊其家; 欲齊其家者, 先修其身, 欲修其身者,

先正其心; 欲正其心者, 先誠其意; 欲誠其意者, 先致其知, 致知在格物.

物格而後知至, 知至而後意誠, 意誠而後心正. 心正而後身修, 身修而後家齊, 家齊而後國治,

國治而後天下平. 自天子以至於庶人, 壹是皆以修身爲本. 其本亂而末治者, 否矣.

其所厚者薄, 而其所薄者厚, 未之有也. 此謂知本, 此謂知之至也.

所謂誠其意者, 毋自欺也. 如惡惡臭, 如好好色, 此之謂自謙. 故君子必慎其獨也.

《大學》

GREAT LEARNING

What Great Learning teaches is to reform the people with outstanding virtues so that they can live the most right. When the point to stop is known, the goal to be pursued is decided then, and if you decide so, you can achieve calmness calmly without agitation. In such calmness, you are able to think carefully and obtain the result of desire through such consideration. Things have their roots and branches. Work has its beginning and end. Educating people to know what comes first and what ends is closer to teaching at Great Learning.

The old people, who wanted to show outstanding virtue throughout the country, first ruled the country well.

They wanted to govern their country well, so they first controlled their families. They wanted to develop their individuality, so they corrected their minds first. They wanted to correct their minds, so they first sought the authenticity of their thoughts. They wanted to be [1]authentic in their thoughts, so they first expanded their knowledge to the fullest. This expansion of knowledge lies in verifying things.

Knowledge is completed from what has been verified.

Their complete knowledge made their ideas true.

Their thoughts became true and their hearts were purified.

Their minds were purified and their individuality was [2]nurtured.

Their individuality grew and controlled their families.

Their families were controlled, and local governments were properly governed. The country where local governments have been properly governed has become peaceful and happy. Everyone from heaven to the people should consider the cultivation of individuality and the roots of everything else. If a root is neglected, what rises from the root cannot be well organized. There has never been the case that what was of great importance has been slightly cared for, and, at the same time, that what was of slight importance has been greatly cared for.

"Thinking truthfully" does not allow us to self-deceit, like we dislike stink and love beautiful things. This is called self-delight. So a sage must be wary of himself when he is alone.

1) authentic[ɔːθéntik]: a. 믿을 만한, 확실한, 근거가 있는. 진정한, 진짜의. 인증된.
2) nurture[nə́ːrtʃər]: n. 양육; 양성, 훈육, 교육; 영양(물), 음식. vt. 양육하다; 가르쳐 길들이다, 교육하다.

대학(大學)

(송 정호: 1032-1085, 정신: 1033-1107, 주희: 1130-1200)

대학(Great Learning)이 가르치는 것은 탁월한 덕목으로 백성들을 개혁하여 가장 올바르게 살도록 하기 위한 것이다. 멈춰서야 할 지점이 알려지면 추구하는 목표를 그때 결정하고, 그렇게 결정하면 동요 없이 차분하게 평정을 성취할 수 있다. 그러한 차분함 속에서 신중한 생각을 할 수 있고 그렇게 심사숙고해서 욕망하는 결과를 얻을 수 있었다. 사물에는 그 뿌리와 가지가 있다. 일에는 시작과 끝이 있다. 무엇이 먼저이고 무엇이 끝인지를 알도록 교육하는 것이 대학에서 가르치는 것에 가깝다.

전국에 걸쳐 뛰어난 덕행을 보여주고자 했던 옛사람들은 먼저 나라를 잘 통치했다.

자신들의 나라를 잘 다스리기 원해서 먼저 자신들의 가족을 통제했다. 그들의 개성을 기르기 원해서 그들의 마음을 먼저 교정했다.

그들은 마음을 교정하길 원해서 먼저 그들 생각의 진정성을 추구하였다.

생각에 진정성을 갖기 원해서 그들은 먼저 그들의 지식을 최대한 확장했다. 이러한 지식의 확장은 사물을 검증하는 데 있다.

검증된 것에서 지식이 완성된다.

그들의 완성된 지식으로 사상이 진실하게 되었다.

그들의 생각이 진실해졌고 그들 마음은 정화되었다.

그들의 마음이 정화되고 그들의 개성이 길러졌다.

그들의 개성이 길러져서 그들의 가족을 통제하였다.

그들의 가족은 통제를 받아서 지방정부는 올바르게 통치되었다.

지방정부가 올바로 통치되어 온 나라가 평온하고 행복하게 되었다. 천자(天子)로부터 백성들까지 모두는 개성의 함양과 그 밖의 모든 것의 뿌리를 고려해야 한다.

뿌리를 소홀히 하면 뿌리에서 솟아나는 것이 잘 정리될 수가 없다. 아주 중요한 것을 조금만 보살피고 동시에 사소한 것을 크게 보살핀 경우는 결코 없었다.

"진실한 사고를 한다."라는 것은 우리가 악취를 싫어하고 아름다운 것을 사랑하는 것과 같은 자기기만을 허용하지 않는다. 이를 자기희락이라고 한다. 그러므로 현자는 혼자 있을 때 자신을 경계해야 한다.

〈대학〉에서

蘇東被禪詩
夜來揭

(宋 蘇軾: 1036-1101)

溪聲盡是廣長舌, 山色無非淸淨身
夜來八萬四千揭, 他日如何擧似人?

CHAN POEMS OF SU DONGPO
VERSE OF NIGHTFALL

The stream flowing with a murmur is wide and long tongue,
  a [1]scenic mountain are nothing but the pure body,
  nightfall brings eighty-four thousand [2]gathas.
In days ahead, how to present them to others?

1) scenic[síːnik]: a. 경치의; 무대의, 배경의; 극적인, 그림 같은, 생생한. n.풍경화, 풍경 사진.
2) gatha: n. 게(偈), 승려(僧侶)의 귀글(두 마디가 한 덩이씩 되게 지은 글).

소동파(蘇東坡)의 선시(禪詩)
황혼의 게(偈)

(송 소식: 1036-1101)

졸졸 소리 내며 흐르는 개천은 넓고 긴 혀이고.
  경치 좋은 산은 단지 몸통일 뿐.
  석양이 8만 4천 개의 게(偈)를 가져오네.
앞으로 어떻게 사람들에게 게를 선물할 것인가?

觀潮

廬山煙雨浙江潮, 未到千般恨不消
到得原來無別事, 廬山煙雨浙江潮.

WATCHING THE TIDE

The [1]drizzle of Mountain Lu, the tide in Zhejiang,
  indeed, without the tide, a thousand drizzle will [2]linger there.

When you finally reach it, everything seems meaningless,

    the drizzle of Mount Lu becomes the tide of in Zhejiang river.

1) drizzle[drízl]: n. 이슬비, 보슬비, 가랑비; vi. 이슬비가 내리다. vt., 잔 물방울로 적시다.
2) linger[líŋɡər]: vi.: 오래 머무르다, 남다, 시간이 걸리다, 우물쭈물 망설이다, 어슬렁거리다.

관조(觀潮)

려산(廬山)의 이슬비, 절강(浙江)의 조수,

    실로 조수가 없었다면 천 명의 원한이 거기에 머물 것을.

마침내 도달하면 모든 것이 무의미한 것처럼 보이지만,

    려산(廬山)의 이슬비는 여전히 절강의 조수가 된다.

題西林壁

橫看成嶺側成峰, 遠近高低各不同

不識廬山眞面目, 척緣身在此山中.

A WALL INSCRIPTION IN XILIN TEMPLE

Looking across, there's a mountain 1)ridge,

    and if looking at it from the side, there's a peak,

    if looking at it, it's far, close, high, and low,

    one fails to see Mount Lu's real face,

    all only because right inside Lu he is placed.

1) ridge[ridʒ]: n. 산마루, 산등성이; 능선; 융기; (파도의) 물마루, 이랑; 콧대. 두둑, 용마루.
    vt. …에 용마루를 만들어 대다; 이랑을 만들다. 두둑에 심다.

서림사(西林寺) 벽의 명문(銘文)

가로질러보면 산등선이,
　옆에서 보면 봉오리가,
　바라보면 멀고 가깝고 높고 낮은데,
　자기가 있는 산 안의 바른쪽에 있으니,
　려산의 진짜 얼굴을 보지 못하네.

題沈君琴

若言琴上有琴聲, 放在匣中何不鳴?
若言聲在指頭上, 何不於君指上聽?

《東技詩集》

THE SOUND OF ZITHER

The sound of the zither comes from the instrument itself, but why doesn't it make a sound when I put it in my instrument house?

If the sound of zither comes from your fingers, why don't you just listen to the sound of your fingers?

양금(洋琴) 소리

양금 소리가 악기 자체에서 나오는데 악기 집에 넣을 때는 왜 소리가 나지 않는가?

양금 소리가 손가락에서 나온다면 손가락의 소리만 듣는 게 어떤가?

〈동파시집〉에서

元夕

去年元夜時, 花市燈如晝; 月上柳梢頭, 人約黃昏後.
今年元夜時, 月與燈依舊; 不見去年人, 淚滿春衫袖.

LANTERN FESTIVAL EVE

Last year's lantern festival eve,
   the market street was as bright as day,
   when the moon hangs at the end of the willow,
   we ¹⁾rendezvoused in the dusk.
Though on this year Lantern Festival eve,
   the moon and lanterns still look similar,
   yet last year's person is out of sight,
   tears dousing the sleeve of my spring gown, I weep.

1) rendezvous[rɑːndɪvuː]: n. 만날 약속, 만남. vt. 동사 불어에서 (미리 약속 시간과 장소를 정해서) 만나다.

등불축제 전날 밤

작년 등불축제 전날 밤,
시장 거리는 대낮처럼 밝았다,
달이 버드나무의 끝에 걸려 있을 때,
우리는 황혼에 만났다.
하지만 올해 등불축제 전날 밤에,
달과 등불은 여전히 비슷해 보이고,
작년에 온 사람은 보이지 않아,
봄옷 소매를 적시며 나는 운다.

浪淘沙

把酒祝東風, 且共從容.
垂楊紫陌洛城東. 總是當時攜手處. 遊遍芳叢.
聚散苦匆匆, 此恨無窮.
今年花勝去年紅, 可惜明年花更好, 知與誰同?

《全宋詞》

WAVE WASHING SAND

Lifting the wineglass in the east wind,
　let's feel free to enjoy this time.
The willow that is crying to the east of Luo Yang
　it decorates the lavender flower path we once walked hand in hand.
Roaming across the pretty flower bend,
　painful it is to join and part in haste,
　such grief will never end.
This year's flowers bloom brighter even red,
　it's a pity that next year's flowers will be the best then,
　but who can enjoy the flowers with me by then?

모래를 씻는 파도

동풍에 술잔을 들어 올리고,
　편하게 이 시간을 즐기세.
뤄양의 동쪽에 울고 있는 버드나무는
　우리가 한때 손잡고 걸었던 라벤더 꽃길을 장식한다.
예쁜 꽃, 굽은 길을 거니느니,
　만나면 헤어지는 것은 아프고 싫다,

그런 슬픔은 결코 끝나지 않을 것이다.
올해 꽃은 더욱 붉게 빛나고,
　내년의 꽃은 그때 최고일 것이라는 것이 안타깝지만,
하지만 그때쯤이면 누가 나와 함께 그 꽃들을 즐길 수 있단 말인가?

〈전송사〉에서

記承天寺夜遊

(宋 蘇軾: 1036-1101)

元豊六年十月十二日夜, 解衣欲睡, 月色入戶, 欣然起行.
念無與爲樂者, 遂至承天寺, 尋張懷民, 懷民赤未寢, 相與步中庭.
庭下如積水空明, 水中藻荇交橫, 蓋竹相影也.
何夜無月, 何處無松相, 但少閑人如吾兩人耳.

NIGHT WALK AT CHENTIAN TEMPLE

12th October Lunar Month, Yuanfeng Era,

In the evening, I was just changing my clothes to sleep and the moonlight shone from the window, so I got up glad to go for a walk. Thinking that no one was accompanying me, I went to Chengtian Temple and met Jang Hoe-min who had not yet gone to bed, and walked in the courtyard together.

The courtyard was as bright as if a basket in water, and it seemed as water plants and flowers intersected each other. But in fact, they were the shadows of bamboo and cypress trees.

When did the moon not shine? Where are there no cypresses? But it's rare for people as relaxed as us two.

승천사(承天寺)에서 밤길 걷기

(송 소식: 103.6-1101)

음력 원풍 6년 10월 12월 밤

저녁 시간에 잠을 자려고 옷을 막 갈아입고 있는데 창문으로부터 달빛이 빛나서, 반갑게 일어나 산책에 나섰다. 동행하는 사람이 아무도 없다고 생각하면서 승천사에 가서 그 또한 아직 잠자리에 들지 않은 장회민(張懷民)을 만나 안마당을 함께 걸었다.
안마당은 마치 물속의 바구니처럼 환했고 수초와 꽃이 서로 교차하는 것 같았다. 그러나 사실 그것들은 대나무와 노송나무의 그림자였다.
달이 언제 빛나지 않을 때가 있었나? 노송나무가 없는 데가 어디지? 그러나 우리 둘처럼 여유로운 사람들은 드물다.

水調歌頭

丙辰中秋, 歡飮達旦, 大醉, 作此篇, 兼懷子由.

明月幾時有? 把酒問靑天.
不知天上宮闕, 今夕是何年?
我欲乘風歸去, 推恐瓊樓玉宇, 高處不勝寒.
起舞弄淸影, 何似在人間?
轉朱閣, 低綺戶, 照無眠.
不應有恨, 何事長向別時圓?
人有悲歡離合, 月有陰暗圓缺, 此事古難全.
但願人長久, 千里共嬋娟!

《東波詞》

WHEN DOES THE BRIGHT MOON APPEAR?

In mid-Autumn 1076, I got very drunk until sunrise. I missed my brother Ziyou and wrote this lyrics.

When does the bright moon rise?
I held a glass and asked the night sky.
Do you know, in the heavenly palace,
What year it is?

I used to go there in my own way by the wind.
But I'm afraid of the [1]carnelian tower and the jade halls.
I can't stand the cold in such a towering place.

I stand up and dance with my shadow.
What is in the human world?
The moon goes round the red chambers,
The [2]gauze windows,
   shining on the sleepless.
You should have no regret.
Why is it always full moon when we break up?

People have sorrow and joy, encounters and separations,
   the moon is bright and faint and [3]dim, and full and waning.
Nothing is perfect since ancient times.
But humans hope to live a long time.
And enjoy the beauty of the moon,
   although it's far away.

---

1) carnelian[kɑːrníːljən]: n. (광물학) 홍옥수(紅玉髓)(cornelian).

2) gauze[gɔːz]: n. 성기고 얇은 천, 사(紗), 거즈, (가는 철사로 뜬) 철망, 엷은 안개, 의식 불명[몽롱].
3) dim[dim]: a. 어둑한, 어스레한. 희미한, 칙칙한(dusky); (기억 따위가) 희미한, 둔한;

   vt. 어둑하게 하다, 흐리게 하다.

밝은 달은 언제 뜨는가?

1076년 가을중순, 해가 뜰 때까지 술을 마시고 취했다. 내 형제 지유(子由)를 그리며 이 글을 썼다.

밝은 달은 언제 뜨나?
잔을 들고 밤하늘에 물었다.
형은 알아, 천상의 궁궐(宮闕)에서,
몇 년인지?

바람을 타고 내 방식으로 그곳에 가곤 했지.
그러나 홍옥수(紅玉髓: 보석의 일종) 탑과 비치 방이 두렵다.
나는 그렇게 우뚝 솟은 곳에서 추위를 견딜 수 없다.

나는 일어서 내 그림자와 춤을 춘다.
인간 세상에는 무엇이 있는가?
달은 빨간 각(閣)을 휘돈다.
그 사창(紗窓: 사붙이나 깁으로 바른 창)은,
  잠 못 이루게 빛난다.
형은 후회할 것 없다.
헤어질 때는 왜 항상 만월인가?

사람들에게는 슬픔과 기쁨, 만남과 이별이 있고,
  달은 밝고도 희미하며 차고 진다.
예부터 완벽한 것은 없다.
하지만 인간은 오래 살 수 있기를 바란다.
그리고 달의 아름다움을 즐기라,

천 리 멀리 떨어져 있긴 하지만.

〈동파사〉에서

和子由澠池懷舊

(宋 蘇軾: 1036-1101)

人生到處知何似? 應低飛鴻踏雪泥

泥上偶然留指爪, 鴻飛那復計東西?

老僧已死成新塔, 壞壁無由見舊題

往日崎嶇還記否, 路長人困蹇驢嘶.

RECALLING MINCHI WITH MY BROTHER ZIYOU

While running everywhere, what can life be compared with?

Like a crane walking on snow,

　it might leave traces on the snow.

Can you remember east and west after the crane flew away?

The old monk died, and a new [1]stupa was built.

No trace of our poems can be found on the destroyed walls.

Do you remember the mountain path?

The road is long and the traveler is tired,

　a [2]lame donkey is crying.

1) stupa n.: (불교)사리탑, 불탑.

2) lame[leim]: a. 절름발이의, 절룩거리는. 불구의, 무능력한; 뻐근한. 불완전한, 불충분한(imperfect); 어설픈,
　 vt., vi. 절름발이(불구)로 만들다. 불완전하게 하다.

내 형제 자유(子由)와 같이 민지(澠池)를 회상하다.

(송 소식: 103.6-1101)

곳곳을 달리면서 삶을 무엇과 비교할 수 있는가?
눈 위를 걷는 학처럼,
　눈 위에 흔적을 남길 수도 있다.
학이 날아간 후에 동서를 기억할 수 있는가?
노승은 죽었고, 새 사리탑이 세워졌다.
파괴된 벽에는 시의 흔적을 찾을 수 없네.
그 산길을 기억하는가?
길은 멀고 여행자는 지쳤다,
　절름발이 당나귀가 울고 있네.

洞庭春色賦

悟此世之泡幻, 藏千里於一班
擘棗葉之有餘, 納芥子其何艱.

《東坡詩集》

【案】 人生如浮萍, 隨水飄浮不知所終; 人生也像白雲, 飄邊空中, 不知何處安住? 鴻鵠飛鳥在下雪的泥土上, 偶爾留下了爪印, 也只是短暫的一瞬, 一刹那又飛走了, 他哪裡會知道飛到何處去?

　人與人間的關係就像相逢的旅人, 偶然在途中相遇, 短管交會, 馬上又要各奔前程, 緣聚則生, 緣滅則散, 因緣法讓我們學習隨緣自適, 隨分做事, 隨理說話, 隨過而安, 隨人相處, 隨心自在.

ODE TO THE SPRING COLORS OF DONGTING LAKE

Realizing this [1]futile world like a bubble,
   the whole world is in one spot.
Picking [2]jujube leaves is not easy,
   it's harder to put the world in [3]mustard seeds.

NOTE: Life is like duckweed, floating on water, not knowing its destination. Life is like clouds, drifting on the air, not knowing its home. Swans and birds leave their footprints only temporarily on the snowy ground before flying off once again, knowing where the next stop will be.

people are like travelers, occasionally cross path in life for short moment, and then separating once again. When conditions are present, matters rise and when the conditions dispersed, matters cease to be. The Law of Dependent Origination enables us to make ever-changing conditions, to do our best in a given role, to speak in accord with principles, to settle in any given circumstance, to deal with different people accordingly, and to be at perfect ease by following our hearts.

1) futile[fjúːtl]: a. 쓸데없는, 무익한. 하찮은, 변변찮은.
2) jujube[dʒúːdʒuːb]: n. 대추나무, 대추, 대추 젤리.
3) mustard[mʌ́stərd]: n. 겨자, 머스터드, 황색, 자극, 열의, 풍미, 정열. a.: 열심인, 열의 있는, 의욕 있는, 일급의.

동정(洞庭)호 춘색(春色)에 대한 송시(訟詩)

거품 같은 허망한 이 세상을 실감하니,
   온 세상이 한 점 안에 담겼구나.
대추나무 잎을 따는 것은 수월치 않은데,
   세상을 겨자씨 안에 넣는 것이 더 어렵네.

〈동파사〉에서

주: 인생은 물에 떠도는 부평초와 같아서, 그 목적지를 알지 못한다. 삶 또한 구름과 같이 공중을 떠돌며 고향을 알지 못한다. 백조와 새들은 잠시 눈 덮인 땅에 발자국을 남기고 다시 또 날아올라 다음 내릴 곳이 어디인지 알고 있다.

사람들은 여행자 같아서, 때로는 잠시 동안 삶의 길을 건너고 다시 한번 이별을 한다. 조건(條件)이 있으면 문제가 발생하고 조건이 분산되면 문제는 끝난다. 의존적인 발생의 법칙은 우리에게 끊임없는 변화조건을 만들어 주어진 역할에 최선을 다하게 하며, 원칙에 따라 말하게 하고, 어떤 주어진 환경을 해결하게 하며, 그에 따라 다른 사람들을 다루고, 우리 마음에 따라 완벽하게 평온해지도록 하는 것이다.

定風波

(宋 蘇軾: 1036-1101)

三月七日, 沙胡道中遇雨, 雨具先去,
同行皆狼狽, 余獨不覺, 已而遂晴. 故作此詞.
莫聽穿林打葉聲, 何妨吟嘯且徐行.

竹杖芒鞋輕勝馬, 誰怕? 一簔煙雨任平生.
料峭春風吹酒醒, 微冷, 山頭斜照欲相迎.
回首向來蕭瑟處, 歸去, 也無風雨也無晴.

《東波調》

CALMING THE WIND AND WAVES

On March 7, it rained when we headed toward Shuhu. The raincoat had already been thrown away, and the traveler was in trouble. I was calm alone. Now that the weather has cleared up, I hereby write the following lyrics.

Don't listen to the wind passing by,
  nor the [1)]pitter-patter sound of leaves,
Singing out loudly
  why don't you casually [2)]stroll along the way?

With a bamboo [3)]cane and straw shoes, beats a horse easily

who's scared?
The palm shell ⁴⁾cape ⁵⁾suffices me to see a life time's misty rain.

A chilly spring breeze ⁶⁾sobers me up.
It's a little cold.
Standing at the top, the sunset greets me.

Looking back from where I came from, to the ⁷⁾desolate place,
　on the way back.
　the sky is neither stormy nor clear.

1) pitter-patter: vi. 또닥또닥 소리가 나다, (비가) 후두두 내리다, n.: 후두두(빗소리), 또닥또닥(발소리).
2) stroll[stroul]: n. 어슬렁어슬렁 거닐기, 산책; vi. 산책하다, 만보하다. 방랑하다. (배우 등이) 순회공연하다.
3) cane[kein]; n. 지팡이, 단장, 매, 회초리, 막대기. 줄기. vt. 매로 치다.
4) cape[keip]: n. 갑(岬). 케이프, 어깨 망토, 소매 없는 외투.
5) suffice[səfáis]: vi. 족하다, 충분하다. …에 충분하다, 만족시키다.
6) sobers: a. 술 취하지 않은, 침착한, 온건한, 소박한, 과장되지 않은, vt.: …의 술을 깨게 하다(up).
7) desolate[désəlit]: a. 황폐한; 황량한. 우울한, 어두운. vt. 황폐케 하다; 살지 못하게 하다, 주민을 없애다.

잔잔한 바람과 물결

(송 소식: 1036-1101)

3월 7일. 우리가 사호(沙湖)로 출발할 때 비가 내렸다. 비옷은 이미 버렸고, 여행자는 곤경에 빠졌다. 나 홀로 태연했다. 이제 날씨가 맑아졌으므로 다음과 같은 가사를 쓴다.

스쳐가는 바람 소리를 듣지 말고
　후드득-후드득하는 잎의 소리도 듣지 말라,
큰소리로 노래하며
　무심코 길을 따라 산책하는 것이 어떤가?

대나무 지팡이와 짚신으로 한가롭게 망아지를 채찍질하니,

누가 무서우랴?
야자 껍질 망토는 내 평생 안개 비 보기에 충분하네.

쌀쌀한 봄바람이 술을 깨게 하누나.
조금 추워.
정상에 서니 석양이 나를 맞이한다.

내가 온 곳으로부터 황량한 곳을 되돌아보고,
  돌아오는 길,
  하늘은 폭풍우도 없고 맑지도 않네.

〈동파사〉에서

春宵

(宋 蘇軾: 1036-1101)

春宵一刻值千金, 花有淸香月有陰
歌管樓臺聲細細, 秋千院落夜沉沉.

《東坡詩集》

SPRING NIGHT

The moment of spring night
  is worth a thousand gold.
Flowers give off sweet scents,
  and the moon is covered by clouds.
From the railing, the tune of the flute played softly,
  the night-rate of the garden gets quieter.

봄날의 밤

(송 소식: 1036-1101)

봄밤의 한순간은
　천금의 가치가 있다.
꽃은 달콤하게 향기를 내뿜고,
　그리고 달은 구름에 덮인다.
난간에서 퉁소의 가락이 부드럽게 연주되고,
　정원의 밤 음률은 더 조용해진다.

〈동파시집〉에서

寒食帖

(宋 蘇軾: 1036-1101)

自我來黃州, 已過三寒食 年年欲惜春, 春去不容惜.
今年又苦雨. 兩月秋蕭瑟 臥聞海棠花, 泥汚燕支雪.
暗中偸負去. 夜半眞有力 何殊病少年, 病起鬚巳白.
春江欲入戶, 雨勢來不巳 小屋如漁舟, 濛濛水雲裡.
空庖煮寒菜, 破灶燒濕葦 那知是寒食, 但見鳥銜紙.
君門深九重, 墳墓在萬里 也擬哭途窮, 死灰吹不起.

THE COLD-FOOD FESTIVAL

Since arriving in Huanfzhou,
　three Cold-Food Festivals have come and gone
Despite my intention to cherish spring every year,
　but the passing spring does not allow such dreams.
This year, there is once again bitter rain.
For two months like a gloomy autumn day
　lying down and smelling the scent of the [1]rugosa rose,

by muddy soil the ²⁾blushing snow is ³⁾stained.

Being stolen out in the dark,
   obviously it was a strong man in the midnight,
   what is different from a sick young man,
   after the recovery, the hair had already turned gray.

The river in spring soon flood my place,
   the ⁴⁾drenching rain never stops.
My little cabin is like a fishing boat.
Cook cold vegetables in an empty kitchen.
Burning damp reeds in a broken stove.
How did I know it was Cold-Food Festival day?
With ⁴⁾drenching bills.
   the emperor's gate is nine layers deep,
   while tombs are ten-thousand miles away,
   I would cry over having come upon the road's end.
But my heart will never shine again, like the burnt ash.

---

1) rugosa rose: n. 명사 해당화. 촘촘하게 센 털이 많은 줄기와 주름진 잎이 있으며, 붉은 열매와 흰 꽃이 핀다.
2) blushing: a. 얼굴이 붉어진, 수줍어하는; 조심성 있는. n. 얼굴을 붉힘, 부끄러워함.
3) stain[stein]: n. 더럼, 얼룩, 녹. 색소, 물감. vt. 더럽히다, 얼룩지게 하다(soil). 더럽히다.
4) drenching: n. 흠뻑 젖음. a. 흠뻑 적시는, 억수로 쏟아지는.

한식(寒食) 축제

(송 소식: 1036-1101)

황주(黃州)에 도착한 이래,
   세 번의 한식 축제를 지내 왔다.
매년 봄을 소중히 하는 나의 의도에도 불구하고,
   그러나 지나가는 봄은 그러한 꿈을 허용하지 않는다.
올해 또다시 궂은비가 내린다.
우중충한 가을날 같은 두 달간은

누워서 해당화의 향을 맡고,
진흙투성이로 인해 눈은 붉게 얼룩져 있다.
어둠 속에서 도둑맞았는데,
분명히 그것은 한밤중의 강한 남자였다,
병든 젊은이와 무엇이 다른가,
회복 후 머리털은 이미 회색으로 변했다.
봄의 강물은 내 집으로 곧 넘치고,
억수로 내리는 비는 그칠 줄 모른다.
내 작은 오두막은 낚싯배 같다.
빈 부엌에서 차가운 채소를 요리한다.
깨진 난로에 축축한 갈대를 태운다.
이날이 한식 축제 날이라는 것을 나는 어떻게 알았던가?
약탈해서 모은 지폐로,
황제의 성문은 아홉 겹이지만,
무덤은 만 리 멀리 떨어져 있고
길의 끝에 다 달을 무렵에 나는 울지도 모르겠다.
그러나 타버린 재와 같이 내 마음은 다시는 빛을 발하지 않을 것이다.

夜歸臨皋

夜飮東坡醒復醉, 歸來彷佛三更.
家童鼻息已雷鳴.
敲門都不應, 倚杖聽江聲.
長恨此身非我有, 何時忘卻營營?
夜闌風靜縠紋平.
小舟從此逝, 江海寄餘生.

《東坡詞》

NIGHT RETUNING TO LINGAO

Drunken again after waking up from that evening drink on the eastern hill, it already seemed to be midnight when I return,
My servant's thundery snoring made no one in my house answered to my knock at the door. All I could do was lean on my cane and listen to the flow of the river.
Have long resented not being the master of my body, when will I end all this endless pursuit? On a still night, the breeze stops and the ripples on the surface disappear. Let me vanish along with this boat, into the ocean, for the rest of my life I shall float.

밤에 임강(臨江)에 돌아오다.

동쪽 언덕에서 저녁 술을 마시고 깬 뒤에 다시 술에 취했다. 내가 돌아올 때는 이미 삼경인 것 같았다.
내 집안에서 하인의 천둥 같은 코 고는 소리는 내가 문을 두드리는 소리에 아무도 대답하지 않을 상황이었다. 내가 할 수 있는 일은 지팡이에 기대어 강물의 흐르는 소리를 듣는 것이 고작이었다.
이 내 몸의 주인이 아닌 것을 오랫동안 분개해 왔는데, 언제 이 끝없는 모든 추구를 끝낼 것인가? 고요한 밤에 산들바람은 멈추어 수면에 잔물결은 사라진다. 이 배와 함께 대양으로 나가 사라지자, 내 인생의 나머지 부분을 물 위에 뜬 채로.

〈동파사〉에서

焰口召請文

(宋 蘇軾: 1036-1101)

累朝帝主, 歷代候王, 九重殿闕高居, 萬里山河獨據.
西來戰艦, 千年王氣俄收 北去鑾輿, 五國冤聲未斷.
嗚呼!
杜鵑叫落桃花月, 血染技頭恨正長.

築壇拜將, 建節封候, 力移金鼎千鈞, 身作長域萬里.
霜寒豹帳, 徒勤汗馬之勞 風息狼煙, 空負攀龍之望.
嗚呼!
將軍戰馬今何在? 野草閑花滿地愁.

五殷才俊, 百郡賢良, 三年淸節爲官, 一片丹心報主.
南州北縣, 久離桑梓之鄉 海角天理, 遠喪蓬萊之島.
嗚呼!
官貶簫簫隨逝水, 離魂杳杳隔陽關.

黌門才子, 白屋書生. 採花足寺文林, 射策身遊諫院.
螢燈飛散, 三年徒用工夫 鐵硯磨穿, 十載慢施辛苦.
嗚呼!
七尺紅羅書姓字, 一杯黃土蓋文章.

江湖羈旅, 南北經商, 圖財萬里遊行, 積貨千金貿易.
風波不測, 身膏魚腹之中 途路難防, 命喪羊腸之險.
嗚呼!
滯魂北隨雲黯黯, 客魂東逐水悠悠.

懷就十月, 坐草三朝, 初欣鸞鳳和鳴, 次望熊羆叶夢.
奉恭欲唱, 吉凶只在片時 璋瓦未分, 母子皆歸長夜.
嗚呼!
花正開時遭急雨, 月當明處覆烏雲.

戎衣戰士, 臨障健兒, 紅旗影裡爭雄, 白刃叢中敵命.
鼓金初振, 霎時腹破腸芽 勝敗纔分, 遍地肢傷首碎.
嗚呼!
漠漠黃沙聞鬼哭, 茫茫白骨少人收.

《瑜伽集要焰口施食儀》

ESSAY TO [1]INVOKE YÁN · KOU*

Invoke the souls of the emperors, monarchs, and [2]marquess of successive dynasties who lived in royal palaces, and [3]monopolized over ten thousand miles of mountains and rivers to oneself.
The battle fleet from the West Jin abruptly ended its millennium of reign. The emperor sedan chairs those went towards north had yet to cease the moans of grievances from the Five Kingdoms.   Invocating

Alas! The cuckoo's mournful cry tilted the moon in the blooming season, and the tips of its branches were dyed with the blood of enduring [4]hatred.

Invoke the spirits of generals adorned on [5]ceremonial [6]altars, and the spirits of dukes, who have been appointed on the emperor's engraved orders, since who had the power to move a golden [7]tripod weighing thousands pounds and had their bodies to build the Great Wall.
They lived in tents painted with leopards in the harsh winter and [8]devoted themselves only to making a mark in the war, but when the smoke of the war was extinguished by the wind, there was no more hope of a rise in status through promotion.

Alas! Where did the general and the warhorse go? Only the grieving ground covered in grass and flowers remains.

Invoke the spirits of the talented in the five royal tombs and the virtuous and competent in the hundred [9]prefectures and those who have served in full service for three years as officials, and those who have devoted their full loyalty to serving the emperor.
They lived for a long time on their home town in the southern and northern regions and then arrived at a faraway royal palace, lived with their backs to their homes for a long time, and lost their lives on the eternal [10]legendary island of Bongrae.
Alas! The title awarded floated away like a leaf floating on the flowing water, and the

distance departed soul was divided into life and death in Yanggwan.

Invoke the spirits of those who took the exam and third-rate wanderers who passed the exam among academically born and humble students and [11]intellectuals.
Fireflies** The light was scattered and three years of hard work were wasted. The steel inkstone was worn out after 10 years of hard work.

Alas! Their names are written on a piece of seven-string silk hanging in front of their coffins, so the soil on the top of their graves covers their writings.

Invoke the spirits of traders who have resided in foreign lands everywhere, peddling goods to North and South, who have traveled countless miles for profit, and have accumulated large stocks of goods to trade.
The unpredictable storm and [12]blizzards had caused bodies to end up in fishs' stomach. The danger on this travels were difficult to guard against, running the danger of being the goat's [13]fodder.

Alas! This immovable soul followed a dark clouds to the northward, and the migrant's soul was driven to the southward, following a water full of grief.

Invoke the spirits of mothers who bore the burden pregnancy for 10 months, who sat on grass in observation for three days. In the early days of their marriage, the couple wished for harmony and a brown bear to appear in the mother's dream***.
At the time of delivery, the songs "[14]subjugation" and "respect" were about to be sung, and they were at the crossroads of life and death. Even before the [15]fetus was determined whether it was a son or a daughter, both the mother and the child arrived at the end of their lives.

Alas! The blooming flower has met the pouring rain; the bright moon has been covered by gloomy clouds.
Invoke the spirits of soldiers in military uniform on the front line and those who fought

for honor in the shadow of the Red Army flag and those who fought in the forest of sharp blades.

As the drum of the attack rung and retreated, he was [16]stabbed with a blade, causing his stomach to burst and his [17]intestines to be cut off. When the victory or defeat was decided, the battlefield was covered with severed [18]limbs and broken heads.

Alas! In the sandstorm rings the cries of ghosts; in the sea of white bones, few have been [19]retrieved and buried.

1) invoke [invóuk]: vt. (악마 따위를) 주문으로 불러내다, 기원하다, 호소하다, 실시하다.

2) marquess[mάːrkwis]: n. 후작, …후(侯); 후작의 장자의 경칭. (=MARQUIS).

3) monopoliz[mənάpəlàiz]: vt. 독점하다; …의 전매[독점]권을 얻다.

4) hatred [héitrid]: n. 증오, 원한; 혐오; 《구어》몹시 싫음; 집단적인 적의, 집단 증오.(=hate).

5) ceremonial[sèrəmóuniəl]: a. 의식의; 의례상의; 격식을 차린. 공식의(formal). n. 의식, 의례; 예식 존중.

6) altar[ɔ́ːltər]: n. 제단; 제대(祭臺); (교회의) 성찬대. 계단《건선거(乾船渠)의》. ≠alter.

7) tripod[tráipɑd/-pɔd]: n. 세발솥. 삼각대, 세 다리 걸상. 삼각가(架). 3각(脚)의.

8) devoted[divóutid]; a. 충실한, 헌신적인, 몰두[열애]하(고 있)는. 헌신하(고 있)는《to》, 애정이 깊은;

9) prefecture[príːfektʃər]: n. 도(道). 임기·관할지. 도청; 지사 관저.

10) legendary[lédʒəndèri]: a. 전설(상)의; 전설적인; 믿기 어려운, 터무니없는. n. 전설집,

11) intellectual[intəléktʃuəl]: a.지적인, 지능적인, 두뇌를 쓰는. 총명한 n. 지식인, 인텔리.

12) blizzard[blízərd]; n. 강한 눈보라. 장기간의 대풍설. (사물의) 쇄도; 돌발. 구타; 일제 사격. vi. 눈보라치다.

13) fodder[blízərd]: n. 강한 눈보라《풍설·혹한을 동반하는 폭풍》; 장기간의 대풍설. vi. 눈보라치다.

14) subjugation[sʌ̀bdʒugèiʃən]: n. Ⓤ 정복, 진압; 종속.

15) fetus[fíːtəs]: n. 태아(foetus).

16) stab[stæb]: vt. (칼 따위로) 찌르다(thrust); 꿰다(pierce), 찔러 죽이다. n. 찌르기; 찔린 상처. 중상, 험담.

17) intestine[intéstin]: a. 내부의; 국내의. n. 장(腸).

18) limb[lim]: n. 수족, 손발, 사지의 하나, 큰 가지. 돌출부; (문장의) 구(句), 절(節). 자식, 자손. 개구쟁이, 선머슴. vt.…의 사지[가지]를 자르다; 해체하다.

19) retrieved[ritríːv]: vt.만회[회수, 회복]하다. 보상[벌충]하다(atone for).

염구(焰口)*의 소청문(召請文)

(송 소식: 1036-1101)

구중궁궐에 살며 수만 리 산과 강을 독점했던 역대 왕조의 황제, 군주와 후작의 영혼을 소청(召請: 불러내서 묻다)하라.
서방에서 온 전투선단은 갑자기 천년의 통치를 끝냈다. 북방으로 간 황제의 어가는 다섯 왕국에서 불만의 신음을 끊지 못하고 있었다.

아아! 뻐꾸기의 애처로운 울음은 꽃피는 계절에 달을 기울게 했고 나뭇가지 끝은 오래된 증오의 피로 물들었다.

축제의 제단에 장식된 장군들의 영혼과, 황제의 각인된 명령문으로 임명된 제후(諸侯)는 수천 근 나가는 세 발 달린 황금 솥을 움직일 수 있는 힘과 만리장성을 쌓을 수 있는 몸을 가졌던 제후의 영혼을 소청하라.
그들은 혹독한 겨울에 표범이 그려진 천막에 살면서 전시에 공을 세우기 위해서만 매진했으나 전쟁의 연기가 바람에 의해 소멸되었을 때, 더 이상 진급을 통한 지위 상승의 희망이 없어져 버렸다.

아아! 장군과 군마는 어디로 갔는가? 들풀과 잔디와 꽃으로 덮인 슬픔에 잠긴 땅만 남아 있다.

다섯 황실의 능에서 재능 있는 사람들의 영혼과 일백 현에서 덕망 있고 유능한 사람들과 관리로 삼 년 동안 완전무결하게 봉사한 사람들과 황제를 모시는데 완전한 충성심을 바친 영혼들을 소청하라.
그들은 오랫동안 남부지방과 북부지방의 고향 땅에서 살다가 멀리 떨어진 왕궁에 도착해서 오랫동안 집을 등지고 살다가 영원한 전설적인 봉래섬에서 목숨을 잃었다.

아아! 수여된 칭호는 흐르는 물 위에 뜬 나뭇잎처럼 떠내려갔고 떠나간 영혼은 양관(陽關)에서 삶과 죽음으로 나뉘었다.

학문적으로 타고난 그리고 겸손한 학생들과 지식인들 중 시험을 치룬 사람과 시험에 통과한 3등 방랑자들의 영혼을 소청하라.
반딧불** 빛은 흩어졌고 3년간의 노력은 허비되었다. 강철같이 단단한 먹은 10년 동안 부지런히 공부한 끝에 닳아 없어졌다.

아아! 그들의 이름은 그들의 관 앞에 걸려 있는 일곱 자 비단 조각에 씌어져 그들의 무덤 꼭대기의 흙이 그들의 글을 덮는구나.

이국땅 어딘가에서 살며 남북에서 상품을 팔아 이득을 얻기 위해서 셀 수 없는 거리를 여행하면서 무역 상품을 크게 축적했던 상인들의 영혼을 소청하라.
예기치 않은 폭풍과 눈보라는 시신을 물고기의 뱃속에 들어가게 했다. 이 여행의 위험은 염소의 사료가 되는 위험을 감수하면서 그에 대해서 경계하기가 어려웠다.

아아! 이 움직이지 못하는 영혼은 어두운 구름을 따라 북쪽으로 나아갔고 이주민의 영혼은 슬픔으로 가득한 물을 따라 남방으로 쫓겨났다.

10개월 동안 임신의 짐을 지고 3일 동안 잔디 위에 앉자 지켜보고 애를 낳은 어머니의 영혼을 소청하라. 결혼 초기에 부부는 조화를 이루기를 바라며 어머니의 꿈에 갈색곰이 나타나기를 기원했다.***
분만할 때, "예속"과 "존중"이라는 노랫소리가 불리려 할 때 생사의 갈림길에 있었다. 태아가 아들인지 딸인지 결정되기도 전에 엄마와 아이는 모두 그들 삶의 끝에 도착했다.

아아! 활짝 핀 꽃이 쏟아지는 비를 만났고 밝은 달은 어두운 구름에 가려졌다.

최전선에서 군복을 입은 병사들의 영혼과 붉은 군대 깃발의 그늘에서 명예를 위해 싸우던 군인과 날카로운 칼날의 숲에서 싸운 사람들의 영혼을 소청하라.
공격의 북이 울리고 후퇴를 하는 사이에 칼날에 찔려 배가 터지고 창자가 잘려 나갔다. 승패가 결정되었을 때, 전장은 잘린 팔다리와 부러진 머리들로 덮여있었다.

아아! 모래 폭풍 속에서 유령의 울부짖음이 들린다. 백골의 바다에서 수습되어 묻힌 시신은 거의 없었다.

〈유가집요염구시식의〉에서

* 염구(焰口): 악귀의 이름
** 학자들의 가방에 대한 은유.
*** 그런 꿈은 아들을 낳는 예몽.

名殊體不殊

(宋 黃庭堅: 1045-1105)

我肉求生肉, 名殊體不殊, 原同一種性, 只是別形軀
苦惱從他受, 甘肥爲我須, 莫教閻老判, 自端看何如?

《永覺元賢禪師廣錄》

DIFFERENT NAMES, BUT ESSENCE DOES NOT

My body is flesh of sentiment being,
   the name is different, but the essence is not different.
We all share the same nature.
We are simply physically different.
The sweet and tender are what I want.
No need to await *Yama's judgement.
I know such an act has to come at a cost.

* Yama's judgement : 염마(閻魔)

이름은 다르지만, 본질은 다르지 않다.

(송 황정견: 1045-1105)

내 육체는 인간의 몸으로
   이름은 다르지만 본질은 다르지 않다.
우리는 모두 같은 본성을 공유하고 있다.
우리는 단순히 신체적으로 다르다.
달콤하고 부드러운 것을 나는 원한다.
염마(閻魔; 염라대왕))의 심판을 기다릴 필요가 없다.
나는 그런 행위가 대가를 치러야 한다는 것을 안다.

〈영각원현선사 광록〉에서

一忍一默

(宋 黃廷堅: 1045-1105)

百戰百勝, 不如一忍; 萬言萬當, 不如一默.

《全宋詩》

ONE PATIENT, ONE SILENT

One patience is better
　than a hundred wins,
One silence is better
　than ten thousands of saying.

인내와 침묵

(송 황정견: 1045-1105)

백전백승도
　한번 참는 것보다 못하고,
일만 마디 옳은 말도
　한 번의 침묵만 못하다.

〈전송시〉에서

淸平樂

(宋 黃庭堅: 1045-1105)

春歸何處? 寂寞無行路.
若有人知春去處, 喚取歸來同住.
春無蹤跡唯知, 除非問取黃鸝.
百囀無人能解, 因風飛過薔薇.

《全宋詞》

WHERE HAS SPRING GONE?

Where has spring gone?
Lonely, there is no way to go.
If anyone knows where spring has gone,
  have them call it back to stay.

Has spring left no traces? Who Know?
As long as you don't ask the [1]oriole,
  no one can [2]decipher its [3]warbling
  because the wind blew over the roses.

1) oriole[ɔ́ːriòul]: n. 꾀꼬리의 일종.
2) decipher[disáifər]: vt.: 해독하다(decode)(〈 OPP. 〉 cipher), 번역하다, 판독하다. n.: 해독, 번역, 판독.
3) warble[wɔ́ːrbəl]: vi., vt.: 지저귀다. (미국) 요들을 부르다. 졸졸 흐르다. n.: 지저귐, 떨리는 목소리, 노래.

봄은 어디로 갔나?

(청평락: 1045-1105)

봄은 어디로 갔나?
외롭고 갈 길은 없다.
누가 봄이 어디로 갔는지 안다면,
  봄이 돌아와서 머물라고 부탁해 주오.

봄이 흔적 없이 떠났나? 누가 알아?
꾀꼬리에게 묻지 않는 한,
  아무도 꾀꼴꾀꼴 소리를 판독할 수 없네.
  장미 위로 바람이 날려버렸기 때문이라오.

〈전송사〉에서

南鄉子

諸將說封候, 短笛長歌獨倚樓,

萬事盡隨風雨去, 休休! 戲馬台南金格頭.

催酒莫遲留, 酒味今秋似去秋.

花向老人頭上笑, 羞羞! 白髮簪花不解愁.

《黃庭堅作品全集》

ALL THE GENERALS TALKED ABOUT PROMOTION

All the generals talked about promotion,
   I'll hold a flute and lean on the railing
   learn a long song by myself.

Everything disappeared with the wind and rain.
The golden bridled of horse, Ximatai* has gone.

Drink, but don't be late.
This autumn's liquor tastes the same as last year's.

Flowers laugh at this old man's shameful hair!
Even if this old man puts flowers in his white hair
   worries can't be ended.

모든 장군이 진급을 말한다.

모든 장성이 진급에 관해 이야기했고,
   나는 피리 하나 들고 난간에 기대어
   홀로 긴 노래를 배운다.

모든 것이 바람과 비와 함께 사라졌다.
희마*(戲馬: 재주부리는 말)의 황금 고삐는 사라져 버렸다.

마셔라. 그러나 늦지 말라.
올가을의 술은 작년 술과 같은 맛이다.

꽃은 이 늙은이의 부끄러운 머리털을 비웃누나!
이 늙은이가 자신의 흰 머리털에 꽃을 꽂아도
  걱정을 끝낼 수 없다.

〈황정견작품전집〉에서

少年風流事

(宋 圓悟克勤: 1063-1135)

金鴨香消錦繡幃, 笙歌叢裡醉扶歸
少年一段風流事, 只許佳人獨自知.

ROMANCES OF YOUTH

A mallard censer
  and colorful [1)]embroidered bed curtains,
Out of the jungle of song and music
  all drunken and support needed,
Such episodes of [2)]indulgent romance in youth
  are only for the ears of that fair lady herself.

1) embroider[embrɔ́idər]: vt. 수를 놓다, 꾸미다,, 과장하다.
2) indulgent[indʌ́ldʒənt]: a. 멋대로 하게 하는, 어하는, 눈감아 주는, 관대한.

젊음의 낭만

(송 원오극근: 1063-1135)

청둥오리 향로와
　화려한 자수 침대 커튼,
노래와 음악의 밀림에서 나와
　완전히 취해서 부축이 필요한데,
젊어서 멋대로 한 연애담은
　어여쁜 여인 자신의 귀만을 위한 것이다.

學道詩

(宋 性空妙普: 1066-1142)

學道猶如守禁域, 晝防六賊夜涅涅;
將軍主師能行令, 不動千戈定太平.

《大明高僧傳》

POEM ON LEARNING THE WAY

Learn the ways as if protecting the walls of the city.
During the day, preventing the *six thieves
　and remain alert when the night gets late.

The general can command,
　arms must not be taken up to ensure peace.

* "six thieves" refer to field of form, field of sound, field of order, gustatory field, tactile field, and conception field.

도를 배우는 시

(송 성공묘보: 66-1142)

도성의 벽을 지키는 것처럼 도(道)를 배우라.

낮 동안에는 여섯 도둑*을 막아내고

밤이 깊어질 때는 정신 바짝 차리라.

장군은 명령할 수 있지만.

평화를 보장하기 위해서 무기를 들어서는 안 된다.

〈대명고승전〉에서

* 여섯 도둑이란, 형상의 장, 소리의 장, 냄새의 장, 미각의 장, 촉각의 장 그리고 개념의 장을 말한다.

撥火悟平生

(宋 龍門淸遠: 1067-1120)

刀刀林鳥啼, 披衣終夜坐; 撥火悟平生, 窮神歸破墮.
事較入自迷, 曲淡誰能和? 念之永不忘, 門開少人過.

IGNITING THE FIRE, AWAKENING TO LIFE

The [1]gaggle of birds across the forest,
   sitting all night in clothes.
As setting a fire, I wake up my life.
After exhausting all energy, I think of Master Pozaoduo.

The problem is clear and only people are confused.
Who can sing a chorus such a soft song?
Keep this in mind and don't forget.
The door is open, but few pass through.

1) gaggle[gǽgəl]; vi. 꽥꽥 울다; 잘 지껄이다[웃다]. n. 거위 떼; 꽥꽥. 시끄럽게 떠드는 여자들. 패거리, 일단.

불을 지피면서 인생을 깨닫기

(송 용문청원: 1067-1120)

숲을 가로지르는 새들의 재잘거림,
  옷을 입은 채 밤새 앉아 있다.
불을 지피며 나는 삶을 깨운다.
모든 힘을 써버리고 나는 파타(破墮) 선사를 생각한다.

문제는 분명하고 사람들만 혼란스럽다.
저렇게 부드러운 곡을 그 누가 합창할 수 있단 말인가?
이것을 염두에 두고 잊지 말라.
문은 열려 있지만, 통과하는 사람은 거의 없다.

家中四威儀

(宋 慈受懷深: 1077-1132)

家中行, 辱常違順不須爭.
若知步步無階級, 何必蓮華脚下生.
家中住, 早起開門夜閑戶.
運水搬柴莫情人, 方知佛是凡夫做.
家中坐, 一室寥寥是什麼?
靈光一點甚分明, 何必青山尋達摩.
家中臥, 展腳縮腳皆由我,
若能一覺到天明, 始信參禪翰懶惰.

《慈受懷深禪師廣錄》

THE FOUR ELEGANCE AT HOME

Don't argue with your daily customs when conducting yourself at home. If you know that you're not ranked at each stage, you don't need to blossom lotus flowers under your feet

When living at home, open the door when the morning sun rises and close the window when the night comes.

Don't let anyone else do the task of raising water and carrying firewood, for one should know that Buddha [1]evolves from an ordinary humanity.

What does it mean a [2]scarce room as sitting at home? The achievement of every word is rather clear; where is the need to search for [3]bodhidharma out in the green mountains?

It's up to you to stretch or [4]cringe your legs when you're lying at home. You must sleep all night long and start to have faith that the practice of Chan is incomparable to laziness.

1) evolve[ivάlv/ivɔ́lv]; vt. 서서히 발전(전개) 시키다, 개발하다.도출하다, 끄집어내다. 진전시키다.
2) scarce[skɛərs]: a. 부족한, 적은, 결핍한, 드문, 희귀한.
3) Bodhidharma n. (불교) 달마 (?-?532, 중국 선종의 개조).
4) cringe[krindʒ]; n. 외축(畏縮); 굽실거림, 아첨, 비굴한 태도. vi. 움츠리다. (…이) 싫어지다, 진력내다.

집안에서 네 가지 우아한 예절

(송 자수회심: 1077-1132)

집에서 처신할 때 일상의 관습을 두고 다투지 말라. 각 단계마다 순위가 정해지지 않는다는 것을 알면, 자신의 발밑에 연꽃을 피울 필요가 없기 때문이다.

집에서 생활할 때, 아침 해가 뜰 때 문을 열고 밤이 올 때 창문을 닫으라.

물을 긷고 장작을 나르는 임무를 다른 사람에게 시키지 말라, 불심은 보통의 인간성에서 진화한다는 것을 사람은 알아야한다.

집안에서 앉아서 방이 좁다는 것은 무슨 말인가? 말 한마디의 성취가 오히려 분명하다; 청산에서 다르마를 찾아 나설 필요가 어디에 있는가?

집에서 누워있을 때 다리를 뻗든가 움츠리든가는 자신에게 달려 있다. 사람은 밤새 잠을 자야 하고 참선의 수행은 게으름과 비할 수 없다는 믿음을 가지고 시작해야 한다.

慈受禪師廣錄

莫說他人短與長, 說來說去自招殃
若能閑口深藏舌, 便是安身第一方.
萬事無如退步人, 孤雲野鶴自由身
松風十里時來往, 笑揖峰頭月一輪.
萬事無如退步休, 本來無證而無修
明窗高掛多留月, 黃菊深我盛得秋.
萬事無如退步高, 放教癡鈍卻安然
漆因有用遭人割, 膏爲能明微夜熬.

《禪關策外十部》

EXTENSIVE RECORDS OF CHAN MASTER CISHOU

Don't tell someone else's right and wrong,
The more talk the more trouble, one shall attract.
If you are careful of your tongue and closes your mouth,
  that's the best way to keep yourself safe.

Leave everything as it is,
Nothing is compared to the act of compromise.
Just as lonely clouds and wild cranes are free,
Like the wind that blows a long way and passes through the pine trees
I bow with a smile at the moon hanging on the top of the mountain.

Leave everything as it is,
Nothing compares to the peace that comes from compromise.
There was never any [1]acquisition or harvest.
It's the moon hanging high outside the clear window,
  chrysanthemum flowers, which have been well taken care of in autumn, are in full bloom.

Leave everything as it is,
Nothing is compared to a good outcome after [2]compromise;
Slowly known, I am calm nonetheless,
   like when you have to use lacquer wood, so like it's cut down,
   just as oil shines, oil must burn throughout the night.

1) acquisition[æ̀kwəzíʃən]: n. 취득, 습득. 취득물, 포착.
2) compromise[kάmprəmàiz/kɔ́m-]: n. 타협, 화해, 양보. 절충 물. 위태롭게 함. vt. 타협하여 처리하다, 화해하다.

자수선사(慈受禪師)의 해박한 기록

다른 사람의 옳고 그름을 말하지 말라,
말이 많으면 많을수록 말썽은 더 늘고 사람을 끌어당긴다.
사람이 혀를 조심하고 자신의 말문을 닫으면,
   그것이 자신의 안전을 지키는 최선의 방법이다.

만사를 그대로 두라,
어떤 것도 타협하는 행위와 비교되지 아니한다.
외로운 구름과 야생의 학이 자유롭듯이,
먼 길을 불어와 소나무를 거쳐 스쳐가고 오는 바람처럼
산꼭대기에 걸린 달을 보고 웃으며 나는 절을 한다.

만사를 그대로 두라,
어떤 것도 타협에서 오는 평화에 비교되지 아니한다.
획득과 수확은 결코 없었다.
투명한 창문밖에 높이 걸려 있는 것은 달이려니,
   가을에 잘 돌본 국화꽃이 만개한다.

만사를 그대로 두라,
어떤 것도 타협 후의 좋은 결과에 비교되지 아니 한다

더디게 알려져도, 그럼에도 불구하고 나는 평온하다.
　　옻나무를 꼭 사용해야 할 때처럼, 그래서 잘려지듯이,
　　기름이 빛을 내듯이 기름도 밤새 타야 한다.

〈선문책진 외 십부〉에서

吹落桃花

(宋 慈受懷深: 1077-1132)

只是舊時行履處, 等閑擧著便淆訛:
夜來一陣狂風起, 吹落桃花知幾多.

《五燈會元》

BLOWING DOWN PEACH BLOSSOMS

I only travel to places I've been to before.
Being [1]inadvertently attached, it's confusing.
There's a strong wind at night,
　　it blew away a lot of peach flowers.

1) inadvertent[inədvə́ːrtənt]; a. 부주의한, 소홀한, 태만한.

바람에 날려 떨어지는 복숭아꽃

(송 자수회심: 1077-11032)

나는 전에 가본 곳만 여행한다.
부주의하게 애착을 갖게 되니, 그런 것이 혼란스럽다.
밤에 강풍이 일어,
　　많은 복숭아꽃을 날려 버렸다.

西江月

(宋 朱敦儒: 1081-1159)

世事短如春夢, 人情薄似秋雲, 不需計較苦勞心, 萬事原來有命.
幸遇三杯酒好, 況逢一朵花新, 片時歡笑且相親, 明日陰晴未定.

《全宋詞》

WORLDLY AFFAIRS ARE SHORT AS A SPRING DREAM

The world affairs are as short as a dream on a spring day,
   human emotions are as thin as autumn clouds.
There is no need to compare and allow hardships to [1]belabor mind.
I want to discuss my mind at length.
Everything is born.

Fortunately, I have a good three glasses of liquor and met a new flower.
Let's laugh and enjoy when we're together,
It is uncertain whether it will be sunny or cloudy tomorrow.

1) belabor[biléibər]: vt. 장황하게 검토하다(말하다). 세게 치다, 때리다; 호되게 꾸짖다;《고어》…에 애쓰다.

세상사 한갓 봄날의 꿈같이 짧은 것

(송 주돈유: 1081-1159)

세상일은 한갓 봄날의 꿈같이 짧은 것,
   인간의 감정은 가을 구름만큼이나 얄팍하다.
마음을 비교할 필요도 없고 마음을 호되게 꾸짖으려고 고생할 필요도 없다.
내 생각에 대해 자세히 논하고 싶다.
모든 것은 타고난다.

다행히도 나는 좋은 술 석 잔이 있고 새로 핀 꽃을 만났다.
우리가 함께할 때 웃고 즐기자,

내일은 맑을지 흐릴지는 불확실한 것.

〈전송사〉에서

名殊體不殊

(宋 張九成: 1092-1159)

春天月夜一聲蛙, 撞破乾坤共一家
正恁麼時誰會得? 嶺頭脚痛有玄沙.

《嘉泰普燈錄》

HEAVEN AND EARTH SHATTERS

The sound of a frog's skull in the moonlight on a spring night shatters
 heaven and earth and becomes one.
Who understands the moment?
At the peak is Master Xuansha with his painful foot.

천지가 산산이 조각나다.

(송 장구성: 1092-1159)

봄밤 달빛 아래 개구리의 개골개골 소리가 천지를 산산 조각내서
 모두 하나가 된다.
누가 그 순간을 이해하는가?
봉우리에 발이 아픈 현사(玄沙) 선사가 있다.

《가태보등록》

冬夜讀書示子聿

(宋 陸務: 1125-1210)

古人學問無遺力, 少壯工夫老始成
紙上得來終覺淺, 絶知此事要躬行.

《劍 南詩藥》

THOUGHT FOR MY SON ZIYU WHILE READING ON A WINTER NIGHT

When people in past learn,
  no effort was 1)spared.
If studying hard in youth,
  the results come in old ages.
The knowledge acquired on the paper is
  ultimately shallow.
To fully understand this
  you have to experience everything yourself.

1) spare[spɛər]: vt. 절약하다, 아끼다. 사용치 않다. 잡아두다. 떼어 두다. 나누어 주다, 빌려주다 (시간 따위를).

겨울밤 책을 읽으며 나의 아들 율(聿)을 생각하다.

(송 육유: 1123-1210)

옛사람들은 배우는 일에
  어떠한 노력도 아끼지 않았다.
젊어서 열심히 공부하면
  늙어서 성과를 볼 것이다.
종이 위에서 얻은 지식은
  궁극적으로 얕은 것이므로.
이를 완전히 이해하려면
  자신이 모든 것을 경험해야 한다.

〈검 남시고〉에서

前赤壁賦

客而知夫水與月乎? 逝者如斯, 而未嘗往也
盈虛者如彼彼, 而卒莫消長也.
蓋將自其變者而觀之, 則天地曾不能以一瞬
自其不變者而觀之, 則物與我皆無盡也, 而又何羨乎?
且夫天地之間, 物各有主, 苟非吾之所有, 雖一毫而莫取,
惟江上之淸風, 與山間之明月,
耳得之而爲聲, 目遇之而成色, 取之無禁, 用之不竭.
是造物者之無盡藏也, 而吾與子之所共適.

《經進東被文集事略》

VISITING TO THE RED CLIFF

Do you also know about the water and the moon? The water keeps flowing, but it's essentially never left. The moon continues to [1]wax and wane, but its round body doesn't actually decrease or increase.

From the point of view of change, the sky and the earth have not stopped changing for a moment, and from the point of view of constant, all matter and nature are infinite. So what is there to envy of?

Furthermore, everything between heaven and earth has a [2]legitimate owner. Anything that does not belong to you should not have, no matter how small it is. A refresh breeze on the banks of the river, a bright moon between mountains, things sound in the ears, and things that can be freely acquired and used without restriction.

Those are the infinite treasures of the universe that you and I both enjoy.

1) wax and wane : 흥하다가 이울다.
2) legitimate[lidʒítəmit]; a. 합법의, 적법의; 옳은, 본격적인, 정통의, 합리적인, 이론적인 진짜의, 진정한.

적벽 방문

그대는 또한 물과 달에 대해서 아는가? 물은 계속 흐르지만 근본적으로 결코 떠난 적이 없다. 달은 차고 이지러지기를 계속하지만 실제로 둥근 몸체가 실제로 감소하거나 증가하지 않는다.

변화의 관점에서 볼 때, 하늘과 땅은 한순간도 변화를 멈추지 않았고 변함없는 관점에서 모든 물질과 본성은 무한하다. 그렇다면 부러워할 것이 무엇이 있단 말인가?

더군다나 하늘과 땅 사이의 모든 것은 각각 정당한 소유자가 있다. 그대에게 속하지 않은 것은 아무리 작은 것일지라도 가져서는 안 된다. 강둑에 상쾌한 산들바람, 산과 산 사이의 밝은 달, 귀에 소리로 들리는 것들만 자유롭게 취득하고 제한 없이 사용할 수 있는 것들이다.

그런 것들이 그대와 나 둘이 즐기는 우주의 무한한 보물이라네.

〈경진동파문집사략〉에서

觀書有感

(宋 朱熹: 1130-1200)

半畝方塘方一鑑開, 天光雲影共排徊
問渠那得淸如許, 爲有源頭活水來.

READING REFLECTIONS

About thousand pyeong pond like a mirror,
The light of the sky
   and the shadows of the clouds come and go together.
How can a stream be as clear as this?
Because its original source is the rush of water.

독서의 반영

(송 주희: 1130-1200)

거울 같은 천여 평의 연못.

하늘의 빛과

   구름의 그림자가 함께 오간다.

시냇물이 이처럼 맑을 수 있단 말인가?

그것의 원래 원천은 밀려드는 물 때문인 것을.

敬恕齋銘

己所不欲, 勿施於人 以是行之, 與物皆春.
內順於家, 外同於邦 無小無大, 罔時怨恫.
爲仁之功, 曰此其極 敬哉恕哉, 永永無斁.

AN INSCRIPTION OF RESPECTFUL FORGIVENESS

What you don't want to do to yourself

   don't do it to others.

In compliance with this principle

   give it always to others with the warmth like spring.

In private terms, bring harmony to the family,

   and in the public, achieve peace for the country.

Whether it's [1]trivial or important matters,

   there is no need to be resentful or sad.

Mercy's virtue is thus at its peak.

Be its respect or forbearance, never give up or be [2]weary.

1) trivial[tríviəl]: a. 하찮은, 범죄, 평범한, 일상의, 경박한, 천박한, 종(種)의.
2) weary[wíəri]: a. 피로한, 싫증나는, 따분한, 사람을 지치게 하는.

존경과 관용에 대한 헌사(獻詞)

자신에게 하고 싶지 않은 것을
  남에게 하지 말라.
이 원칙을 준수하여
  봄 같은 따뜻함을 지속하여 남에게 주라.
사적인 말로 가족과 화합하고
  공적인 면에서는 국가를 위한 평화를 성취하라.
사소한 것이든 중요한 것이든
  분개하거나 슬픔을 가질 필요는 없다.
자비의 공덕은 그리하여 절정에 이른다.
존경이든 관용이든 절대로 버리거나 싫증 내지 말라.

知與行

知與行, 王夫須著並到.
知之愈明, 則行之愈篤 行之愈篤, 則知之. 益明.
二者皆不可偏廢.
如人兩足相先俊行, 便會漸漸行得到.
若一邊軟了, 便一步也進不得.
然又須先知得, 方行得. 所以《大學》先說致知,
《中庸》說知先於仁, 勇, 而孔子先說「知及之」.
然學問, 慎思, 明辨, 刀行, 皆不可闕一.

《晦庵集》等

KNOWING AND PRACTICING

Even effort is required to improve understanding and practice. The clearer understanding and the more your practice is your understanding will become clearer accordingly. No one can do it without the other.

Just like two [1]repetitive steps, ultimately you will reach your goal and if the [2]momentum on one side weakens, there will be no progress at all.

You must first gain enlightenment before you can practice. For this reason, Great Learning* refers to the achievement of enlightenment as the first thing. In Doctrine of the Mean,** enlightenment [3]precedes mercy and courage. Confucius emphasized that "once enlightenment is sufficient to attain," knowledge, careful reflection, clear [4]discernment, and serious practice will be completed.

1) repetitive[ripétətiv]: a. 되풀이하는, 반복성의.
2) momentum[mouméntəm]: n.운동량; 타성; 여세, 힘(impetus); 추진력; 〖철학〗 모멘트, 계기,
3) precede[prisíːd]: vt. 선도(先導)하다.…에 우선하다; …의 우위에 있다. 전제하다.
4) discern[disə́ːrn]: vt. 분별하다, 식별하다. 인식하다, 알다, 이해하다, 깨닫다; 발견하다.

* Great Learning: 대학(大學)
** Doctrine of the Mean: 중용(中庸)

알고 실천함

깨달음과 실행을 향상하기 위해서는 고른 노력이 필요하다. 확실히 깨달을수록 더욱더 실행해야 하고 그에 따라 자신의 깨달음이 더욱더 명확해질 것이다. 누구도 다른 사람 없이는 할 수 없다.

마치 두 번 반복하는 발걸음처럼, 궁극적으로 당신은 자신의 목표에 도달할 것이고 한쪽의 추진력이 약해지면 진전이 전혀 없을 것이다.

실행하기 전에 우선 깨달음을 얻어야 한다. 이러한 이유로, 대학(大學)에서는 깨달음의 성취를 첫째로 언급하고 있다. 중용(中庸)에서 깨달음은 자비와 용기보다 앞에 있다. 공자(公子)는 "깨달음을 충분히 달성하면," 지식과 신중한 성찰, 분명한 분별력, 진지한 실행이 완성될 것이라고 강조했다.

〈회암집〉에서

偶 成

(宋 朱熹: 1130-1200)

少年易老學難成, 一寸光陰不可輕
未覺池塘春草夢, 階前梧葉已秋聲.

《朱子全書》

ACCOMPLISHMENT

Old age comes easily when you're young,
   it is all the more difficult to acquire knowledge.
Not having even awakened from a dream
   of spring grass beside the pond,
The leaves of the front garden [1]phoenix fell off
   it's already mixed with the sound of autumn.

1) phoenix[fíːniks]: n. 피닉스. 불사조, 불사(불멸)의 것(사람). 대천재(大天才), 절세의 미인, 봉황새 자리.

성취

(송 주희: 1130-1200)

젊어서는 늙음이 쉽게 오고,
   지식을 습득하기는 한층 더 어렵다.
연못 옆의 봄풀들의 꿈에서
   깨닫지 못하면,
앞뜰 봉황나무의 잎들이 떨어져
   벌써 가을 소리에 섞인다.

〈朱子全書〉에

過洞庭

(宋 張孝祥: 1132-1169)

洞庭靑草, 近中秋, 更無一點風色.
玉鑒瓊田三萬頃, 著我扁舟一葉.
素月分輝, 明河共影, 表裡俱澄澈.
悠然心會, 妙處難與君說.
應念嶺海經年, 孤光自照, 肝肺皆冰雪.
短髮蕭騷襟袖冷, 穩泛滄浪空闊.
盡吸西江. 細斟北斗, 萬象爲賓客.
扣舷獨笑, 不知今夕何夕!

《全宋詞》

PASSING DONGTING

Dongsting Lake, Qingcao Lake,
  in the middle of autumn
  it's still and there's no wind.

Million pyeongs of land [1]shimmer with a jade glow,
  my one-leaf boat appears.
The pure moonlight shines on it
  the Milky Way casts a shadow.
It is clear and bright inside and out.

With joy, my heart understands,
  but this wonderful place is hard to put into words.

I have to remember the years spend in seas of Linghai.
Illuminating myself with a lonely light
  my intestinal organs are like snow and ice.

Sloppy hair, thin and cold clothes,
   my one-leaf boat slowly moves between the vast sky and the water.

The Western river overflows
   rely on the Big Dipper*.
Everything is my guest.

Tying my boat off, I laugh, how was it tonight?

1) shimmer[ʃímər]: n. 어렴풋한 빛, 미광(微光). 흔들림, 가물거림, 아지랑이 vi.: 희미하게 반짝이다, 가물거리다.

* Big Dipper: 북두칠성

동정(洞庭)을 건너

(송 장효상: 1132-1169)

동정(同庭), 청초(靑草) 호수,
   가을의 중반에
   고요하고 바람도 없다.

수백만 평의 땅 위에 옥빛이 희미하게 반짝이며
   내 일엽편주가 나타난다.
순수한 달빛이 그 위에 비치고
   은하수가 그림자를 드리운다.
그것은 안팎으로 맑고 밝다.

내 마음은 기쁘게 알아차리지만
   이 멋진 곳은 말로 하기 어렵다.

나는 영해(嶺海)에서 보낸 세월을 기억해야 한다.
고독한 빛으로 내 자신을 비추고

내 오장육부는 눈과 얼음과 같다.

엉성한 머리털, 얇고 추운 옷,
  내 일엽편주는 천천히 광막한 하늘과 물 사이에서 나아간다.

서강(西江)은 넘쳐흐르고
  북두칠성에 의지한다.
모든 것이 나의 손님이다.

배를 묶으며 나는 웃는다, 오늘 밤은 어땠나?

〈전송사〉에서

平常是道

(宋 無門慈閉: 1183-1260)

春有百花秋有月, 夏有涼風冬有雪:
若無閑事掛心頭, 便是人間好時節.

《禪宗無門關》

THE ORDINARY WAY

Flowers bloom in spring and the moon is in autumn.
Breeze is in summer and snow is in winter.
If there's nothing to worry about,
  then life is always fun.

평범한 도

(송 무문혜개: 1183-1260)

봄에는 꽃이 피고 가을에는 달이 있네,

여름에는 산들바람이 일고 겨울에는 눈이 온다.

걱정할 것이 없으면

   인생은 언제나 즐겁다.

〈禪宗無門關〉에서

惜別

(宋 吳文英: 1200-1260)

何處合成愁? 離人心上秋.
縱芭蕉不雨也颼颼, 都道晩凉天氣好,
有明月, 怕登樓.
年事夢中休, 花空煙水流.
燕辭歸. 客尙淹留.
垂柳不縈裙帶住, 謾長是, 繫行舟.

《花蔡詞選續集》

FAREWELL

Where does the worried character come from?
Those who leave had a heart of autumn.

Even if it doesn't rain
   one hear the wind through the [1]plantains.
Everyone say that the nights are cool,
   and the weather is nice.

The moon is bright
   but I'm scared to climb the tower.

In my dreams, time and events stop
   there are no flowers and a foggy river flows.

The swallows said good-bye
   only the guest remains alone.

The weeping willows have not encircled and held him fast,
   still, long, long,
   the boat remains in the dock.

1) plantain[plǽntin]: n. 질경이.

고별

(송 오문영: 1200-1260)

걱정하는 성격은 어디에서 오는가?
떠나는 사람들은 가을의 마음을 가졌다.

비가 오지 않아도
   파초를 스치는 바람 소리를 듣는다.
사람들 모두가 밤이 춥다고 하는데
   날씨는 좋다.

달빛은 밝지만
   나는 탑을 오르기가 무섭다.

내 꿈에서 세월과 사건은 멈추고
   꽃은 없고 안개 낀 강물이 흐른다.
재비들은 작별을 고하고
   객만 홀로 남는다.

수양버들은 그 사람을 에워싸 꽉 붙잡지 못하고,
　아직도 오래오래,
　배는 선창에 남아 있다.

〈화암사선록 집〉에서

過零丁洋

(宋 文天祥: 1236-1283)

辛苦遭逢起一經, 干戈落落四周星
山河破碎風抛絮, 身世飄搖雨打萍
惶恐灘頭說惶恐, 琴丁洋裡嘆零丁
人生自古誰無死? 留取丹心照汗青.

《文山集》

CROSSING LINGDING SEA

I recall the hardships and difficult times
　from my early years.
It's rare, but war,
　it continued during four [1]astrological cycles.
The mountains and rivers were broken into pieces
　and blown away by wind,
　the body is moved as the rain carries [2]duckweed.
The Huangkong shores was in fear,
　yhe Lingding Sea sighs with loneliness.
Who hasn't died since the beginning?
Leave my loyalty shining in history.

1) astrological[æstrəlάdʒik]: a.: 점성의, 점성학의.

2) duckweed n.: 좀개구리밥(고인 물의 수면에 자라는 아주 작은 식물).

영정양(零丁洋)을 건너며

(송 문천상: 1236-1283)

나는 어려서부터 고생하고 힘들었던
  시기를 회상한다.
드물긴 하지만 전쟁은
  네 번의 주기로 점을 치는 동안 계속되었다.
강산은 조각나서
  바람에 날아가고
  시신은 빗물에 부평초가 떠 내리는 대로 옮겨진다.
황공(惶恐) 연안은 공포에 휩싸였고,
  영정(零丁) 바다는 외로움을 탄식하네.
태초로부터 죽지 않은 이 누가 있는가?
역사에서 나의 충성심을 빛나게 남겨주오.

〈문산집〉에서

示徒三戒

(宋 高峰原妙: 1238-1295)

開口動舌無益於人, 戒之莫言.
擧心動念無益於人, 戒之莫起.
居足動步無益於人, 戒之莫行.

《高峰原妙禪師語錄》

TEACHING DISCIPLES ON THE THREE PRECEPTS

If what you say to others doesn't benefit you
  then you should not say it.

If my thoughts aren't in the interest of others
    then you shouldn't think about it.

If the measures taken are not in the best interest of others
    then you shouldn't proceed.

세 가지 지침으로 제자들을 가르침

(송 고봉원묘: 1238-1295)

남에게 하는 말이 아무런 이익이 안 되면
    말하면 안 된다.

내 생각이 남에게 이익이 안 되면
    생각해서는 안 된다.

취한 조치가 남에게 아무런 이익이 안 되면
    진행해서는 안 된다.

〈고봉원사 선사 어록〉에서

聽雨

(宋 蔣樑: 1245-1301)

少年聽雨歌樓上, 紅燭昏羅帳.
壯年聽雨客舟中, '江闊雲低, 斷雁叫西風.
而今聽雨僧廬下, 髮已星星也!
悲歡離合總無情, 一任階前, 點滴到天明.

《竹山調》

LISTENING TO THE RAIN

In my youth,

I heard the rain in the brothel,

   in the faint light of the red candle and the bed curtain.

In my [1]prime

I heard the rain on the ferry.

The river was wide and the clouds were low.

[2]Stray wild geese howling, in the west wind.

Now,

Listening to the rain in the [3]monastery,

   my temple hairs, already covered white.

The life with sadness, joy, separation, and meeting,

the moments are always cruel

   until dawn,

so I let the raindrops tap on the stairs.

1) prime[praim]: a. 첫째의, 가장 중요한. 최초의, 원시적인. 기초적인, 근본적인. 일류의, 제1급의, 훌륭한, 청춘의, 혈기 왕성한. 수학]소수(素數)의. n. 전성기. 청춘 (시대); 장년기.

2) Stray[strei]: vi. 옆길로 빗나가다, 멍하니 움직이다. 탈선하다, 산만해지다. 타락하다. 꼬불꼬불 구부러지다. a. 처진, 길을 잃은. 뿔뿔이 흩어진, 산란한.

3) monastery[mǽnəstèri/mɔ́nəstəri]: n. (주로 남자의) 수도원.

빗소리에 귀 기울이다.

(송 장첩: 1245-1301)

내 젊은 시절에

나는 붉은 초의 희미한 불빛 그리고 침대의 커튼이 있는 매춘 굴 안에서 빗소리를 들었다.

내 전성기에
여객선에서 빗소리를 들었다.
강은 넓었고 구름은 낮았다.
서풍을 타고 길을 잃은 기러기들이 울고 있었다.

지금,
수도원 안에서 빗소리를 듣고 있는
  내 중 머리는 이미 하얗게 덮여있네.

슬픔과 즐거움, 이별과 만남이 있는 삶의
순간들은 언제나 잔혹하고
  동이 틀 때까지.
그래서 빗방울이 계단 위를 가볍게 두드리도록 내버려 두었다.

〈죽산사〉에서

松風閣題跋

(宋 鄧文原: 1259-1328)

山雨漢雲散墨痕, 松風濟坐息塵根
筆端悟得眞三味 便是如來不二門.

「松風閣詩帖」題跋

INSCRIPTION TO THE SONGFENG PAVILION

The rain falling on the mountain, the river of clouds, the trail of ink,
  sit quietly in the breeze and stop the source of impurity.
The brush originated from awareness, obtaining true samadhi(the highest level of

meditation).

In the same way, there is the Tathagata's non-dual gate.

송풍각(松風閣)에서 헌사(獻詞)

(송 등문원: 1259-1328)

산에 내리는 비, 구름의 강, 먹물이 흩어진 자국,
　솔바람 속에 조용히 앉아 불순함의 근원을 멈춘다.
붓은 진정한 사마디(명상의 최고 경지)를 얻는 인식에서 비롯된다.
같은 방식으로 여래(如來)의 불이문(不二門)이 있다.

〈송풍각 시첩〉에서

施懸二具修

(宋僧. 致摩譯: 生卒年不詳)

常樂修智意, 而不行布施 所生常聰哲, 貧寠無財産.
唯樂行布施, 而不修智慧 所生得大財, 愚闇無知見.
施慧二俱修, 所生具財智 二仇不修者, 長夜處貧闇.

《分別業報略經》

CULTIVATION OF GENEROSITY AND WISDOM

Those who cultivate wisdom but do not practice tolerance may develop knowledge and intelligence, but they cannot escape poverty.

Those who practice tolerance but do not grow wisdom may earn great wealth, but remain unlearned and live ignorant.

The dual practice of tolerance and wisdom will achieve both wealth and wisdom. Those who do not perform both will stay in the eternal dark night of poverty and ignorance.

관용과 지혜의 수양

(송 승가발마 역: 생졸미상)

지혜를 기르되 관용을 실행하지 않는 사람들은 지식과 지능은 발전할지 모르지만 빈곤을 떨칠 수 없다.

관용을 실천하지만 지혜를 키우지 않는 사람들은 커다란 부는 얻을 수 있을지 모르지만 못 배우고 무식하게 살게 될 것이다.

관용과 지혜의 이중 실행은 부와 지혜 두 가지를 성취할 것이다. 두 가지 다 수행하지 않은 사람은 빈곤과 무지의 영원한 어두운 밤 속에 머물 것이다.

〈분별업보략경〉에서

懺悔偈

(宋 雪峰蘊聞 錄: 生卒年不詳)

罪從心起將心懺, 心若滅時罪而亡
心亡罪滅兩俱空, 是則名爲眞懺悔.

《大慈普覺#師普說》

VERSE OF [1]REPENTANCE

[2]Sin comes from the heart.

Therefore, Sin must also begin there.

Upon extinguishment of one's mind,

　the sin also stops.

If both [3]extinction and [4]cessation are empty,

　repentance is thus the truest form.

1) repentance n.: 후회; 회한, 회개.
2) sin[sin]: n. 죄, 죄악(transgression). 과실, 잘못; 위반. 어리석은 일, 죄로 갈 일.
　 vi. 죄를 범하다, (예절 따위에) 어긋나다《against》.vt. 범하다.

3) extinction: n.사멸; 절멸; 소멸; 소거(消去). 불을 끔, 소등; 물리학]소광(消光).

4) cessation[seséiʃən]: n. 정지, 휴지, 중.

뉘우침의 게(揭)

(송 설봉온문록: 생졸미상)

죄는 마음에서 나온다.
따라서 뉘우침 또한 거기서 시작되어야 한다.
마음의 소멸에 따라,
   죄도 또한 그친다.
소멸과 그침이 둘 다 공(空)인 경우
   뉘우침은 따라서 가장 진실한 형태이다.

〈대자보각선사보설〉에서

前心後念

(南齊 曇景: 生卒年不詳)

前心作惡, 如雲覆月 後心起善, 如炬消闇.

《未曾有因緣經》

PONDERING THE PAST WHILE THINKING ABOUT THE FUTURE

When the previous mind has unwholesome thoughts,
   it is like a cloud covering the moon.
What follows the mind [1]evokes wholesome thoughts
   it's like a torch that drives out darkness.

1) evoke[ivóuk]: vt. 불러일으키다, 환기하다. 자아내다. 불러내다.

과거를 돌아보고 미래를 생각하기

(남제담경: 생졸미상)

이전의 마음이 불건전한 생각이었으면
   그것은 달을 덮고 있는 구름과 같다.
뒤따른 마음이 건전한 생각을 불러일으키면
   그것은 어둠을 쫓아내는 성화와 같다.

〈미증유인록경〉에서

四時讀書樂

(宋 翁森: 生卒年不詳)

山光照檻水繞廊. 舞雩歸詠春風香
好鳥枝頭亦朋友 落花水面皆文章.
蹉跎莫遣韶光老, 人生惟有讀書好
讀書之樂樂何如? 綠滿窗前草不除.

《一瓢稿》

THE JOY OF READING FOR FOUR SEASONS

While the water was covering the hallway,
   beautiful mountains are reflected on the railing.
On my way back from the rain [1]ritual,
   [2]recite a poem in the breeze of a fragrant spring.
A bird sitting on a tree branch is a friend
   flowers falling on the water are all literary works.
Don't waste the golden age of your life.
Otherwise, youth fades into old age.
The only joy in life is reading.
What is the joy of reading that you have experienced?

It filled up the background of your window,
　　it's like an uncut green ³⁾awn.

1) ritual[rítʃuəl]: a. 의식의, 제식의. 관습의, 관례의. n. 의식, 예배식; 제식.

2) recite[risáit]: vt. 암송하다. 음창(吟唱)[낭송]하다.

3) lawn[lɔːn]: n. 잔디(밭). 숲속의 빈 터(glade).

사시사철 독서의 기쁨

(송 옹삼: 생졸미상)

물이 복도를 감싸고 있는 동안
　　아름다운 산들이 난간에 비친다.
기우제에서 돌아오면서
　　나는 향기로운 봄의 산들바람을 맞으며 시를 읊는다.
나뭇가지 위에 앉아있는 새도 친구이고
　　물 위에 떨어지는 꽃들 모두 문학 작품이다.
인생의 황금기를 낭비하지 말라.
그렇지 않으면 젊음은 노년으로 퇴색해간다.
인생에서 유일한 낙은 독서이다.
겪어본 독서의 기쁨은 어떤가?
그것은 당신의 창문 배경을 가득 채운
　　깎지 않은 푸른 잔디와 같다.

〈일표고〉에서

人生四喜

(宋 汪洙: 生卒年不詳)

久旱逢甘霖, 他鄕遇故知,
洞房花燭夜, 金榜題名時.

《神童詩》

THE FOUR JOYS IN LIFE

When it rains after a droughts.
When an old friend walks comes a long way.
When a romantic candle-lit wedding light spent.
When your name is on the list of successful candidates.

삶의 4가지 즐거움

(송 왕수: 생졸미상)

가뭄 끝에 비 올 때
먼 길을 걸어 옛 친구가 올 때
낭만적인 촛불이 결혼식 때 다 탔을 때
그대의 이름이 성공한 후보 명단에 들어있을 때

〈신동시〉에서

12. 원(元: 1270~1279) 시대

過天山和上人韻二絶

(元 耶律楚材: 1190-1244)

從征萬里走風沙, 南北東西總是家

落得胸中空索索, 凝然心是白蓮花.

《湛然居士集》

QUATRAIN ON CROSSING TIANSHAN WITH MASTER

Marching for ten thousands miles through the sandstorm,
　east, west, north, and south, all are home.
Eventually, the mind emptied,
　nothing moves and the heart is a white lotus.

천산(天山)을 선승과 넘으면서 지은 4행시

(원 야율초재: 1190-1244)

모래바람을 뚫고 수만 리를 행진하면
　동서남북 모두가 집이다.
결국 마음이 비워지고
　아무것도 움직이지 않고 마음은 하얀 연꽃이다.

〈담연거사집〉에서

滿江紅

(元 白樸: 1226-1306)

行遍江南, 算只有, 靑山留客.
親友間, 中年哀樂, 幾回離別.
棋罷不知人換世, 兵餘猶見川留血.
嘆昔時, 歌舞岳陽樓, 繁華歇.

寒日短, 愁雲結. 幽故壘 空殘月.
聽閭閻談笑, 果誰雄傑.
欹枕才移孤館雨, 扁舟又泛長江雪.
要煙花, 三月到楊州, 逢人說.

《天籟集》

THE RED RIVER

Traveling throughout Jiangnan
   the lush mountain still holds my way.

At the height of a funeral march among relatives and friends,
I said goodbye to many people.

Times have changed before the end of a game of chess,
   at the end of each battle the river was stained with blood.

I can only mourn the past when I Yuenyang Pavilion was full of songs
   and dances, it was the end of all the [1]bustling prosperity.

In winter, the days are short and clouds of [2]despair gather.
The old castle stands desolate and the moon hangs lonely in the sky.

Listening to friendly jokes among the common people, they discuss the heroes of the day.

It's raining when I wake up from my sleep and change my posture.
It snowed when my ship crossed the Yangtze River.

He said he would go to Yangzhou in March to enjoy his life.

1) bustling[bʌ́sliŋ]: a. 바쁜 듯한; 분잡한. n. 바쁨, 부산함.
2) despair[dispɛ́ər]: n. 절망; 자포자기. vi. 절망하다, 단념하다.

붉은 강

(원 백박: 1226-1306)

강남(江南) 전역을 여행하는데
  아직 그 울창한 산이 내 갈 길을 붙든다.

친척과 친구들 사이에서 장례행진이 한창일 때
  나는 여러 사람에게 작별 인사를 했다.

장기를 한판을 끝내기 전에 시대가 바뀌고,
  각 전투의 끝마다 강물은 피로 물들었다.

나는 악양루(岳陽樓)에 노래와 춤으로 가득 찼던 과거를 애통해할 수 있을 뿐,
  북적거리던 번영의 모든 것이 끝이었다.

겨울에는 낮이 짧고 절망의 구름이 모여든다.
  오래된 성곽은 황량하게 서 있고 하늘에는 달이 외롭게 걸려 있다.

서민들 사이의 정다운 농담을 들으며 그날의 영웅들에 대해 토론한다.

선잠에서 깨어나 자세를 바꾸는데 비가 내린다.

내 배가 장강(長江)을 건널 때 눈이 왔다.

인생의 즐거움을 위해 3월에 양주(揚州)에 간다 했다.

〈천뢰집〉에서

仁壽堂說

(元 吳澄: 1249-1333)

仁者壽, 非聖人之言乎! 天地生物之心曰仁, 推天地之壽最久.
聖人之仁如天地. 赤推上古聖人之壽最久.
夫人之全德固未易全, 然禮儀三百, 威儀三千, 無一而非仁者.
得其一, 亦可謂仁, 亦可得壽矣! 予嘗執此, 觀天下之人, 凡氣之溫和者壽,
質之慈良者壽, 量之寬洪者壽, 貌之重厚者壽, 言之簡默者壽.
蓋溫和也, 慈良也, 寬洪也, 重厚也, 簡默也, 皆仁之一端也.

《金至元吳文正集》

ON THE HALL OF BENEVOLENCE AND LONGEVITY

A merciful man enjoys a long life. Everything that heaven and earth created has a merciful heart. Heaven and earth have the greatest longevity. The sage's mercy is like heaven and earth, so the sage's life is the longest.

Practicing complete virtue is, of course, difficult. Considering the 300 forms of etiquette or 3,000 dignified manners, there is nothing that is not [1]benevolent. Practicing just one thing can be called mercy, allowing you to enjoy a long life. [2]Obsessed with this, I often watch every path of life in this world. A gentle, kind, generous, honest, or genuine person will enjoy a long life as it is warm, tolerant, kind, and honest, and each of those innocence is part of their mercy.

---

1) benevolent[bənévələnt]: a. 자비심 많은, 호의적인, 친절한, 인정 많은. 자선의.

2) obsess[əbsés]; vt. 들리다, 사로잡히다; 괴롭히다《by; with》. vi. (늘) 괴로워하다, 고민하다.

인(仁)과 장수(長壽)의 전당에서

(원 오징: 1249-1333)

자비로운 사람은 장수를 즐긴다. 하늘과 땅이 창조한 모든 것은 자비로운 마음을 가지고 있다. 하늘과 땅은 가장 오래도록 장수한다. 현인의 자비는 하늘과 땅과 같아서 현인의 삶은 가장 길다.

완전한 덕행을 실행하기는 당연히 쉽지 않다. 300가지 형식의 예절이나 3,000가지 위엄 있는 예절을 생각해보면 자비롭지 않은 것은 하나도 없다. 하나만 실행해도 자비라고 할 수 있고 장수를 즐기도록 허용한다. 이것에 집착해서 나는 종종 이 세상에서 삶의 모든 행로를 지켜보고 있다. 온화하고 친절하며 관대하고 정직하거나 진실한 사람은 온유, 관용, 친절, 정직한 대로 장수를 즐길 것이고 그 순수함은 각각 자비의 일부이다.

〈김지원오문정집〉에서

夜行船 秋思

(元 馬致遠: 1250-1321)

百歲光陰如夢樓, 重回首往事堪嗟.
今日春來, 明朝花謝. 急罰盞夜闌燈滅。

THOUGHTS IN SAILING AT AUTUMN NIGHT

Living a hundred years of life,
   as if you were dreaming of becoming a butterfly
   looking back on the past, I can't help but sigh
   today, we welcome the beginning of spring.
Tomorrow, we will see the flowers wither.
Let's finish drinking quickly,
At night falls, the lights go out.

가을밤 항해 중 생각

(원 마치원: 1250-1321)

백 년을 살면서
　마치 나비가 되는 꿈을 꾸는 것처럼
과거를 돌아보면 한숨 쉬지 않을 수 없고
오늘, 우리는 봄의 시작을 환영한다.
내일, 우리는 꽃이 시들어가는 것을 볼 것이다.
술을 빨리 끝내자,
　밤이 되어 불은 꺼진다.

落梅風

天教富, 莫太奢, 無多時好大良夜.
看錢兄硬將心似鐵, 空事負錦堂風月.

《東離樂府》

WIND THAT DRIPS PLUMS

Heaven has given you [1]affluence,
　don't borrow any more money.
The good old days are only for a moment.
You [2]slaves to your riches, with your hearts hard as steel,
　do [3]injustice to the beautiful scenery from your mansion.

1) affluence[ǽflu(:)əns]: n. 풍부함, 풍요, 유복; 유입(流入).
2) slave[sleiv]: n. 노예; 노예같이 일하는 사람(drudge). vi. 노예처럼 일하다(drudge). 노예 매매를 하다.
3) in·jus·tice[indʒʌ́stis]: n. 부정, 불법, 불의, 불공평. 권리침해; 부당[불공평]한 처리; 불법행위, 비행.

자두를 떨어뜨리는 바람

하늘이 당신에게 풍요로움을 주었으니
  더 이상 돈을 빌리지 말라.
호시절은 잠시일 뿐이다.
당신은 강철 같은 단단한 심장으로 부를 위해 노예처럼 일해서
  당신의 저택에서 아름다운 경치를 위해서 불법행위를 한다.

〈동리락부〉에서

閒適

(元 關漢卿: 生卒年不詳)

南畝耕, 東山臥, 世態人情經歷多.
閑將往事思量過, 賢的是他, 愚的是我, 爭什麼?

《關漢卿全集》

RELAXATION

Song: Four Pieces of Jade

[1] Ploughing the rice fields in the south
[2] Reeling from the east
  much of life experienced.
Recalling the past in a leisurely way,
  let's keep him sage, and I'm that ignored.
Why fighting over it?

1) plough[plau]: n. 쟁기; 쟁기 모양의 기구, 경작, 농업. vt.(쟁기·팽이로) 갈다(till); …에 두둑을 만들다.
2) reel[riːl]: n. 릴, 얼레. 물레, 자새, 실패. vt. 얼레에 감다; (실을) 감다.

이완(弛緩)

(원 관한경: 생졸미상)

곡: 네 조각의 비취
남쪽에서 논밭 갈고
　동쪽에서 자새로 실 잣고
　　많은 삶의 경험.
지난 일을 여유롭게 회상하며
　그를 현자로, 나는 무식자로 있자.
왜 싸우지?

〈만한경 집〉에서

夢中作

(元 鄭光祖: 生卒年不詳)

敝裘塵土壓征鞍, 鞭倦裊蘆花.
弓箭蕭蕭, 一徑入煙霞.
動覊懷, 西風禾黍, 秋水兼葭.
千點萬點, 老樹寒鴉.
三行兩行, 寫長空歷歷, 雁落平沙.
曲岸西邊, 近水灣魚網綸竿釣槎.
斷橋東壁, 傍溪山竹籬茅舍人家.
見滿山滿谷, 紅葉黃花.
正是淒凉時候, 離人又在天涯.

《東籬樂府》

IN A DREAM

Song: Song of the Moon Palace

Dressed in a ragged leather suit, I ride on a saddle horse into the dust with a [1]flimsy whip like a reed catkins. Bows and arrows are useless as I head straight into the twilight.

The traveler's sentiment ²⁾stirs as western wind sweeps across the grains and water weeds on the autumn lake.

At dusk, the old trees were decorated with thousands of black spots by crows. A line of two or three geese flies across the desert like ³⁾slender bands across the infinite sky. On the west side of the windy coast, fishing boats are nestled, and the waves are ⁴⁾slapping pounding against the nets and fishing boats. On the west side of the broken bridge, bamboo fences line up around several ⁵⁾thatched cottages. Across all the mountains and valleys, I saw ⁶⁾crimson leaves and yellow flowers. On the mountain of pain, the dead are once again in the corner of the world.

1) flimsy[flímzi]: a. 무른, 취약한, 얄팍한, 천박한, 하찮은, n.; 얇은 종이, 전사지(轉寫紙), 복사지, 얇은 원고지.
2) stir[stəːr] vt. 움직이다, 휘젓다, 뒤섞다. 분발시키다. 자극하다, 선동하다《up》.
3) slender[sléndər]: a. 홀쭉한, 가느다란, 가냘픈, 날씬한. 얼마 안 되는, 적은, 빈약한. 미덥지 못한
4) slapping[slǽpiŋ]: a. 무척 빠른, (사람·말 따위가) 크고 훌륭한, 덩치 큰, 훌륭한. ad.: 굉장히 빠르게, 훌륭하게.
5) thatch[θætʃ]: n. 짚, 억새, 풀. 초가지붕. 숱이 많은 머리털. vt.: (지붕을) 짚으로 이다
6) crimson[krímzən]: n. 심홍색. a.: 심홍색의, 연지색의(deep red); 피로 물들인.
   vt., vi.: 심홍색으로 하다(되다), 얼굴을 붉히다, 얼굴이 붉어지다(blush)

꿈속에서

(원 정광조: 생졸미상)

곡: 달궁의 노래

남루한 가죽옷을 걸치고 나는 안장이 달린 말을 타고 갈대 화수(花穗: catkin)처럼 엉성한 채찍으로 채찍질하며 먼지 속으로 들어간다. 내가 황혼 속으로 곧바로 향해 가는데 활과 화살은 쓸모가 없다. 나그네의 정서는 곡식과 가을 호수의 수초를 휩쓰는 서풍에 뒤섞였다.

황혼녘에 고목들은 까마귀들에 의해 수천 개의 까만 반점으로 장식되었다. 기러기들이 두, 세 줄로 늘어서 무한한 하늘을 가로지르는 가느다란 띠처럼 사막을 가로질러 날아간다. 바람 부는 해안의 서쪽은 낚싯배가 자리 잡고 파도는 그물과 낚싯배에 철썩철썩 부딪히고 있다. 부러진 다리가 있는 서쪽에는 몇 채의 초가 오두막을 둘러싸고 대나무 울타리가 일렬로 서있다. 온 산과 계곡을 가로질러 나는 진홍색 잎과 노란 꽃을 보았다. 고통의 산에는 죽은 자들이 다시 한번 세상의 구석에 있다.

〈동리악부〉에서

松針工

(元 石屋濟洪: 1272-1352)

手攜刀尺走諸方, 線去針來日日忙 量盡前人長與短, 自家長短幾時量?

NEEDLE WORK

Wherever you go with scissors and a ruler
   the thread goes, the needle comes; busy everyday.
Taking everyone's measurements
   when am I going to measure myself?

바느질

(원 석옥제홍: 1272-1352)

가위와 자를 가지고 어디를 가더라도
   바늘 가는 곳에 실이 와서 매일 바쁘다.
모든 사람의 치수를 쟀는데
   나는 언제 나 자신의 치수를 잴 것인가?

山居詩

競利奔名何足誇, 情間獨許野僧家 心田不長無明草, 覺苑長開智慧花.
黃土被邊多蕨荀, 責苔地上少塵沙 我年三十餘來此, 幾度晴窓映落霞.
四十餘年獨隱居, 不知塵世幾榮枯 夜爐助暖燒松蔡, 午鉢充飢摘野蔬.
坐石看雲聞意思, 朝陽補納靜工夫 有人問我西來意, 盡把家私說向渠.

《福源石屋洪禪師語錄》

POEM OF MOUNTAIN LIVING

Worthless it is to [1]boast of
  competing for gain and pursuing fame.
In the wild leisurely strolls a lone monk,
  out of field of the heart grows
  no grass of ignorance.
From garden of realization
  blossom [2]bushels of flower of wisdom.
Beside the yellow [3]mounds
  grow abundant brakes and shoots.
Over moss ground [4]alight few dusts and sands.
Having come here in my thirties,
  many times the setting sun has been
  reflected on my window sill.
For forty-some years in [5]seclusion I have lived,
  unaware of the mundane world's rises and falls.
Nights are kept warm by
  the burning pine leaves in the stove,
  while midday hunger are satisfied by
  my bowl of hand-picked wild vegetables.
Seated atop a stone watching the clouds
  with carefree thoughts.
Patching clothes under the morning sun
  cultivates a peace of mind.
Should one ask why I came here from the West,
I tell only the river channel
  all of my private thoughts.

1) boast vi.: 자랑하다, vt.: 큰소리치다, (…을) 자랑으로 삼다, n.: 자랑(거리), 허풍.

2) bushels n.: 부셸(약 36리터, 약 2말), 1부셸들이의 그릇, 부셸 말, 대량.

3) mounds n.: 둑, 제방. 흙무덤, 석가산(石假山), 작은 언덕, 작은 산. vt.: …에 둑 쌓다.

4) alight vi.: 내리다, 하차하다, 착륙하다, 만나다, 발견하다. ad., a.: 불타고, 비치어, 생기 있게 빛나는.

5) seclusion n.: 격리, 은퇴, 은둔(隱遁), 인가에서 멀리 떨어진 곳.

산 생활의 시

명예를 얻고 추구하기 위해서 하는 경쟁을
  자랑하는 것은 무익한 것이다.
야생에서 한가롭게 산책하는 외로운 중 한 사람.
  마음 밖에서 자라는
  무지의 풀은 없다.
깨달음의 정원에서
  지혜의 꽃이 만발한다.
황토색 제방 옆에
  고사리와 새싹들이 풍부하게 자란다.
이끼 덮인 땅에 먼지와 모래가 거의 안 보인다.
30대에 여기 와서
  석양빛이 여러 번
  내 창턱에 반사되었다.
내가 살아온 은둔처에서 40년 동안
  속세의 부침을 알아차리지 못했네.
밤에는 난로에 솔잎을 때서
  따뜻하게 하고
  한낮의 배고픔은
  손으로 딴 야생 채소를 담은 내 그릇으로 충족된다.
평온한 생각으로 구름을 보며
  바위 위에 앉았다.
아침 햇살 아래서 옷을 기우면서
  마음의 평화를 수련한다.

왜 내가 서쪽에서 왔는지 묻는다면
　나는 모든 사적인 생각의
　강줄기만을 말한다.

〈복원석옥공선사 어록〉에서

13. 명(明: 1368~1644) 시대

和寒山詩

(明 楚石梵琦: 1296-1370)

舌是興亡本, 心爲福禍根; 萬般皆自造, 誰謂屬乾坤.
種福如種木, 種德如種穀; 所積旣已多, 所須無不足.

《達修必讀》

POEM OF HANSHAN

Speech is the principal cause of
   our rise and fall,
Mind is the fundamental root of
   fortunes and calamities.
Everything is caused by oneself,
   who is to hold heaven and earth responsible?
Cultivating merits is like planting trees,
   cultivating virtues is like planting grains.
Since what we have accumulated is already plenty,
   nothing we need will be insufficient.

한산(寒山)의 시

(명 초석범기: 1296-1370)

말은 우리의 흥망(興亡)의
   주된 원인으로
마음은 행운과 재앙의
   근본 뿌리이다.

모든 것은 자신에 의해 야기되는데
　누가 하늘과 땅의 책임을 끌어 드리는가?
덕행을 쌓는 것은 나무를 심는 것과 같고
　미덕은 곡물을 심는 것과 같다.
우리가 축적한 것은 이미 충분하므로
　필요한 것은 아무것도 없다.

〈연수필독〉에서

靑松與花

(明 劉基: 1311-1375)

善似靑松惡似花, 看看眼前不如它
有朝一日遭霜打, 只見靑松不見花.

《星雲說偈》

GREEN PINE AND FLOWERS

Pine-like goodness and the wickedness of flowers,
　even if you look through it, the later one is insignificant
　until they're both frozen and cut off
　the only thing left is a pine tree, not a flower.

청송과 꽃

(명 유기: 1311-1375)

소나무 같은 선(善) 그리고 꽃의 사악함,
　한번 훑어보아도 나중의 것은 하찮고,
　둘 다 얼어서 잘려질 그 날까지
　오직 남아 있는 것은 소나무요, 꽃은 아니더라.

〈성운설게〉에서

踏破海底天

(明 朱元璋: 1328-1398)

天爲羅帳地爲氈, 日月星辰伴我眠
夜間不敢長伸足, 恐伯踏破海底天.

《古今圖書集成》

TREAD OVER THE SKY UNDER THE SEA

The sky is my canopy and the ground is my blanket.
The sun, the moon, and the stars join me in my sleep.
I dare not fully stretch my legs at night.
It's because I'm afraid to put my feet under the sea.

바다 밑 하늘을 밟고 지나가다.

(명 주원장: 1328-1398)

하늘은 나의 차양이며 땅은 내 담요이다.
태양, 달, 별들이 내 선잠에서 같이한다.
나는 밤에 감히 완전히 다리를 펴지 못한다.
바다 밑에 내 발을 넣는 것이 두려워서다.

〈고금도서 집성〉에서

座右銘

(明 孫作: 約 1340-1424)

多言, 欺之蔽也 多思, 欲之累也.
潛靜以養其心, 強殼以篤其志.
去惡於人所不知之時, 誠善於己所獨知之地.
毋賤彼以貴我, 毋重物以輕身.

毋徇俗以移其守, 毋矯僞以喪其眞.
能忍所不能忍則勝物, 能容所不能容則過人.
極高明以游聖賢之域, 全淳德而爲太上之民.

《中國古代座右銘》

MOTTO

Excess speech is to hide a lie,
   excessive worry is the result of an accumulated desire.

Immerge your true heart in serenity,
   strengthen your willpower to concentrate on your goals.

1)Eradicate some unhealthy behavior that others don't know about.
Realize good sincerely with your own unique approach.

Don't insult others for your own honor,
Don't emphasize materialism nor neglect the true self.
Don't bend in the way of the mundane nor go stray from integrity.
Don't 2)bluff nor lose your integrity.

Be excellent in this world by enduring what you can't bear,
   surpass others by tolerating the intolerable.
When you reach the highest state of the sage,
keep your honesty to be a noble people.

---

1) eradicate[irǽdəkèit]: vt. 뿌리째 뽑다(root up); 근절하다(root out), 박멸하다. n. 뿌리째 뽑음; 근절; 박멸.
2) bluff[blʌf]: a. 절벽의, 무뚝뚝한, 솔직한. n. 허세, 으름장. 절벽. vt. …에 허세부리다, 엄포 놓다, 남을 으르다.

좌우명

(명 손작: 1340-1424)

지나친 언행은 거짓말을 감추기 위한 것이고
   과도한 걱정은 축적된 욕망의 결과이다.

본연의 마음으로 평온함에 잠기라,
   목표에 집중하려면 의지력을 강화하라.

남이 알지 못하는 어떤 불건전한 행위를 근절하라.
자신의 독특한 접근방식으로 성실하게 선을 실행하라.

자신의 명예를 위해 남을 모욕하지 말라,
물질주의를 강조하거나 참된 자아를 소홀히 하지 말라.
세속의 길로 돌지 말고 본성에서 빗나가지 말라.
허세 부리지 말고 진실성을 잃지 말라.

견딜 수 없는 것을 참아서 이 세상에서 뛰어나라.
   참을 수 없는 것을 참아서 남들을 능가하라.
현자의 최고 상태에 도달하면
   고귀한 사람이 되기 위해서 정직성을 지키라.

〈중국고대좌우명〉에서

指喻

(明 方孝孺: 1357-1402)

天下之事, 常發於至微, 而終爲大患. 始以爲不足治, 而終至於 不可爲.
當其易也, 惜旦夕之力, 忽之而不顧. 及其旣成也, 積世月, 疲思慮,
而僅克之, 如此指者多矣.

《古文觀止》

[1)]METAPHOR

Disasters in the world usually start with the smallest and turn into serious problems. A problem that was initially thought insignificant eventually becomes an unsolvable problem in the end.

If you ignore a problem that can be easily solved with a little effort and don't deal with it even after it's advanced, time is wasted and many people have to start dealing with it when people's thoughts start to get tired.

---

1) Metaphor[métəfɔ̀ːr]: n. 은유(隱喩), 암유(暗喩). 유사한[상징하는] 것.

은유

(명 방효유: 1357-1402)

세상의 재난은 대개 가장 작은 것으로부터 시작하여 심각한 문제로 변한다. 처음에는 대수롭지 않게 여겼던 문제가 결국 해결할 수 없는 문제가 된다.

잠깐의 노력만으로 쉽게 풀 수 있는 문제를 무시하여 그것이 진전된 후에도 처리하지 않으면 시간은 허비되고 사람들의 생각이 지치기 시작할 때 많은 사람이 그 문제의 처리를 시작해야 한다.

〈고문관지〉에서

勉學詩

莫驅屋上鳥, 鳥有反哺誠.
莫烹池上鴈, 鴈行如弟兄.
流親飛走倫, 轉見天地情.
人生處骨肉, 胡不心自平?
田家一聚散, 草木爲枯榮.
我願三春日, 垂光照紫荊.
同根而並蒂, 藹藹共生成.

《遜志齋集》

ENCOURAGEMENT FOR LEARNING

Don't ¹⁾chase away the crows on the roof,
   they have to go back to feed their parents.
Do not cook wild geese on the lake.
   the geese are like brothers when they fly.

If you look at the relationship between birds and animals,
   later, the sentiments of nature are revealed.
Life itself is tied to family ²⁾bonds.
How can you not ³⁾sympathize?

Whenever there's a union and separation at a farmhouse,
   lawns and trees ⁴⁾thrive and ⁵⁾wilt on them.
For three days in spring,
   I'll shine a light on the orchid.
Together with the same roots and stems,
   I hope them grow and thrive together.

1) chase[tʃeis]: vt. 쫓다, 추적하다; 추격하다. 쫓아버리다《away; off》; 몰아내다. 사냥하다.
2) bond[bɑnd]: n. 끈, 띠, 유대, 인연. 결속, 결합력. 계약, 약정, 동맹, 연맹. 증서, 계약서. 차용 증서; 채권 vt. 담보(저당)잡히다. …의 보증금을 적립하다, 이어지다, 접착[부착, 고착]하다《together》.
3) sympathize[símpəθàiz]: vi. 동정하다, 위로하다, 조의를 표하다. 공감하다, 찬성하다. n. 동정자, 동조자.
4) thrive[θraiv]: vi. vt.: 번창하다, 번영하다; 성공하다, 부자가 되다, 행운에 젖다, 잘 자라다, 성장하다.
5) wilt[wilt]: v. vi. 시들다, 약해지다. 풀죽게 하다; 약하게 하다. n. 시듦, 시들어 죽는 병, 위조병(萎凋病).

배움에 대한 격려

지붕 위의 까마귀들을 쫓아버리지 말라,
   그 까마귀들은 부모 까마귀를 먹이러 돌아가야 하니까.

호수 위 야생 기러기를 요리하지 말라.
　날을 때 그 거위들은 형제와 같으니까.

새와 짐승 사이의 관계를 보면
　나중에 자연의 감정이 드러난다.
인생 자체가 가족의 속박에 묶여있다.
　어떻게 공감하지 않을 수 있는가?

농가에서 혼인과 이별이 있을 때마다
　잔디와 나무는 번성하고 그 위에 시든다.
나는 봄에 사흘 동안
　난초에 빛을 비춰 주겠다.
같은 뿌리와 같은 줄기로 함께
　하나같이 자라고 번성하기 바라며.

〈손지제 집〉에서

七十詞

(明 唐寅: 1470-1524)

人生七十古來稀, 前除幼年後除老.
中間光景不多時, 又有炎霜與煩惱.
過了中秋月不明, 過了淸明花不好.
花前月下且高歌, 急須滿把金樽倒.
世上錢多賺不盡, 朝裡官多做不了.
官大錢多心轉憂, 落得自家頭白早.
春夏秋冬撚指間, 鐘送黃昏雞報曉.
請君細點眼前人, 一年一度埋荒草.
草裡高低多少墳, 一年一半無人歸.

《六如居士全集》

ON SEVENTY'S WORDS

From a long time ago, people
  it is rare for a man to live to 70 years old.
Excluding childhood and old age
  there is not much left in the meantime.
Except for the cold and the worries
  the moonlight fades after the middle of autumn.
After the flowers in the cemetery lost their beauty
  singing under the moonlight surrounded by flowers
  hurry up and fill an empty glass.
So much money in the world,
  you can't have them all by yourself,
  the many positions of the government offices,
  you can't have it all by yourself.
High positions and plentiful money make worries
  and your hair white sooner or later.
Spring, summer, autumn, winter,
  while you [1]clap your fingers once,
  the bell calls the twilight,
  the rooster announces the arrival of dawn.
Gentlemen, look at those people who came before you,
  come once a year and see them buried in weeds.
How high and low is a weed-covered graves?
Half of the graves have no one to sweep them each year.

---

1) clap[klæp]: vt. 때리다[부딪치다. (손뼉을) 치다; 박수갈채하다. 찰싹 때리다, 가볍게 치다.

70세에

(명 당인: 1470-1524)

먼 옛날부터 사람이
   70세까지 사는 것은 드문 일이다.
유년기와 노년기를 제하면
   그 사이에 남는 것이 별로 없다.
추위와 걱정을 제외하면
가을 중순 이후에 달빛은 희미해진다.
묘지에 놓인 꽃들이 아름다움을 잃은 후
   달빛 아래에서 꽃에 둘러싸여 노래를 부르며
   서둘러 빈 술잔을 채운다.
세상의 그 많은 돈을
   혼자서 다 가질 수 없고
   관청의 그 많은 관직을
   혼자서 다 가질 수 없다.
높은 관직과 그 많은 돈은 걱정을 만들어
   그대의 머리털을 조만간 흰색으로 만든다.
봄, 여름, 가을, 겨울
   손가락 한 번 까닥하는 동안
   종소리는 황혼을 부르고
   수탉은 새벽의 도착을 알린다.
사람들아, 그대 앞에 있는 사람들을 보라. 일 년에 한 번 와서 잡초에 묻힌 그들을 보라.
잡초에 덮인 무덤이 얼마나 높고 낮은가?
해마다 무덤의 절반은 관리해 줄 단 한 사람도 없는데.

〈육가거사 전집〉에서

百忍歌

(明 唐寅: 1470-1524)

百忍歌、百忍歌, 人生不忍將奈何?
我今與汝歌百忍, 汝當抽手笑呵呵!
朝也忍, 暮也忍, 取也忍, 辱也忍,
苦也忍, 痛也忍, 說也忍, 寒也忍,
欺也忍, 怒也忍, 是也忍, 非也忍,
方寸之間當自省.
君不見,
如來割身痛也忍, 孔子絶糧識也忍
韓信胯下辱也忍, 閔子單衣寒也忍
師德唾面羞也忍, 劉實汚衣怒也忍!
好也忍、歹也忍, 都向心頭自思忖;
囫圇吞下栗棘蓬, 恁時方識其根本!

《六如居士全集》

SONG OF HUNDRED ENDURANCES

Song a hundred patience,
Song a hundred patience.
How can you live without patience?
Today, with you,
I sing the song of a hundred patience.
Let's clap our hands and laugh! Ha, ha!

Endure in the morning, endure in the evening.
Endure shame, Endure disgrace,
Endure hardships, Endure pain.
Endure hunger, Endure cold
Endure [1]deception, endure anger.

Endure what is right, endure what is wrong.

Reflect on yourself in your mind.

Don't you see.

Buddha once had to cut his own flesh,

   he had to endure it!

Confucius once had starved without food,

   he had to endure it!

Han Xin once had to [2)]crawl under a person's leg crotch

   he had to endure with it!

Minzi once wore thin clothes in the cold,

   he had to endure it!

Shide once had someone [3)]spat in his face,

   he had to endure it in!

Liu Kuan once had someone dirty his clothes,

   he had to put up with it.

Endure the good, endure the evil,

Reflect on everything.

Swallow [4)]thorned chestnuts.

Think that this knowledge is so fundamental!

---

1) deception[disépʃən]: n. 사기, 기만, 협잡, 속임수, 현혹시키는 것, 가짜.

2) crawl[krɔːl]: vi 포복하다; 기다, 천천히 가다(흐르다), 슬슬 걷다, 비굴하게 굴다, 득실거리다, 얼룩지다.

3) spat[spæt]: n.:손바닥으로 때리기, 승강이, 말다툼, 후두두하는 빗소리. 조개알, 새끼 굴.

   vt., vi.; 손바닥으로 때리다, 승강이하다, 튀기다, 후두두 떨어지다.

4) thorned: a. 가시가 있는(많은).

백인(忍耐)의 노래

(명 당인: 1470-1524)

백인의 노래,
백번 참으라는 노래.
인내 없이 어떻게 살아갈 수 있는가?
오늘 그대와 함께
나는 백인의 노래를 한다.
그러면서 손뼉 치고 웃자! 하, 하!

아침에 참으라, 저녁에도 참으라.
부끄러움을 참고 치욕을 견디며
고난을 참고 고통을 견디라.
굶주림을 견디고 추위를 견디며
속임수를 견디고 분노를 참으라.
잘된 것을 참고 못된 것을 견디라.
당신의 마음에 자신을 반성하라.

보이는가.
부처님께서는 한때 자신의 살을 베어내야 했는데
   참아야 했다!
공자는 식량 없어 한때 굶주렸는데
   견뎌야 했다!
한신(韓信)은 한때 사람의 다리 가랑이 밑을 기어야 했지만
   그는 참아야 했다!
민자(閔子)는 한때 얇은 옷을 입고 추위 속에서
   견뎌야 했다!
사덕(師德)은 한때 누군가가 그의 얼굴에 침을 뱉었을 때
   참아야 했다!
류관(劉寬)은 한때 누군가가 그의 옷을 더럽혔을 때
   그는 참아야 했다.

좋은 일은 참고 나쁜 일은 견디라.

모든 것을 반성하라.

밤송이를 삼켜라.

이것을 아는 것은 아주 근본적인 것으로 생각하라!

〈육여거사 전집〉에서

臨江仙

(明 楊慎: 1488-1559)

滾滾長江東逝水, 浪花淘盡英雄,

是非成敗轉頭空, 青山依舊在 幾度夕陽紅.

白髮漁翁江渚上, 慣看秋月春風,

一壺濁酒喜相逢, 古今多少事, 都付笑談中.

《廿一史彈詞》

ROLLING, ROLLING THE YANGTZE FLOWS EAST

Rolling, rolling the Yangtze flows east,
  the waves swept through the heroes.

Right and wrong, success and failure, all empty,
  there's a green mountains left.
How many red sunsets?

A white haired fisherman by the river
  looking at the autumn moon and the breeze of spring
  welcoming me again with a glass of liquor [1]unstrained.

How many events have happened from the past until now.

What's matter with us all laughing and talking?

1) unstrained: a. 거르지[밭지] 않은, 걸러서 가려내지 않은; 긴장하지 않은, 무리가 없는, 자연스러운.

양쯔강은 돌고 돌아 동으로 흐른다.

(명 양진: 1488-1559)

양쯔강은 돌고 돌아 동으로 흐르고
   파도는 영웅들을 휩쓸어 갔다.

옳고 그름, 성공과 실패, 모두가 공한 것들.
   초록빛 산만 남았네.
붉은 노을은 얼마 만인가?

강변의 백발의 어부
   가을 달과 봄의 산들바람 바라보며
   거르지 않은 술 한 잔으로 나를 다시 반기네.

예로부터 지금까지 얼마나 많은 일이 있었나.
우리 모두 웃으며 이야기 나눈들 무엇이 문제인가?

〈입일사선사〉에서

訓兒歌

(明 王陽明; 1472-1529)

幼兒曹, 聽訓示 勤讀書, 敦孝弟.
學謙恭, 循禮義 節飮食, 戒遊戲.
母說謊, 莫貪利 母任情, 莫鬥氣.
勿責人, 但自治 能下人, 謙受益.
能容人, 是大器 凡散人, 在心地.

心地好, 福可箕 心地惡, 禍莫避.
譬樹果 心是蒂 蒂若壞, 果墜地.
吾敎汝, 卽此意 諦聽之, 須切記.

〈王陽明全集〉

INSTRUCTIONS FOR MY SONS

Listen to these instructions, my young sons.

Study diligently and have filial piety and a good heart.

Be humble and follow justice.

Control your diet and abstain from leisure.

Don't lie and don't be [1]greedy for profit.

Don't be [2]capricious and don't get annoyed.

Don't challenge others, only control yourself.

Learn humility, for humility is beneficial.

Tolerate others, for it makes you big-hearted.

Everything is in the mind to be a person.

A kind heart will be blessed.

With a wicked heart, misfortune will be [3]inevitable.

By comparison with fruit, the stem is the heart.

When the stem is rotten, the fruit will fall to the ground.

That's what my teaching for you is about,

  listen attentively and remember them well.

---

1) greedy[gríːdi]: a. 욕심 많은, 탐욕스러운. 갈망하는, 간절히 바라는. 몹시 …하고자 하는《to do》.

2) ca·pri·cious[kəpríʃəs]: a. 변덕스러운, (마음이) 변하기 쉬운, 일시적인(fickle).

3) inevitable[inévitəbəl]: a. 피할 수 없는, 면할 수 없는; 부득이한. 연의, 당연한.

내 아들들을 위한 훈계

(명 왕양명: 1472-1529)

내 어린 아들들아, 이 훈계들을 들어라.
부지런히 공부하고 효심과 고운 마음을 가져라.
겸허하고 정의를 좇아라.
식단을 조절하고 여가를 절제하라.
거짓말을 하지 말고 이익에 욕심내지 말라.
변덕 부리지 말고 짜증을 내지도 말라.
다른 사람들에게 도전하지 말고 오직 자신을 통제하라.
겸손을 배우라, 겸손은 유익하니라.
다른 사람들을 용인하라, 그래야 너희들이 큰마음을 갖게 되기 때문이다.
사람이 되기 위한 모든 것은 마음속에 있다.
친절한 마음은 축복이 따를 것이다.
사악한 마음으로 불행을 피할 수 없을 것이다.
과일에 비유하면 줄기는 심장이다.
줄기가 썩으면 열매는 땅에 떨어질 것이다.
너희들을 위한 나의 가르침은 그런 의도이므로
   주의 깊게 듣고 잘 기억하라.

〈왕양명 전집〉에서

善惡有報

(明 吳承恩: 1500-1582)

人心生一念, 天地悉皆知
善惡若無報, 乾坤必有私.

《西遊記》

GOOD AND BAD RETRIBUTIONS

Heaven and earth know the thoughts of those who think in their hearts.
If there is no retribution for good and evil, then the universe must not be fair

선과 악의 응보

(明 吳承恩: 1500-1582)

마음속에 떠올리는 사람들의 생각은 천지가 안다. 만일 선과 악에 응보가 없다면
그렇다면 우주는 공평하지 않음이 틀림없다.

明日

(明 文嘉: 1501-1583)

明日復明日, 明日何其多: 日日待明日, 萬事成蹉跎.
世人皆被明日累, 無日無窮老將至. 晨昏滾滾水東流,
今日悠悠日西墜. 百年明日能幾何? 請君聽我明日歌.

TOMORROW

One tomorrow after another,
   there are too many tomorrows.
Waiting everyday for tomorrow,
   all today is wasted.

We are all burdened by tomorrow.
When deluded by endless tomorrow, unaware of nearing old age

The rolling waves flow eastwards at [1)]dusk and dawn.
The sun sets westwards at the end of a long leisurely day.

How many tomorrow do we live?

Listen to tomorrow's song I sing.

1) dusk[dʌsk]: n. 어둑어둑함, 박명. 땅거미, 황혼. 어두컴컴함. vt., vi. 어두컴컴하게 하다.〔되다

내일

(명 문가: 1510-1583)

내일은 또 다른 내일,
　너무 많은 내일이 있다.
내일을 기다리는 매일,
　모든 오늘이 허비된다.

우리는 내일의 짐을 지게 된다.
끝없는 내일에 속을 때 가까워져 오는 노년을 알아차리지 못한다.

굽이치는 파도는 황혼과 새벽에 동쪽으로 향한다.
태양은 한가로운 긴 오늘 하루의 끝에서 서쪽으로 진다.
우리는 얼마나 많은 내일을 사는가?
내가 부르는 내일의 노래를 들어보라.

今日

今日復今日, 今日何其少 今日又不爲, 此事何時了?
人生百年幾今日, 今日不爲眞可惜!
若言姑待明朝至, 明朝又有明朝事. 爲君聊賦今日詩, 努力請從今日始.

《文氏五家集》

TODAY

Today is another day,
   there are very few todays.
Yet another today with matter left undone.
When shall it ever come to an end?

How many todays are there in our lives?
Leaving things undone today is truly a waste.
To say that it can wait for tomorrow,
   but there are other things to do tomorrow.
This poem is for you.
Start your efforts from today!

오늘

오늘은 또 다른 오늘.
   오늘은 거의 없다.
또 다른 오늘에는 하지 못한 일이 아직 남아 있다.
언제 끝내야 하는가?

우리 인생에 얼마나 많은 오늘이 있는가?
오늘 하지 않은 일을 남겨두는 것은 정말 낭비이다.
내일을 기다릴 수 있다고 말하지만
   하지만 내일은 다른 할 일이 있다.
너를 위해 이 시를 쓴다.
오늘부터 너의 노력을 시작하라!

〈문씨오가 집〉에서

醒世詩

(明 羅念菴: 1504-1564)

有有無無且耐煩, 勞勞碌碌幾時閑?
人心曲曲彎彎水, 世事重重疊疊山.
古古今今多改變, 貧貧富富有循環
將將就就隨時過, 苦苦甜甜命一般.
急急忙忙苦追求, 寒寒暖暖度春秋
朝朝暮暮營家計, 昧昧昏昏白了頭.
是是非非何日了, 煩煩惱惱幾時休
明明白白一條路, 萬萬千千不肯修.

《念蔡羅先生傳》

AWAKENING THE WORLD

When dealing with comings and goings,
　patience is ¹⁾inevitable.
If alway toiling and laboring,
　when will free time come?
My mind moves such manner,
　as twisting and turning like a river.
Daily layered and overlapped,
　mundane affairs pile into mountains.
In the past or present
　changes are always varied.
The days of poverty and wealth
　come and goe periodically.
Be content with what you already got,
　it helps you get through life.
The sweet and bitter taste of life
　eventually leaves the same feeling.

316 • 삶의 지혜

If you hurry in haste,
   your painstaking pursuit continues.
Through warmth and coldness,
   spring and autumn come and go.
Without distinction of day and night
   household affairs to be managed.
If you're ignorant and confused,
   you are suddenly getting old.
All this fight over right and wrong
   when will it be over?
All these worries and anguish
   when will they be over?
Obviously and ²⁾consciously
   walk through the path we choose.
Because of hundreds or thousands of reasons
   we refuse to cultivate.

1) inevitable[inévitəbəl]: a. 피할 수 없는, 면할 수 없는; 부득이한. 필연의, 당연한. 변함없는, 예(例)의.
2) conscious[kάnʃəs/kɔ́n-]: a. 의식하고 있는, 의식적인. 지각있는, 제정신의. n. 의식.

세상사 깨우치기

(명 라념암: 1504-1564)

오가며 거래할 때
   인내는 부득이한 것이다.
항상 고달프고 고되면
   자유시간은 언제쯤 올 것인가?
마음은 강처럼 뒤틀리고
   돌고 도는 방식으로 움직인다.
겹겹이 겹치는 일상의
   일들이 산같이 쌓인다.

과거나 현재나
　변화는 항상 다양하다.
빈곤한 날과 부유한 날은
　주기적으로 오고 간다.
이미 얻은 것들로 만족하라,
　그것으로 삶을 사는데 도움이 된다.
삶의 달고 쓴 맛은
　결국 같은 느낌을 남긴다.
급하게 서두르면
　고단한 추구는 계속된다.
따뜻함과 추위를 통해
　봄과 가을이 오고 간다.
밤낮없이 가사를
　관리해야 한다.
무식하고 혼란스러우면
　갑자기 늙는다.
옳고 그름에 대한 이 모든 다툼은
　언제 끝날 것인가?
이렇게 많은 걱정과 번뇌는
　언제 끝날 것인가?
분명히 그리고 의식적으로
　우리가 선택한 길을 걷는다.
수백, 수천 가지 이유 때문에
　우리는 수양을 거부한다.

〈라념암선생 전〉에서

如何處世

(明 耿定向: 1524-1597)

俗情濃灩處, 淡得下 俗情苦僧處, 耐得下.
俗情抑鬱處, 遣得下 俗情耽溺處, 澈得下
俗情優攘處, 閒得下 俗情牽絆處, 斬得下
俗情矜張處, 抑得下 俗情侈放處, 斂得下
俗情難忍處, 忍得下 俗情難用處, 容得下.

《四書》

HOW TO NAVIGATE THE WORLD

When you're overwhelmed by mundane sentiments,
   you should be able to remain detached.
When you're suffering from mundane sentiments,
   you have to be able to bear them.
When mundane sentiments become indulging,
   you have to be able to let them go.
When you're into mundane sentiments,
   you should be able to give them up.
When worldly sentiments are confused
   you should be able to be calm.
When mundane sentiments are [1]shackled
   you have to be able to break it.
When mundane sentiments are [2]exaggerated
   you should be able to restrain it.
When mundane sentiments make it difficult to endure
   you have to be able to put up with it.
When mundane sentiments are intolerable
   you should be able to tolerate them.

1) shackle[ʃækəl]: n. 쇠고랑, 수갑, 족쇄, 구속, 속박, 굴레〖紋章(문장)〗쇠고리 줄 모양.
   vt. 수갑을 채우다, 구속하다, 속박하다, 방해하다《with; by》; 사슬로 잇다.
2) exaggerated: a. 떠벌린, 과장된, 지나친; 과대시된; 부자연스러운; (몸의 기관 따위가) 이상 비대한.

세상사 헤쳐나가기

(명 경정향: 1524-1597)

세속적인 감정에 압도될 때
　변함없이 초연해 할 수 있어야 한다.
세속적인 감정으로 괴로울 때
　그것들을 견딜 수 있어야 한다.
세속적인 감정이 울적할 때
　놓아 줄 수 있어야 한다.
세속적인 감정에 빠져들 때
　그들을 포기할 수 있어야 한다.
세속적인 정서가 혼란스러울 때
　평온할 수 있어야 한다.
세속적인 정서가 족쇄가 될 때
　그것을 깨부술 수 있어야 한다.
세속적인 정서가 과장되면
　그것을 제지할 수 있어야 한다.
세속적인 정서로 참기가 어려울 때
　그것을 참아낼 수 있어야 한다.
세속적인 정서로 참을 수 없을 때
　그것을 용인할 수 있어야 한다.

〈사서〉에서

濟眾十網

(明 袁了凡: 1533-1606)

一, 與人爲善. 二, 愛敬存心. 三, 成人之美. 四, 勸人爲善. 五, 救人危急.

六, 與建大利. 七, 捨財作福. 八, 護持正法. 九, 敬:重尊壯. 十, 愛惜物命.

TEN ESSENTIAL GUIDELINES FOR HELPING OTHERS

1. Do good to others.
2. Have love and respect.
3. Help others achieve their goals.
4. Encourage others to do good.
5. Save others in case of an emergency.
6. Do something for the greater good.
7. Give your wealth to build your virtue.
8. Keep the right law.
9. Respect your superiors.
10. Cherish your possession and your life.

남을 돕기 위한 10가지 기본지침

(명 원료범: 1533-1606)

1. 남들에게 선을 베풀라.
2. 사랑과 존경심을 가지라.
3. 남이 목표를 달성하도록 도우라.
4. 남이 선을 행하도록 격려하라.
5. 비상사태 시 남을 구제하라.
6. 더 큰 선을 위한 일을 하라.
7. 덕행을 쌓기 위해서 재산을 주어버리라.
8. 올바른 법을 지켜라.
9. 손윗사람을 존중하라.
10. 자신의 소유와 삶을 소중히 하라.

一心淸淨

爲善而心不著善, 則隨所成就, 曾得圓滿.
心著於善, 雖終身勤勸, 止於半善而已.
譬如以財濟人, 內不見已. 外不見人,
中不見所施之物, 是謂三輪體空, 是謂一心淸淨
則斗粟可以種無涯之福. 一文可以消千劫之罪.
尙此心未忘, 雖黃金萬鎰, 福不滿也.

《了凡四訓》

A CLEAR MIND

Those who do wholesome deeds, and are detached from what they have done will know that their actions have been successful and accomplished.

Even though people who are obsessed with wholesome deeds and diligent, their behavior can be considered half-wholesome.

For example, when you give charity to others, give it with a pure heart, do not [1]dwell on the giver and the receiver, or on what has been given.

This is called non-substantiality in three aspects of giving.

Giving a pound of grain in this way, can lead to infinite virtue, and a [2]donation of single penny can clear the [3]transgressions of thousands of [4]kalpas. However, even 200,000 pieces of gold do not bring prosperity if you have an attachment.

1) dwell[dwel]: vi. 살다, 거주하다. 머무르다, 체재하다 n. (기계의) 일시 운전 정지; 망설임.
2) donation: n. 증여, 기증, 기부. 기증품, 기부금, 의연금.
3) transgression[trænsgréʃən]: n. 위반, 범죄. 관습에 대한 도전.
4) kalpa[kʌ́lpə]: n. 겁(劫)《43억 2천만 년》.

청정한 마음

건전한 일을 하고 자신이 한 일에 초연한 사람들은 자신의 행동이 성공적이며 성취했다는 것을 알게 될 것이다.

건전한 행동에 집착하는 사람들은 부지런하다 해도 그들의 행동은 절반만 건전한 것으로 간주 될 수 있다.

예를 들어 남에게 자선을 베풀 때는 순수한 마음으로 베풀어라, 주는 자와 받는 자, 준 것에 대해서 연연하지 말라.

이것은 기부의 세 가지 측면에서 비-실속성이라고 한다.

이런 식으로 곡식 1근을 주면 무한한 덕행이 될 수 있고 한 푼의 기부는 수천 겹의 허물을 벗을 수 있다. 그러나 애착의 마음을 가지면 이십만 조각의 황금도 번영을 가져다주지는 않는다.

因果不昧

(明 袁료凡: 1533-1606)

一時勸人以口, 百世勸人以書, 公德悉皆無量, 爲善最樂.
五戒可保人身, 十善可生天界, 因果決定不昧, 讀書有益.

CAUSE AND EFFECT ARE UNAMBIGUOUS

Words can persuade a person for a moment.
Books can persuade generations.

Uncountable values
 become the most happiness with wholesome deeds.

The five precepts* ensures
 [1]reincarnation in a human form.
The ten virths**

guide reincarnation to heaven.

The law of cause and effect
    cannot be violated,
It is useful when you study.

1) unambiguous: a. 모호하지 않은, 명백한.
2) reincarnation: n. 다시 육체를 부여함; ⒞ 화신(化身), 재생, 환생; ⒰ 영혼 재래설(再來說)

* The first precepts are not killing, not stealing, not sexual misconduct, not lying, and not taking intoxicants.
** The ten wholesome conducts are not killing, not stealing, not committing adultery, not lying, not speaking harshly, not speaking divisively, not speaking idly, not being geedy, not being angry, not having wrong views.

인과의 법칙은 명백하다.

말로 남을 잠시 설득시킬 수 있다.
책은 여러 세대를 설득할 수 있다.

헤아릴 수 없는 가치는
    건전한 행동으로 가장 행복해진다.

오계(五戒)*는
    하나의 인간 형태로 환생을 보장한다.
십선(十善)**은
    천계로 환생을 인도한다.

인과의 법칙은
    위반할 수 없으며,
공부할 때 유익하다.

* 오계(五戒): 살생, 도둑질, 성추행, 거짓말 그리고 음독을 금지하는 것이다.

** 십선(十善): 살생하지 않고 도둑질하지 않고 간음하지 않고, 거짓말하지 않고, 잔인한 말 하지 않고, 분별없이 말하지 않고, 멍청이 말하지 않고, 싫증이 나지 않고, 분노하지도 않고, 잘못 보지 않는 것이다.

爲物立則

勿以己之長而蓋人, 次以己之善而形人, 功以己之多能而困人.
收斂才智, 若無若虛 見人過失, 且涵容而掩覆之.
一則令其可改, 一則令其有所顧忌而不敢縱.
見人有徵長可取, 小善可錄, 翻然捨己而從之, 且爲艶稱而廣述之.
凡日用間, 發一言, 行一事. 全不爲自己起念, 全是爲物立則.
此大人天下爲公之度也.

《了凡四訓》

ESTABLISHING PRINCIPLES

Do not oppress others with your forte, nor judge others based on your virtues, otherwise, others will suppress your abilities.

Hide the wisdom of your talent in a way that is unconsciously absence. When you see other's mistakes, simply forgive and hide them. Pay attention so that they can correct themselves or not repeat the same mistake again.

If you look at other people's trivial virtues, [1]discard your personal perspective, entertain them, praise them, and share others' good deeds.

All words and actions made in everyday life must not deviate from one's own agreement and must be for the establishment of world principles.

Making such a great heart work for the public is a way to have public good for the world.

---

1) discard[diskάːrd]: vt. 버리다, 해고하다(discharge). n. 폐기. 버림받은 것. 버리는 패.

원칙 수립

자신이 가진 강점으로 남을 억압하지 말라, 자신의 덕을 기반으로 남을 심판해서도 안 된다. 그렇지 않으면 남들이 당신의 능력을 억누를 것이다.
무의식적으로 없다고 하는 방법으로 당신 재능의 지혜를 숨겨라.
남의 잘못을 보면 쉽게 용서하고 그들을 숨겨라. 그들이 스스로를 바로 잡을 수 있도록 주의를 기울이거나 똑같은 실수를 다시 반복하지 않도록 주의를 주라.
남의 사소한 덕행을 보면 본인의 개인적인 관점을 버리고 그들을 즐겁게 하고 그에 더해서 칭찬하고 남들의 선행을 공유하라.
일상생활에서 하여진 모든 말과 행동은 자신의 합의에서 벗어나지 않아야 하고 세상 원칙의 확립을 위한 것이어야 한다.
그러한 훌륭한 마음을 대중에게 일게 하는 것이 세상을 위한 공공의 선을 갖는 방법이다.

〈료범 사칙〉에서

本箴

(明 王錫爵: 1534-1614)

孝悌爲立身之本, 忠恕爲存心之本,
立志爲進造之本, 讀書爲起家之本,
嚴肅爲正家之本, 勤儉爲保家之本,
寡歡爲養身之本, 愼言爲遠害之本,
節欲爲卻病之本, 淸勤爲當官之本,
謹厚爲待人之本, 擇友爲取益之本,
虛心爲受敎之本, 自修爲止謗之本,
凝重爲受福之本, 一經爲敎子之本,
積善爲裕後之本, 方便爲處事之本,
權宣爲應變之本, 瞻略爲任事之本,
實勝爲得名之本, 聖賢以心地爲本
君子專大於務本.

《格言聯璧》

THE [1]MAXIM

Filial piety is fundamental to self-realization.

Loyalty and kind heart are fundamental to intention.

Resolution is fundamental to participate in better research.

Reading is the foundation of a family.

Diligence and frugality are fundamental to support the family.

If your desire is small, it is fundamental to prevent danger.

Controlling desire is fundamental to get rid of diseases.

Honesty and [2]prudence are fundamental to become a public official.

Kindness is fundamental to people's treatment.

Choosing a good friend is fundamental to making a profit.

Humility is fundamental to receive instruction.

Self-discipline is fundamental to prevent slander.

Taking responsibility is the basis of being blessed.

One scripture is fundamental to children's education.

A strong good deed is the basis for enriching the offering.

Convenience is fundamental to handle affairs.

Convenience is fundamental to deal with emergencies.

Courage and [3]strategy are fundamental to hold a position.

True victory is fundamental to gain strength.

Saints and wise men use their minds fundamentally,

   the sage concentrates his power on these foundations.

---

1) maxim[mǽksim]: n. 격언, 금언. 처세훈(訓), 좌우명; 【수학】 공리; 【철학·논리학】 격률(格率

2) prudence[prúːdəns]: n. 신중, 세심, 사려, 분별, 빈틈없음.검약(frugality).

3) strategy[strǽtədʒi]: n. 용병학, 병법; (대규모의) 전략; 작전; 책략.

격언

(명 왕석작: 1534-1614)

효도는 자아실현을 위한 근본이다.
충성심과 친절한 마음은 의사(意思)의 근본이다.
결심은 더 나은 연구에 참여하는 근본이다.
독서는 가족을 이루는 근본이다.
근면과 절약은 가족을 부양하기 위한 근본이다.
욕망이 작으면 위험을 막을 수 있는 근본이다.
욕망을 통제하는 것은 질병을 없애기 위한 근본이다.
정직함과 신중함은 공직자가 되는 근본이다.
친절은 사람들을 치료하기 위한 근본이다.
좋은 친구를 선택하는 것은 이익을 얻는 근본이다.
겸손은 가르침을 받기 위한 근본이다.
자기 수양은 중상모략을 막기 위한 근본이다.
책임을 지는 것은 축복을 받는 근본이다.
하나의 경전은 자녀교육의 근본이다.
강한 선행은 제물을 풍성하게 하는 근본이다.
편의는 업무처리의 근본이다.
편의주의는 비상사태에 대처하기 위한 근본이다.
용기와 전략은 직위를 보유하기 위한 근본이다.
진정한 승리는 힘을 얻는 근본이다.
성자와 현자는 근본으로 자신들의 마음을 사용하고,
　현자는 이들 근본에 자신의 힘을 집중한다.

〈격언연벽〉에서

菜根譚
富貴如花

(明 洪應明: 生卒年不詳)

富貴名辱,

自道德來者, 如山林中花, 自是舒徐繁衍.

自功業來者, 如盆檻中花, 便有遷徙與廢.

以權力得者, 如瓶鉢中花, 其根不植, 其萎可立待矣.

SELECTION FROM TENDING THE ROOTS OF WISDOM
PROSPERITY LIKE A FLOWER

Wealth and fame

What I gained through virtue is like a flower in the forest,

   they will flourish naturally.

What is acquired by profit is like a flower in a pot.

   they will experience replacement, rise and fall.

What is acquired by power is like a flower in a pot.

   they can't take root and wilting is a matter of time.

채근담(菜根譚)에서
꽃 같은 부(富)

(명 홍응명: 생졸미상)

부와 명성

덕행으로 획득한 것은 숲속의 꽃과 같아서

   그들은 자연스럽게 번성할 것이다.

잇속으로 획득한 것은 화분 속의 꽃과 같다,

   그들은 교체, 흥망성쇠를 경험할 것이다.

힘으로 획득한 것은 화분 속의 꽃과 같다,

   그들은 뿌리를 내릴 수 없으며 시드는 것은 시간문제이다.

人間實相

天下有二難, 登天難, 求人更難.
天下有二苦, 黃連苦, 貧窮更苦.
天下有二險, 江湖險, 人心更險.
人間有二薄, 春冰薄, 人情更薄.
知其難, 守其苦, 潮其險, 忍其薄,
則可以處世矣.

THE REALITY OF HUMANITY

Two difficult things in this world are going up to heaven, and more difficult things are asking for help from others.

Two things are considered bitter in the world, the taste of [1]coptis, and even more so is poverty.

Two things that are considered dangerous in this world, are the world itself and even more dangerous are the human mind.

Two things are considered thin in this world, spring thin ice, and even thinner is sympathy.

By knowing the difficulties, surviving the bitter, sensing the dangers, and enduring the thin, you should be able to deal with the world.

1) coptis: n. 황련(黃連)

인간의 실상

이 세상에서 두 가지 어려운 일은 하늘로 올라가는 것과 그보다 더 어려운 것은 남에게 도움을 청하는 것이다.

이 세상에서 두 가지 쓴 것은 황련(黃連)인데 그보다 더 쓴 것은 빈곤이다.

이 세상에서 위험한 것으로 간주되는 것 두 가지는 세상 자체 그리고 더욱 위험한 것은 인간의 마음이다.

이 세상에서 두 가지가 얇은 것으로 간주되는 것은 봄철 살얼음 그리고 더 얇은 것은 동정심이다.

어려움을 알고 쓰라린 생존을 하고 위험을 감지하고 얇은 것을 견디어내야 세상을 다룰 수 있다.

嚴己寬人

人之論我也, 與其能辯, 不如能容
人之侮我也, 與其能防, 不如能化.
攻人之惡, 母太嚴, 要思其堪受
教人之善, 母過高, 當使其可從.

BE STRICT WITH YOURSELF AND [1]LENIENT TOWARDS OTHERS

When someone talks about me
　better to tolerate it than argue about it.
When someone insults you, it's better to just leave it as it goes rather than
　try to stop it
Don't punish others too harshly for their unwholesome behavior.

it should be considered so that they can bear it.

Don't raise your cane too high when you teach people wholesomeness,
　you have to consider what they can achieve.

1) le·ni·ent[líːniənt]: a. 관대한; 인정 많은, 자비로운. (벌 따위가) 가벼운; 《고어》 완화하는, 위로하는.

자신에게 엄격하고 남에게 관대하라.

누군가 나에 대해서 말할 때,
　그것에 대해 논쟁하는 것보다 그것을 용인하는 것이 낫다.
누군가가 당신을 모욕할 때 그것을 막으려고 하기보다는 그냥 가는 대로 두는 것이 좋다.
남들의 불건전한 행위에 대해서 그들을 너무 가혹하게 응징하지 말라,
　그들이 견딜 수 있도록 고려해야 한다.
사람들을 건전하게 가르칠 때 회초리를 너무 높게 들지 말라,
　그들이 성취할 수 있는 것을 고려해야 한다.

一念之間

一念之喜, 景星慶雲 一念之怒, 震雷暴雨
一念之慈, 和風甘露 一念之嚴, 裂日秋霜.

ALL IN A THOUGHT

The idea of happiness is like an ¹⁾auspicious star and cloud.
The thought of anger is like a ²⁾shivering thunderstorm.
The idea of mercy is like a breeze and a sweet dew.
The idea of strictness is like a scorching sun and a frost in autumn.

1) auspicious[ɔːspíʃəs]; a. 길조의, 경사스런, 상서로운; 행운의.
2) shivering: n. 떨림, 전율. a. 떨리는, 전율할.

생각의 모든 것

행복에 관한 생각은 상서로운 별과 구름과 같다.
분노에 관한 생각은 떨리는 뇌우와 같다.
자비에 관한 생각은 산들바람과 달콤한 이슬과 같다.
엄격에 관한 생각은 불볕 태양과 가을의 서리와 같다.

水滴石穿

繩鋸木斷, 水滴石穿, 學道者須加力索
水到渠成, 瓜熟蒂落, 得道者一任天機.

A DROP OF WATER CAN PIERCE THROUGH STONE.

Small hits a huge oak tree and knocked it down,
　the constant dripping of water ¹⁾pierce the stone,
　a person who learns the Way needs to make an effort.

Where the water flows, the canals form,
　fruits fall off when they're ripe, a man gets the Way.

1) pierce[piərs]: vt. 꿰찌르다, 꿰뚫다, 관통하다. …에 구멍을 뚫다. 돌파하여 침입하다.

떨어지는 물방울이 바위를 뚫는다.

작은 타격들이 거대한 참나무를 쓰러뜨리고,
　끊임없이 떨어지는 물방울이 돌을 뚫으며,
　도(道)를 배우는 사람은 노력을 발휘할 필요가 있다.

물이 흐르는 곳에 운하가 형성되고,
　과일은 익으면 떨어지며, 사람은 도를 얻는다.

身心閑靜

此身常放在閑處, 榮辱得失誰能差遣我
此心常安在靜中, 是非利害誰能瞞昧我.

A TRANQUIL BODY AND MIND

If my body is in a steady state and carefree, who can order me to play to the temptations of honor and dishonor, success and failure?

If my mind is calm in a constant state, who can deceive me with right, wrong, good, and true?

평온한 몸과 마음

내 몸이 안정된 상태로 근심 걱정이 없다면 누가 나에게 명예와 불명예, 성공과 실패의 유혹에 놀아나라고 주문할 수 있는가?

내 정신이 일정한 상태로 평온하다면 누가 옳고 그름과 득과 실로 나를 속일 수 있는가?

體諒患離人

處富貴之地, 要知貧賤之痛癢.
當少壯之時, 須念衰老人幸酸.
居安樂之場, 當體患離人景況.
處方觀之地, 要知局內之苦心.

《菜根譚》

BE SYMPATHETIC TOWARDS THOSE LESS FORTUNATE

When you're in a rich and noble position,
  be aware of poverty and low-mindedness.

When you're young and energetic,
  be aware bitterness of old age and [1]deterioration.

When you're in a happy and stable state
  be sympathetic towards those who are less fortunate.

When in the position of a [2]bystander,
  be aware of the hardship experienced by those involved.

---

1) deterioration[ditíəriərèit]: n. 악화, (질의) 저하, 열화(劣化), 노후화, 가치의 하락; 타락, deteriorate vt. 나쁘게 하다; 열등하게 하다, (가치를) 저하시키다, 타락시키다.

2) bystander[báistændər]: n. 방관자(looker-on), 국외자. 구경꾼.

불우한 사람에게 자비를 베풀라.

부유하고 고귀한 자리에 있을 때
  빈곤과 비천한 처지를 알라.

젊고 힘 있을 때
  노년의 쓴맛과 쇠퇴(衰退)를 깨달으라.

기쁘고 안정된 상태에 있을 때
  불우한 사람들에게 자비를 베풀라.

구경꾼의 위치에 있을 때
  관련자들이 겪는 어려움을 알아차리라.

〈채근담〉에서

凝古

(明 蓮池株宋: 1535-1615)

畏寒時欲夏, 苦熟復思冬
妄想能消滅, 安身處處同.

《雲棲法彙》

CONDENSED ANCIENT

Those who are afraid of cold weather,
  always miss summer.
Those who feel the burning heat,
  think of winter over and over again.
If the fantastic thinking disappears,
  you can settle anywhere.

간결한 요약

(명 연지주굉: 1535-1615)

추운 날씨를 두려워하는 사람은
  항상 여름을 그리워하고
타는 듯한 열기를 느끼는 사람은
  반복해서 겨울을 생각한다.
환상적 사고가 사라지면
  어느 곳에서나 정착할 수 있다.

〈운루법휘〉에서

四則

(明 呂坤: 1536-1618)

心要如天平, 稱物時, 物忙而衡不忙
物去時, 卽懸空在此只恁靜虛中正, 何等自在!

一念收斂. 則萬善來同
一念放恣, 則百邪乘釁.

自家好處揜藏幾分, 這是含蓄以養深
別人不好處揜藏幾分, 這是渾厚以養大.

寧耐, 是思事第一法. 安詳, 是處事第一法.
謙退, 是保身第一法. 涵容, 是處人第一法.
置富貴, 貧賤, 死生, 常變於度外, 是養心第一法.

《明史》

FOUR ARTICLES

I

The mind should be like a scale. When weighing matters, balance the shaking pendulum. When the measurements are balanced, put the [1]pendulum in a place where it stands upright and stops. How perfect is it?

II

A momentary repression
  lead an infinite amount of virtue.
The momentary indulgence
  causes unimaginable problems.

III

To hide one's strengths
  is to develop a hidden depth of humanity.
To hide a other's fault
  is to develop the [2]magnanimity of hidden humanity.

IV

When it comes to think about it,
  patience is the best choice.
When dealing with a problem
  calm is the best choice.
Humility and [3]concession,
  are the best choice to protect yourself.
Tolerance is the best choice
  to get along with others.
No considering to wealth and status, death and change at all,
  is the best choice for cultivating your mind.

1) pendulum[péndʒələm]: n. (시계 따위의) 흔들이, 흔들리는 추; 몹시 흔들리는 물건; 매다는 램프.

2) magnanimity[mæ̀gnəníməti]:n. 도량, 아량, 너그러움; 배짱이 큼; (pl.) 관대한 행위.

3) concession[kənséʃən]: n.양보, 용인. 용인된 것. 허가, 면허, 특허, 이권(利權), 특권. 거류지, 조계(租界).

네 가지 규약

(명 여곤: 1536-1618)

I

마음은 대 저울과 같아야 한다. 무게를 달 때 흔들리는 추의 균형을 잡아라. 계측물이 균형을 이루면 추를 중심에 있게 똑바로 서서 멈추는 곳에 두라. 얼마나 완벽한가?

II

한순간의 억제는
  무한한 덕행을 이끈다.
한순간의 탐닉은
  상상도 할 수 없는 문제를 일으킨다.

III

자신의 장점을 감추는 것은
  숨겨진 인간성의 깊이를 키우는 것이다.
남의 잘못을 감추는 것은
  숨겨진 인간성의 관용을 키우는 것이다.

IV

생각할 때
  인내가 최선의 선택이다.
문제를 다룰 때
  침착함이 최선의 선택이다.
겸손과 양보는
  자신을 보호하는 최선의 선택이다.
관용은 남들과 어울리는

최상의 선택이다.

부와 지위와 죽음과 변화를 전혀 고려하지 않는 것은
마음을 수양할 때 최선의 선택이다.

〈명사〉에서

十不足

(明 洙: 載塤: 1536-1610)

終日奔忙只位飢, 才得有食又思衣.
置下綾羅身上穿, 拾頭又嫌房屋低.
蓋下高樓並大廈, 床前缺少美貌妻.
嬌妻美妾都娶下, 又慮門前無馬騎.
將錢買下高頭馬, 馬前馬後少跟隨.
家人招下數十個, 有錢沒勢被人欺.
一銓銓到知縣位, 又說官小勢位卑.
一攀攀到閣老位, 每日思量要登基.
一日南面坐天下, 又想神仙來下棋.
洞賓與他把棋下, 又問哪是上天梯?
上天梯子未做下, 閻王發牌鬼來催.
若非此人大限到, 上到天梯還嫌低!

《醒世詞》

TEN DISCONTENTMENTS

Work hard all day to fill the stomach,
 now obtained food, and thinks of clothes.

After prepared skillfully what one has bought,
 one then looks up and feels discontent with a low-lying roof.

After built a tall building and a grand mansions,
   one then knows my pretty wife is not around.

Afterg married a beloved wife and beautiful concubine
   one then worries about missing a horse at door for a ride.

After purchased a fine horse with money,
   one then find a lack of [1]entourage around it.

After hired dozens of horsemen
   one is then abused for being a powerless rich man.

After have been elected as the town's administrator
   one then knows the position and authority are too low.

After have promoted to a high position
   one then thinks everyday of [2]ascending the [3]throne.

After have ascended the Southward Throne*,
   one wants to play chess with the gods.

After have beat Lu Dongbin** at the chess game,
   one then asks where the stairways to heaven is.

Even before the stairway is even built,
   king Yama has already sent the ghosts to take his life.

If it wasn't time for him to die,
   one would still complain about the staircase was low!

1) entourage[ɑ́:ntuɑ́:ʒ]: n. 주위, 환경; 〔집합적〕 주위 사람들, 측근자, 수행원; 〔집합적〕 동료, 한동아리.
2) ascending: a. 오르는, 상승의; 향상적인. 교황 성좌; 감독[주교]의 자리. vt. 왕위에 앉히다, 즉위시키다.
3) throne[θroun]: n. 왕좌, 왕위, 왕권 군주 vt. 왕위에 앉히다, vi. 왕위에 앉다;

* The Chinese capital was located in the North, thus the throne looks southward onto the kingdom.
** Lu dongbin is one of the most widly knpwn of the group of deities known as the Eight Immortals.

열 가지 불만

(명 주재육: 1536-1610)

배를 채우려고 종일 힘들여 일해서,
  식량을 얻었으니 의복을 생각한다.

구입한 것을 솜씨 있게 차려놓고,
  쳐다보니 지붕이 낮은 것이 불만이다.

높은 건물과 대저택을 지어 놓고,
  어여쁜 아내가 곁에 없는 것을 안다.

사랑하는 아내와 아름다운 첩과 결혼하고 나서,
  문 옆에 탈 말을 잃을까 봐 걱정이다.

돈 들여 좋은 말을 샀는데,
  주위에 마부가(추종자)가 없네.

수십 명의 마부를 고용하고 나서,
  힘없는 부자라는 이유로 학대받는다.

마을의 행정관으로 선출되고 나서,
  직위와 권위가 너무 낮은 것을 안다.

고위직에 승진하고 나서,
　왕좌에 오르기를 날마다 생각한다.

남방 왕좌*에 오르고 나서,
　신선들과 장기를 두고 싶어 한다.

장기를 두어 루 동빈(神)**을 이기고 나서,
　천국으로 가는 계단이 어디 있는지 묻는다.

그 계단이 지어지기도 전에,
　야마왕은 이미 유령들을 보내 그의 목숨을 앗아갔다.

그가 죽을 때가 아니었으면,
　계단실이 낮아서라고 그때 불평했을 것이다!

〈성세사〉에서

* 남방 왕좌: 중국의 수도는 북쪽에 위치해 있어 왕위는 남향으로 보인다.
** 루동빈: 팔선(八仙)*으로 알려진 신(神0 그룹 중 가장 널리 알려진 그룹 중 하나이다.
* 팔선(八仙) : 중국에 전해 오는 8명의 선인(仙人) 으로 일반적으로 종이권, 장과로, 한상자, 이철괴, 조국구, 여동빈, 남채화, 하선고를 합친 8명을 말한다. 팔선은 여러 예술 장르에서 주제가 되었고 오늘날에도 중국 민중에게 친근감을 주고 있다.

紫白大師語錄

(明 紫柏眞可: 1543-1603)

水在釜中, 非火不能熱也
種在土中, 非春不能生也
愚在心中, 非學不能破也.

RECORDED SAYING OF MASTER ZIBO

Even if there's water in the [1]cauldron,
  you can't boil it without fire.
Even if you plant seeds in the ground
  they won't [2]sprout before spring comes.
The stupidity in my heart
  you can't destroy without studying.

1) cauldron[kɔ́ːldrən]: vi. 싹이 트다, 발아하다, 성장하다, 기르다, 싹을 따다. n.: 싹, 눈, 움, 봉오리가 벌어짐, 종자의 발아
   n. 큰 솥〔냄비〕(caldron). (끓는 가마 속 같은) 소연한 상황.

2) sprout[spraut]: vi. 싹이 트다, 발아하다, 성장하다, 기르다, n.: 싹, 눈, 움, 봉오리가 벌어짐, 종자의 발아

자백대사(紫柏大師)의 어록

(자백진가: 1543-1603)

가마솥에 물이 있어도
  불이 없으면 끓일 수 없다.
땅에 씨앗을 심어도 봄이 오지 않으면
  새싹이 펴지 못한다.
마음속에 있는 어리석음은
  공부하지 않고서는 깨칠 수 없다.

初於聞中入流亡所頌

百戰將軍未肯降, 太虛空裡割疆場
凍雷出地醒殘夢, 別有梅花一段香.

AN ODE TO EARLY NEWS AND ENTERING EXILE

General who had hundreds of battle, has no willing to surrender,
   they serve the battlefield in the vast emptiness.

A thunderstorm hit the ground in the summer,
   it awakens everyone and wakes them up,
   don't hold onto the scent of plum blossoms.

새 소식과 유배에 대한 송시(訟詩)

항복할 뜻이 없는 백전 장군은
   광활한 공(空) 속에서 전장을 지킨다.

여름철 뇌우가 땅을 쳐서
   모두를 일깨우고 꿈을 깨게 하는데
   매화의 향을 붙잡지 마라.

文薪偈

若微文字薪, 觀照火無附; 若微觀照火, 身心薪不然.
薪然儀成灰, 灰飛身心盡; 湛然實相燈, 光明無內外.
自燒復燒人, 一燈傳百千; 百千傳無窮, 終古常若旦.
十方無夜時, 文字薪功德; 是故有智者, 即文字得心.
心外了無法, 文字心之光; 以光照眼根, 無色能待眼.

《紫柏尊者全集》

THE FIREWOOD OF LITERATURE

If there's too little firewood of literature
　　the flame of [1]contemplation cannot be ignited.
If the flame of contemplation is too small
　　the firewood of the body and mind cannot be ignited.
Once the firewood burnes and turns into ash,
　　ash disperse, as does the body and mind.
The [2]lucid light on truth,
　　its brightness differs not as inner or outer light
If you hand over your own lantern to someone
　　one lamp spreads to thousands of lanterns.
For a hundred thousands of years,
　　it is passed, illuminating eternally like daylight.
The whole forever world without the night,
　　such is the virtue of literature as firewood.
So, as if getting hearts
　　there are wise people who get literature.
There's no law outside of the heart
　　the literature is the light of heart.
Light illuminates visual function
　　no form will ever cling to the eye.

1) contemplation[kɑ̀ntəmpléiʃən]: n. 주시, 응시. 숙고, 심사(深思). 명상, 관조(觀照). 기대, 예기, 의도, 계획.
2) lucid[lúːsid]: a. 맑은, 투명한. 명료한, 투철한; 두뇌가 명석한. 정신의, 의식이 명료한. 빛나는, 밝은.

문학의 장작

문학의 장작이 너무 적으면
　　명상의 불꽃은 발화할 수 없다.

명상의 불꽃이 너무 작으면
  몸과 마음의 장작은 발화할 수 없다.
한번 타버린 장작은 재로 변하고
  재는 몸과 마음처럼 흐트러진다.
진리에 대한 극명한 빛
  그 밝기는 안팎의 빛이 다르지 않다.
자신의 등불을 남에게 건네주면
  하나의 등잔은 수천 개의 등불로 퍼진다.
수만 년 동안 등이 건네져서
  대낮처럼 영원히 빛난다.
밤이 없는 영원한 온 세상은
  그러한 장작과 같은 문학의 덕행이다.
따라서 마치 마음을 얻는 것처럼
  문학을 얻는 현명한 사람들이 있다.
마음 밖에는 법리가 없고
  문학은 마음의 빛이다.
빛은 시각 기능을 조명하므로
  어떤 형태도 눈에 잡히지 않는다.

〈자백존자 전집〉에서

醒世歌

(明 憨山德淸: 1546-1623)

紅盧白浪兩茫茫, 忍辱柔和是妙方 到處隨緣延歲月, 終身安分度時光.
休將自己心田昧, 莫把他人過失揚 謹愼應酬無懊惱, 耐煩作事好商量.
從來硬弩弦先斷, 每見鋼刀口易傷 惹禍只因閒口舌, 招愆多爲狠心腸.
是非不必爭人我, 彼此何須論短長 世事由來多缺陷, 幻軀焉得免無常.
吃些虧處原無礙, 退讓三分也不妨 春日才看楊柳綠, 秋風又見菊花黃.

榮華總是三更夢, 富貴還同九月霜 老病死生誰替得, 酸甜苦辣自承當.
人從巧計誇伶俐, 天自從容定主張 諂曲貪瞋墮地獄, 公平正直卽天堂.
麝因香重身先死, 蠶爲絲多命早亡 一劑養神平胃散, 雨種和氣二陳湯.
生前枉費心千萬, 死後空持手一雙 悲歡離合朝朝聞, 壽夭窮通日日忙.
休得爭强來鬥勝, 百年渾是戲文場. 頃刻一聲鑼鼓歇, 不知何處是家鄕.

《蓮修必讀》

SONG OF AWAKENING THE WORLD

Red dust and white waves are vast and infinite,
   patience and gentleness are good way.
Everywhere, the years and months passe according to connection,
   the time of one's whole life spent in contentment.

Don't let the heart be ignorant.
Don't make the faults of others known.
Be careful and do not regret when dealing with others.
Be patient and flexible.

The string of a rigid bow always break first,
   every [1]glance at a steel blade [2]portends wound.
The fluttering tongue brings disaster,
   hate minds cause misbehavior.

No need to argue whether you and I are right or wrong.
What is the need for a [3]pro and con?
There have been many shortcomings in the world since long ago.
How can this vain body be free from [4]impermanence?

Sometimes losing doesn't hold you back.

A little ⁵⁾concession will do no harm.
Willow trees are green only in spring,
　　chrysanthemums are yellow in the autumn breeze.

In the end, fame and honor are just a midnight dream,
　　wealth and honor are just like autumn frosts.
Born, old, sick, death, who can take your place of your life?
Everyone endures his sour, sweat, bitter and hot.

Showing off his cleverness with clever tricks,
　　but it takes time for heaven to decide.
Flattery, ⁶⁾greed and anger lead everyone to hell.
It is the will of heaven to be fair and honest.

The musk deer killed because it's ⁷⁾musk is fragrant.
The faster the silkworm's thread is wound, the faster it ends.
One practices mental discipline to fix their stomach problems,
　　the cup of peace and harmony are the two varieties of soup.

In life, the heart is vainly wasted by countless matters,
　　after death, both hands are empty.
Joy and sadness, separation and meeting happen every day
　　every day is busy diligently pursuing wealth.

Don't fight with others to prove your power.
A hundred years is just a stage play.
The moment the drums and gongs quiet down,
　　you don't know where my hometown is anymore.

1) glance[glæns]: n. 흘긋 봄, 일견. 눈짓. 섬광, 번득임; 반사광. 언급; 빗대어 빈정거림.스침, 빗나감.

vi. 흘긋 보다, 일별하다.

2) portend[pɔːrténd]: vt. …의 전조(前兆)가 되다, …을 미리 알리다; …의 경고를 주다.

3) pro and con[contra]: 찬반 양론으로.

4) impermanent[impə́ːrmənənt]: a. 오래 가지[영속하지] 않는, 일시적인(temporary), 덧없는.

5) concession[kənséʃən]: n.양보, 용인. 허가, 면허, 특허, 이권(利權), 특권. 거류지, 조계(租界), 조차지(租借地).

6) greed[griːd]: n. 탐욕, 욕심.

7) musk[mʌsk]; n. 사향(의 냄새). 사향노루, 사향 냄새나는 여러 가지 식물.

세상을 깨우는 노래(醒世歌)

(명 감산덕청: 1546-1623)

붉은 먼지와 하얀 파도 광활하고 무한한데
　인내와 관용이 좋은 방법이다.
세월은 인연 따라 어디서나 흐른다.
　자신의 평생 시간을 만족스럽게 보냈다.

마음을 무지하게 두지 말라.
남의 실수를 알리지 말라.
남을 대할 때 신중하고 후회하지 말라.
인내심을 갖고 유연하라.

경직된 활 끈이 항상 먼저 끊어지고
칼날을 얼핏 볼 때마다 상처받을 징후이다.
나불거리는 혀는 재앙을 불러오고.
증오하는 마음은 그릇된 행동의 원인이 된다.

그대와 내가 옳은지 그른지를 다툴 필요는 없다.
무엇에 대한 찬반 토론이 필요한가?
오래전부터 세상에는 많은 단점이 있었다.
이 허황된 몸이 어떻게 무상(無常)에서 자유로울 수 있단 말인가?

가끔 지는 것이 그대를 방해하지 않는다.
조금 양보하면 아무런 해가 없다.
버드나무는 봄에만 푸르고
   가을철 산들바람에 국화는 노랗다.

결국 명성과 영예는 한밤의 꿈일 뿐이고,
   부귀영화는 가을 서리와 같다.
누가 그대의 생노병사(生老病死)를 대신해 줄 수 있단 말인가?
누구나 고진감래(苦盡甘來)를 견뎌낸다.

사람은 교묘한 계략으로 영리함을 과시하지만,
   그러나 하늘이 결정하는 일은 시간이 필요하다.
아첨, 탐욕과 분노는 모두를 지옥으로 인도한다.
공정하고 정직한 것은 하늘의 뜻이다.

사향노루는 그 사향이 향기로워서 죽는다.
누에의 실은 감을수록 더 빨리 끝을 만난다.
사람은 배탈을 고치기 위해서 정신적인 수양 활동을 하고
   평화와 조화의 컵은 두 가지 국(soup)을 위한 것이다.

살아가면서 마음은 무수한 세상사로 헛되이 낭비되고,
   죽은 후에 양손은 빈다.
기쁨과 슬픔, 이별과 만남은 매일 일어나는 것,
   날마다 부지런히 부를 좇느라 바쁘다.

자신의 권력을 증명하려고 남과 싸우지 말라.
백 년은 한편의 무대 연극일 뿐이다.
북과 징이 잠잠해지는 순간
고향이 어디 있는지 더는 알지 못할지니.

〈연수필독〉에서

十戒

(明 董其昌: 1553-1636)

戒浩飮, 浩飮傷神. 戒貪色, 貪色滅神.
戒厚味, 厚味昏神. 戒飽食, 飽食悶神.
戒多動, 多動亂神. 戒多言, 多言損神.
戒多憂, 多憂鬱神. 戒多思, 多思撓神.
戒久睡, 久睡倦神. 戒久讀, 久讀苦神.

《畫禪室隨筆》

THE TEN PRECEPTS

Refrain from too much drinking because it hurts your mind.

Refrain from [1]lust because it [2]suffocates your mind.

Refrain from strong [3]flavors foods because they confuse the mind.

Refrain from overeating because it dulls your mind.

Refrain from overactiving violently because it disturbs your mind.

Refrain from saying unnecessary things because it hurts your mind.

Refrain from worry because it makes you feel depressed.

Refrain from over thinking it because it confuses your mind.

Refrain from excessive sleeping when your mind is very tired.

Refrain from prolonged reading because it burdens the mind.

1) lust[lʌst]: n. 욕망, 갈망. 육욕, 색욕(色慾), 관능적인 욕구. 번뇌. vi. 갈망하다.
2) suffocate[sʌ́fəkèit]: vt.…의 숨을 막다; 질식(사)시키다. 숨이 막히게 하다. 끄다; 억누르다. 압박하다,
3) flavor[fléivər]: n. 맛, 풍미. 양념. 정취, 운치, 멋, 묘미. vt. …에 맛을 내다, …에 풍미를 곁들이다.…에

10가지 가르침

(명 동기창: 1553-1636)

마음을 손상하므로 과음을 삼가라.

마음을 질식시키므로 정욕을 삼가라.

마음을 혼란스럽게 하므로 강한 맛을 낸 음식을 삼가라.

마음을 둔하게 하므로 과식을 금하라.

마음을 방해하므로 과격한 행동을 금하라.

마음을 저해하므로 불필요한 말을 삼가라.

마음을 우울하게 만들므로 걱정을 삼가라.

마음을 혼란스럽게 하므로 과도한 생각을 삼가라.

마음이 몹시 고달플 때 과도한 수면을 삼가라.

마음에 부담이 되므로 긴 독서를 삼가라.

〈서선실수필〉에서

陳眉公警世通言

(明 陳繼儒: 1558-1639)

不禮爹娘禮鬼神, 敬甚麼?

弟兄姉妹皆同氣, 爭甚麼?

兒孫自有兒孫福, 憂甚雇?

擧頭三尺有神明, 欺甚麼?

文章自古無想據, 誇甚麼?

榮華富貴限前花, 傲甚麼?

他家富貴前生定, 妒甚麼?

前世不修今受苦, 怨甚麼?

人世難逢閉口笑, 苦甚麼?

得便宜處失便宜, 貪甚麼?

聰明反被聰明誤, 巧甚麼?

虛言折盡평生福, 謊甚麼?

是非到底自分明, 辯甚麼?

治家勤徐勝求人, 奢甚麼

怨怨相報錢時休, 結甚麼?

穴在人心不在山, 謀甚麼?

欺人是禍饒人福, 强甚麼?

一旦無常萬事休, 忙甚麼?

《陳繼儒行書》

CHEN MEIGONG'S ADVICE FOR THE WORLD

If you [1]worship God and soul, but not your parents,
   where is the honor?

Brothers, sisters, and colleagues all grow up in the same roots,
   what is the reason for the argument?

Each one of the descendants is born with their own luck,
   what are the reasons to worry?

The gods are looking down from above me
   who's going to cheat?

Old writings can never be proven,
   what do you have to [2]brag about?

Fate and fame are as short-lived as flowers
   what do you have to brag about?

The luck of others is destiny
   what is there to be jealous of?

The lack of cultivation means present suffering,
   what is the complaint about?

It's always hard to be a smiling person
   What is painful?

All the gains are another loss
   What is there to be greedy about?

One can be too smart to do his good
   what is the need to be [3]cunning?

When dishonesty takes away a lifetime of wealth

what is a lie for?

Time is fair to everyone

   What is the point of the argument?

Promoting family diligence and thrift is about helping others

   what is the rooms for luxuries?

The eyes make the whole world blind

   what is the need to stir up hostility?

Caves are found in the minds of people, not in the mountains

   what's there for [4)]scheme for?

Insults bring disaster, forgiveness brings blessings

   what is the purpose of power?

Once it's broken, it's all over

   what are you so busy with?

1) worship[wə́ːrʃip]: n. 예배, 참배, 숭배, 존경; 명예, 존엄, 위엄. vt., vi. 예배하다, 신을 섬기다.

2) brag[bræg]: vi.자랑하다, 자만하다, 허풍떨다. n. 자랑, 허풍; 자랑거리.

3) cunning[kʌ́niŋ]: a 교활한; 약삭빠른. 잘된, 교묘하게 연구된. n.(솜씨의) 교묘함. 교활, 잔꾀. 솜씨, 숙련, 교묘.

4) scheme[skiːm]: n. 계획, 기획, 설계. 획책, 책략, 음모; 비현실적인 계획. 짬, 조직, 기구. 일람표, 개요, 대략 vt.…을 계획하다. 계획을 세우다; 음모를 꾸미다, 책동하다《for; against》.

진미공(陳眉公)의 세상에 대한 조언

(명 진계유 : 1558-1639)

부모가 아닌 신과 영혼을 숭배한다면

   공경은 어디에 있는가?

형제, 자매, 동기들 모두 같은 뿌리에서 자라는데

   다투는 이유는 무엇인가?

자손들은 각각 자신의 운을 타고나는데

   걱정할 이유는 무엇인가?

자신의 위에서 신들이 내려다보고 있는데

   속을 사람이 누군가?

옛글은 결코 증명할 수 없는데
　자랑할 것은 무엇인가?
운명과 명성은 꽃처럼 수명이 짧은데
　자랑할 것이 무엇인가?
남들의 운은 숙명이라고
　질투할 것이 무엇인가?
과거의 수양 부족은 현재의 고생을 뜻하는데
　불평은 무엇에 대한 것인가?
웃는 사람이 되기는 항상 어려운데
　고통스러운 것이 무엇인가?
얻은 모든 이득은 또 다른 손실일 진데
　욕심을 낼 것은 무엇인가?
너무 영리해서 자신의 선을 행할 수 없는데
　간사할 필요는 무엇인가?
부정직이 일생의 재산을 앗아가는데
　거짓말은 무엇을 위한 것인가?
시간은 누구에게나 공평한데
　논쟁의 요지는 무엇인가?
가족의 근면성과 절약을 증진시키는 것은 남을 돕자는 것인데
　사치품을 위한 방은 무엇인가?
눈에는 눈이 온 세상을 눈멀게 하는데
　적대감을 불러일으킬 필요는 무엇인가?
동굴은 산이 아닌 사람들의 마음속에 발견되는데
　무엇을 위한 계책인가?
모욕은 재앙을 끌어들이고 용서는 축복을 불러오는데
　권력의 목적은 무엇인가?
일순간이 깨지면 모든 것이 끝나는데 뭐가 그렇게 바쁜가?

〈진계유행서책〉에서

哀泣各分明

(明 陶周望: 1562-1609)

一指納沸楊. 渾身驚欲裂: 一針刺己肉, 遍體如刀割.
魚死向人哀, 雞死臨刀泣; 哀泣各分明, 聽者自不識.

《達修必讀》

THE DISTINCT SOUNDS OF WAILING

If you dip one finger in boiling water,
  you'll feel pain all over my body.
  like a needle stuck in your body,
  you'll feel like a hundred knives are biting you.
The dying fish defends to humans.
Dying chickens [1)]howl under the blade.
Such a clear howl,
  have yet to be recognized by the hearers.

1) howl[haul]: vi. 짖다, 바람이 윙윙거리다. 울부짖다, 악쓰다, 조소하다. n. 짖는 소리; 신음 소리, 아우성 소리.

뚜렷한 울부짖는 소리

(명 도주망: 1562-1609)

끓는 물에 한 손가락을 담그면
  몸 전체에 통증을 느끼고,
  몸에 바늘이 꽂힌 것처럼
  백 개의 칼이 몸을 에는 것처럼 느낄 것이다.
죽어가는 물고기는 인간에게 항변한다.
죽어가는 닭들은 칼날 아래서 울부짖는다.
그렇게 분명한 울부짖음은
  아직 청중들에 들리지 않을 뿐.

〈연수필독〉에서

語言積德

(明 高攀龍: 1562-1626)

語言之間, 最可積德.
見人爲善, 以一言贊成 見人爲惡, 以一言諫止
人有爭訟, 以一言勸解 人有冤抑, 以一言辨明.
以至勿訐人陰私, 勿談人閨閣, 其功俱無量.
凡人喪身亡家, 語言占了八分.

THE LANGUAGE ACCUMULATES VIRTUE

Words are the way to build a great deal of virtue.
In the view of a person's healthy behavior,
　support it with your own words.
When you look at other's unhealthy behavior,
　[1]admonish it with your own words.
When people are in conflict,
　harmonize with it in your own words.
When people experience injustice,
　clarify with one's speech,
Do not [2]pry into other's personal life,
　nor discuss other's private affairs,
　in this way, merit is boundless.
The reason for one's [3]downfall,
　has eight-percent to do with one's speech.

1) admonish[ædmάniʃ]: vt. 훈계하다, 깨우치다; 충고하다, 권고하다(advise), 경고하다(warn), 알리다
2) pry[prai]: vi. 엿보다(peep), 파고들다, 캐다. 지레로 올리다, 떼어내다, 움직이다, 억지로 열다, 비틀어 열다.
　n.: 엿보기; 꼬치꼬치 캐기, 캐기 좋아하는 사람.
3) downfall; n. ((비·눈 따위가) 쏟아짐. 낙하, 추락, 전락(물). 몰락, 멸망, 붕괴; 실각. 타락. 덫.

말로 덕행 쌓기

(명 고반용: 1562-1626)

말은 덕행을 크게 쌓을 수 있는 길이다.
남의 건전한 행동을 보면
  자신의 말로 그것을 지지하라.
사람의 불건전한 행동을 보면
  자신의 말로 그것을 꾸짖어라.
사람들이 분쟁할 때
  자신의 말로 그것과 조화를 이루라.
사람들이 불의를 겪을 때
  자신의 말로 부당성을 확인하라
남의 사적인 생활을 엿보거나
  사적인 일을 논하지도 말라,
  이 방법으로 덕행은 무한해진다.
그 이유는 8할이 자신의 말과
  관련이 있기 때문이다.

先正格言

世界第一好事, 莫如救難憐貧.
濟人不在大費己財, 但以方便存心,
殘羹剩飯, 可救人之饑
敝衣敗絮, 可濟人之寒.
酒筵省得一二味, 餽贈省得一二品,
少置衣服一二套, 省去長物一二件,
切切爲貧人算計.
存些盈餘, 以濟人急難.
去無用, 可成大用;積小惠, 可成大德.

此爲善中一大功課.

《高氏家訓》

MOTTOES OF THE FOREFATHERS

The best deed to do is none other than relieving the pain and sympathize with the poor. Relief does not require a large amount of money, but only calls for a heart for convenience. Even leftover soup and rice can fill others' hunger, and even [1]shabby clothes can protect others from the cold.

One or two plates of food given away at the banquet, one or two gifts omitted, one or two clothes taken out of one's own [2]belongings, and one or two saved luxuries can be one's own consideration for all the poor.

Keep some extra savings as relief aids for others at times of emergency,

remove anything aimless for a great purposes, and build small virtues for a great virtue and build small virtues to accumulate virtue. These are important parts of learning for good behavior for all.

1) shabby[ʃǽbi]: a. 초라한(seedy); 누더기를 걸친. 닳아 해진, 입어서 낡은, 누더기의. 꾀죄죄한(dingy). 비열한,
2) belonging[bilɔ́(:)ŋiŋ]: n. 소유물(possessions), 재산(property). 소지품, 부속물. 성질, 재능. 족, 친척. 친밀.

조상들의 좌우명

가장 훌륭한 행위는 다름 아닌 고통을 덜어주고 가난한 사람들을 동정하는 마음이다. 구제하는 것은 많은 액수의 돈이 필요한 것이 아니고 단지 편의를 위한 마음만 필요로 한다. 남는 국과 밥으로도 남의 굶주림을 채울 수 있고 남루한 옷일지라도 추위로부터 남을 보호할 수 있다.

연회에서 나눠 준 한두 접시의 음식, 선물 하나 또는 생략한 2개, 자신의 소지품에서 꺼낸 한두 가지 옷, 한두 개의 절약한 사치품 등은 모든 가난한 사람들을 위한 자신의 배려가 될 수 있다.

비상시에 남을 구제하는 원조금으로 약간의 돈을 저축해두고 큰 목적을 위해서 목적이 없는 것은 제거하고 큰 덕행을 위해서 작은 미덕을 쌓아라. 덕행을 축적하기 위해 작은 미덕을 쌓으라. 이것들은 모두가 선한 행동을 위한 중요한 학습의 일부이다.

〈고씨가훈〉에서

刀兵却

(戒顯願雲: 1562-1609)

千百年來碗裡羹,
冤深如海恨難平
欲知世上刀兵却,
但聽屠門夜半聲.

[1)]CALAMITIES OF WARFARE

In the bowl across a thousand years,
   what becomes of soup.
If you want to know the [2)]cruelty of war
   keep the [3)]incurable pain as deep as the sea.
Just listen to the midnight [4)]wailings
   from those slaughter houses.

---

1) calamity[kəlǽməti]: n. 재난; 참화, 재해(misery); 불행, 비운(悲運)(misfortune).
2) cruelty[krúːəlti]: n. 잔인함, 무자비함; 끔찍함; 잔인한 행위;〖법률학〗학대.
3) incurable[inkjúərəbəl]: a. 불치의, 구제하기 어려운 n. 불치의 병자
4) wailing[weil]: vi. 소리 내어 울다, 울부짖다. 비탄하다. 구슬픈 소리를 내다. 절묘하게 연주하다. n. 울부짖음,

전쟁의 참화

(계현원운: 1562-1609)

천 년에 묵은 그릇에 담긴
   수프는 어떻게 되는가.
전쟁의 잔인함을 알고 싶다면
   치유할 수 없는 고통을 바다처럼 깊이 지녀라.
그 도살장에서
   한밤중에 울부짖는 소리를 꼭 들어보라.

〈연수기신록〉에서

錢塘江秋香亭壁詩

(明 馮夢龍: 1574-1646)

酒是燒身硝燄, 色爲割肉鋼刀, 財多招忌損人苗, 氣是無煙火藥.
四件將來合就, 相當不久分毫, 勸君莫戀最爲高, 才是修身正道.

《三言, 警世通言》

POEM ON THE WALL OF QIUXIANG PAVILION

Liquor heats the body like fire, while [1]lust slice the body like a mountain of steel, excessive wealth [2]evokes envy, cuts human relationships, while anger explodes even without fire.
All four of you are united without much difference, so I advise you not to [3]obsess and go on the high road.
Such would be the right way to a well-cultivated form.

1) lust[lʌst]: n. (강한) 욕망, 갈망, 색욕(色慾), 관능적인 욕구, 번뇌, 환희, 희망. vi.: 갈망하다, 색정을 일으키다
2) evoke[ivóuk]: vt. (기억·감정을) 불러일으키다, (웃음·갈채 따위를) 자아내다; (영혼 따위를) 불러내다.(소송을) 상급법원에 이송하다.
3) obsess[əbsés]: vt. (귀신·망상 따위가) 들리다, 사로잡히다; 괴롭히다《by; with》

추향정(秋香亭)의 벽에 걸린 시

(명 마몽용: 1574-1646)

술은 불처럼 몸을 달구고 욕망은 철의 산과 같은 몸을 자르고 과도한 부는 시기심을 불러일으키며 인간관계를 단절시키며 분노는 불이 없어도 폭발한다.
네 사람이 하나같이 큰 차이 없이 뭉치니 나는 그대가 집착하지 않고 높은 길을 가라고 권고하노라.
그리하는 것이 잘 수양한 상태의 바른길이기 때문이다.

〈삼언·경세통신〉에서

十來偈

(鈴木正三輯: 1579-1655)

端正者忍辱中來, 貧窮者慳貪中來,

高位者恭敬中來, 下賤者驕慢中來,

瘖瘂者誹謗中來, 盲聾者不信中來,

長壽者慈悲中來, 短命者殺生中來,

諸根不具者破戒中來, 諸根具足者持戒中來.

《反故集》

TEN OR SO VERSES

Uprightness comes from generosity.

Poverty comes from stinginess and greed.

Fame comes from respect.

Lowliness comes from arrogance.

Silence comes from slander.

Blindness and hearing impairment come from distrust.

Longevity comes from mercy.

Short-lived comes from killing.

The lack of ability comes from the breach of the [1]precepts,

　　the completeness of competence comes from keeping the precepts.

1) precept[príːsept]: n. 가르침, 교훈, 훈계; 격언(maxim). 형(型), 법칙; 〖법률학〗명령서, 영장(令狀).

10여 개의 게(揭)

(영목삼정 집: 1579-1655)

강직함은 관대함에서 온다.

빈곤은 인색함과 탐욕에서 온다.

명성은 존중에서 온다.

초라함은 오만에서 온다.

침묵은 비방에서 온다.
실명과 청각장애는 불신에서 온다.
장수는 자비에서 온다.
단명은 살생에서 온다.
능력의 결핍은 계율위반에서 오고
　능력의 완성은 계율을 지키는 데서 온다.

〈반고 집〉에서

勝妙一日偈

(譯者不詳)

慎莫追過去, 亦勿奇未來,
過去事已滅, 未來復未至.
當下於此時, 如實行諦親,
行者住於所, 安穩無障礙.
今日當精進, 勿待明日遲,
死亡不可期, 吾當如何置?
若有如是人, 安住於正念,
晝夜無間斷, 聖者逆稱彼, 了知勝獨處.

《勝妙獨處經》

VERSE ON AN AUSPICIOUS DAY

Don't chase the past, don't hope for the future,
　the past has passed and the future has yet to come.

Now, it's time to practice the truth,
　and by doing so,
　　no obstacles,

you can live in the present without any shaking.

Be diligent today,

   do what you need to do.

Don't put it off,

   death may come tomorrow.

Who can [1]bargain on the law of life-death?

If you have the right mental attitude, day and night,

   and if there are people who live a hard life,

   they are whom the Peaceful Sage says

   to have understood auspicious [2]solitude.

---

1) bargain[bá:rgən]: n. 매매, 거래계약, 거래조건. (싸게) 산 물건, 떨이. 싸구려의, vi. 계약하다. 약속하다.

2) solitude[sάlitjù:d]: n. 외톨이임, 홀로 삶; 외로움 쓸쓸한 곳, 벽지; 황야.

길일의 운문

(역자미상)

과거를 쫓지 말고 미래를 바라지 말라,

   과거는 지나갔고 미래는 아직 오지 않았다.

이제 진리를 실천할 때이며

   그렇게 해야

   아무런 장애도,

   어떤 흔들림도 없이 현재를 살 수 있다.

오늘 부지런하라,

   해야 할 필요가 있는 일을 하라.

미루지 말라,

   내일 죽음이 올지도 모른다.

누가 생자필멸(生子必滅)의 법칙을 흥정할 수 있는가?

만일 올바른 마음가짐을 가지고 밤낮없이
　혹독하게 사는 사람들이 있다면
　그들은 평화로운 현자가 말하는
　길조의 고독을 이해하는 사람들이다.

〈승묘독처경〉에서

陶廣夢憶 選
陶廣夢憶序

(明 張岱: 1597-1679)

想余生平, 繁華靡麗, 過眼普空, 五十年來, 總成一夢.
今當黍熟黃粱, 車旅蟻穴, 當作如何消受?
遙思往事, 憶卽書之, 持向佛前. 一一懺悔悔.「莫是夢否」
一夢耳, 惟恐其非夢, 又推恐其是夢, 其爲癡人則一也.
余今大夢將寤, 強事雕蟲, 又是一番夢囈.

PREFACE TO DREAMS OF TAOAN

Looking back upon my life, the [1]illusory prosperity and luxury are now temporary and [2]ephemeral like [3]fleeting clouds. For the past 50 years, everything has ended like a dream. How would you spend a day like that when you cook rice with [4]millet in your dream and the cart has already returned from the ant hill?

While looking back on the past, you should record everything you remember and take it to the Buddha to [5]repent. Is this a dream? I am afraid that a dream is a dream, and still afraid that it may be a dream. How foolish I am! Now I think it is time for a big awakening and I should show off my inexperienced ability to express it in words. Maybe it is just a moment of [6]somniloquy.

1) illusory[ilúːsəri]; a. 환영의; 착각의; 사람 눈을 속이는; 혼동하기 쉬운, 가공의.

2) fleeting: a. 질주하는; 빨리 지나가는, 쏜살같은, 덧없는, 무상한(transient).
3) ephemeral[iféməräl]; a. 하루밖에 못 가는[사는]《곤충·꽃 따위》; 단명한, 덧없는. n. 극히 단명한.
4) millet[mílit]: n.〖식물〗기장.
5) repent[ripént]: vi. 후회하다, 유감으로 생각하다, 분해하다《of; for》; 회개하다《of》.
6) somniloquy[sɑmníləkwi]: n. 잠꼬대하는 버릇.

도암(陶菴)의 꿈에서 선정
도암(陶菴)의 꿈에서 서문

(명 장대: 1697-1679)

내 인생을 되돌아보면 허황된 번영과 사치는 이제 덧없는 구름처럼 일시적이고 덧없는 것이 되었다. 지난 50년 동안 모든 것은 꿈처럼 끝났다. 꿈속에서 좁쌀로 밥을 짓고 그 수레는 이미 개미 언덕에서 돌아왔으니 그런 날을 어떻게 보내겠는가?

과거를 되돌아보면서 기억나는 모든 것을 기록해서 부처님께 가져가 회개해야 한다. 이게 꿈일까? 나는 꿈이 꿈일까 두렵고 여전히 꿈일 수도 있다는 것이 두렵다. 얼마나 어리석은가! 이제 나는 큰 각성을 할 때라고 생각하고 말로 표현할 수 있는 나의 미숙한 능력을 과시해야겠다. 어쩌면 한순간의 잠꼬대일 뿐일 것이다.

西湖夢尋

月光倒囊入水, 江濤香吐, 露氣吸之, 嘩天爲白.
余大驚喜'移舟過金山寺, 已二鼓矣.
經龍王堂, 人大殿, 皆漆靜. 林下漏月光, 疏疏如殘雪.

DREAM AT WEST LAKE

Moonlight is poured into the river, swallowed by the waves, absorbed into the air by the 1)torrent and released white into the sky. What an utter surprise! By the time I sailed all the way to Jinshan Temple, it was already well into the second watch of the night. After passing through the Dragon King Hall and into the Main Shrine, all were still and silent. Leaking out through the bamboo forest was the snow-white moonlight.

1) torrent[tɔ́ːrənt]: n. 급류, 여울, 억수. (질문·욕 따위의) 연발; (감정 따위의) 분출《of》.

서호에서 꿈

달빛이 강물에 쏟아져 파도에 삼켜지고 급류에 의해서 공중에 흡수되어 하늘에 하얗게 뿜어진다. 얼마나 놀라운 일인가! 내가 금산사까지 항해할 무렵 이미 이경(二更)이 되었다. 용왕당을 지나 대전(大殿)을 지나가니 모든 곳이 고요하고 조용했다. 대나무 숲을 통해 새어 나오는 것은 눈처럼 하얀 달빛이었다.

自惕語

(明 黃宗羲: 1610-1695)

以禍福得失付之天,
以贊毀子奪付之人,
以修身立德責之己.

《明儒學案》

SELF-ALERT LANGUAGE

Good luck and bad luck, success and failure,
　leave it in the hands of heaven.
Support and blame, gain and loss,
　leave it to humanity.
Culture and morality are
　leave it to your own responsibility.

자신에 대한 주의의 말

(명 황종희: 1610-1695)

행운과 불운, 성공과 실패는
  하늘의 손에 맡기라.
지지와 비난, 이득과 손실은
  인간성에 맡겨라.
교양과 도덕심은
  자신의 책임에 맡기라.

〈명유학안〉에서

克己 明理

治怒爲難, 治懼亦難
充己所以治怒, 明理所以治懼.

《宋元學案》

SELF-RESTRAINT AND RATIONALITY

Anger and fear are also difficult to heal.
Control yourself, and the anger heals.
Figure out the cause, and the fear heals.

자신의 억제와 합리성

분노와 공포 또한 치유가 어렵다.
자신을 억제하라, 그러면 분노는 치유된다.
원인을 파악하라, 그러면 공포는 치유된다.

〈송원학안〉에서

朱子家訓

(明 朱柏盧: 1627-1698)

一粥一飯, 當思來處不易 半絲半縷, 恆念物力維艱.

宜未雨而綢繆, 毋臨渴而掘井 自奉必須儉約, 宴客切勿留連.

飲食約而精, 園蔬勝珍饈.

居身務期質樸, 教子要有義方 勿貪意外之財, 勿飲過量之酒.

與肩挑貿易, 勿佔便宜 見貧苦親鄰, 須多溫恤.

居家戒爭訟, 訟則終凶 處世戒多言, 言多必失.

毋恃勢力而凌逼孤寡, 勿貪口腹而恣殺牲禽.

輕聽發言, 安知非人之譖訴, 當忍耐三思

因事相爭, 安知非我之不是, 須平心暗想.

施惠勿念, 受恩莫忘.

凡事當留餘地, 得意不宜再往.

人有喜慶, 不可生妒忌心 人有禍患, 不可生喜幸心.

善欲人見, 不是真善 惡恐人知, 便是大惡.

守分安命, 順時聽天.

《朱柏廬治家格言》

MASTER ZHU'S MAXIMS FOR THE HOME

Whenever I eat [1)]porridge and rice

consider the difficulty of the source of the meal.

Even if it's half of silk, even if a piece of silk thread,

always remember the [2)]scarce resources.

Be prepared for a rainy day.

Dig a well before you get thirsty.

Be frugal in personal comforts.

Don't stay long when you're a guest.

Keep a simply diet of food and drink.

Vegetables in the garden are better than gourmet dishes.

Keep the habit of [3]grooming.

Teach your children how to be righteous.

Don't look for unexpected wealth.

Don't drink too much beyond your drinking capacity.

Don't try to profit from [4]peddlers.

Be warm and kind to poor relatives and neighbors.

Avoid conflict at home.

The conflict ends in misfortune.

Don't talk too much in public,

   the more words there are, the more errors there are.

Don't use your power to overwork orphans and widows,

Do not slaughter livestock and [5]poultry to satisfy your taste [6]buds.

When you hear the [7]slurs and complaints that come out of evil hearts,

   be patient and listen carefully and listen lightly.

When you're involved in a conflict

   how can you know that it's not your fault?

Think deeply about this for all fairness,

Don't think about your acts of kindness.

Don't forget the kindness you received.

Leaving everything in the lounge,

   once you are satisfied, don't [8]crave any more.

When others are congratulated,

   don't be jealous.

When a person goes through hardships,

   don't be happy.

It is not a true good to show the good that has been done.

Secret evil is the greatest evil.

Support your role and be content with your life,

Follow the times and follow the heavens.

1) porridge[pɔ́ːridʒ]: n. 쌀죽. (영국속어) 교도소, 수감(收監), 형기.
2) scar[skɛərs: a. (음식물·돈·생활필수품이) 부족한, 적은, 결핍한. 드문, 희귀한.
3) groom[gru(ː)m]: n. 신랑(bridegroom); vt. (말을) 손질하다, 돌보다. 가르치다, 기르다, 훈련하다.
4) peddler[pédlər]: n. 행상인; 마약 판매인; (소문 등을) 퍼뜨리는 사람.
5) poultry[póultri]: n. 가금(家禽); 새〔닭〕고기.
6) bud[bʌd]: n.싹, 눈; 봉오리; 발아(기). vi., vt. 봉오리를 갖(게 하)다; 발아하다.
7) slur[sləːr]: vt. 분명치 않게 빨리 발음하다. 묵인하다, 못 본 체하다. 음표를 잇대어 연주하다(노래하다). 헐뜯다, vi. 불분명하게 말을 하다, 글씨를 흘려 쓰다. n. 똑똑지 않은 잇따른 발음. (음악) 슬러, 이음줄. 이중 겹침 인쇄. 중상, 비방(reproach).
8) crave[kreiv]: vt. 갈망하다. …을 필요로 하다, 요구하다(require). vi. 간절히 원하다.

주자가훈(朱子家訓)

(명 주백로: 1627-1698)

죽과 밥을 먹을 때마다
　그 식사의 근원의 어려움을 생각하라.
비단의 반쪽이라도, 비단실 한 오라기라도,
　부족한 자원을 항상 기억하라.
비 오는 날에 대비하라.
목마르기 전에 우물을 파라.
개인적인 안락함을 절제하라.
손님으로 있을 때 오래 머물지 말라.
음식과 음주를 단순히 하라.
뜰의 야채가 미식가의 요리보다 좋다.
단정히 하는 습관을 간직하라.
자녀들에게 의로운 방법을 가르쳐라.
예기치 않은 부를 찾지 말라.
자신의 주량을 넘는 과음을 하지 말라.
행상인에게 이득을 취하려 하지 말라.
빈곤한 친척과 이웃에게 따뜻하고 친절 하라.
집에서 분쟁을 피하라.
분쟁은 불행으로 끝난다.

공공장소에서 말을 너무 많이 하지 말라,
  말이 많을수록 오류도 많다.
고아와 과부를 혹사시키려고 힘을 사용하지 말라,
미각을 만족시키기 위해서 가축과 가금류를 도살하지 말라.
사악한 마음에서 나오는 비방과 불평을 들을 때는
  참고 주의 깊게, 가볍게 들어야 한다.
분쟁에 연루될 때
  자신의 잘못이 아니라는 것을 자신이 어떻게 알 수 있는가?
모든 공정성에 대해 이 점에 대해 깊이 생각해보라.
자신의 친절한 행동에 대해 생각하지 말라.
받은 친절은 잊지 말라.
모든 것을 휴게실에 두고,
  한 번 만족하면 더 이상 갈망하지 말라.
남이 축하를 받을 때
  질투심에 갖지 말라.
남이 고난을 겪을 때
  기뻐하지 말라.
행한 선행을 내보이는 것은 진실한 선이 아니다.
은밀한 악행은 가장 큰 악이다.
자신의 역할을 지지하고 삶에 만족하라,
시대에 따르고 하늘에 따르라.

〈주백노치가격언〉에서

此中消息

(明 石濤: 1630-1708)

一葉一淸靜, 一花一妙香
只些消息子. 料得此中藏.

「竹石梅菌圖」

HIDDEN FACTS

Tranquility in a leaf of leaves
   a pleasant scent from a flower.
Those simple facts,
   who knows it's hidden in there.

숨겨진 사실

(명 석도: 1630-1708)

한 잎 나뭇잎 속의 평온
   꽃에서 나는 기분 좋은 향기.
그러한 단순한 사실들이
   그 안에 숨겨져 있다는 것을 그 누가 알랴.

〈죽석매란도〉에서

夢江南

(明 屈大均: 1630-1696)

悲落葉, 葉落落當春.
歲歲葉, 飛還有葉, 年年人去更無人, 紅帶淚痕新.
悲落葉, 葉落絶歸期.
縱使歸來花滿樹, 新枝不是舊時枝. 且逐水流遲.

《中華詩詞》

GRIEVE FOR THE FALLING LEAVES

The falling leaves grieve.
The leaves fall, and call for spring.

Every year, the leaves fall off and fly away, but they still remain.
Every year, people leave and there are only a few left
Upon the rouge there are fresh tears.

Even if you're sad about the fallen leaves,
   the fallen leaves will never come back.
Even if they come back, the flowers cover the trees,
   the new branches are not from the past
Only water flows quietly.

지는 낙엽을 위한 애도

(명 굴대균: 1630-1696)

떨어지는 낙엽이 애통하다.
나뭇잎은 떨어져 봄을 부른다.

해마다 잎은 떨어져 날아도 아직 남아 있다.
해마다 사람들이 떠나고 몇 안 되는 사람들이 남아서
입술연지를 바르고 맑은 눈물 흘리네.

낙엽을 슬퍼해도
   떨어진 잎들은 다시는 돌아오지 못하는 것을.

돌아온다 해도 꽃들이 나무를 덮는다.
   새로운 가지들은 지난날의 것이 아니고
고요히 물만 흘러간다.

〈중화시사〉에서

幼學瓊林

(明 程등吉: 生卒年不祥)

求士莫求全, 用人如用木.
爲善則流芳百世, 爲惡則遺臭萬年.

心多過慮, 何異杞人憂天
事不量力, 不殊夸父追日.

韶華不再, 吾輩須當惜陰
日月其除, 志士正宣待旦.

問舍求田, 原無大志 揭天掀地, 方是奇才.
邊空起事, 謂之平地風波 獨立不移, 領之中流抵柱.

事先敗而後成, 日失之東隔, 收之裏檢
事將成而終止, 日爲山九切, 功虧一實.

《幼學瓊林》

COMPENDIUM OF LEARNING FOR CHILDREN

When recruiting learned scholars,
  don't aim for perfect character.
When you hire a skilled person,
  use the right talent in the right way.

Those who do good deeds,
  will be remembered well.
Those who do evil deeds,
  shall go down in history in disgrace.

The act of overestimating everything,
  is no different from being afraid that the sky will collapse.
The act of overestimating one's own power,
  is no different from chasing the sun.

Youth is no longer there, time must be cherished.
Time doesn't wait for anyone who's ambitious,
  seize the opportunity to stand up.

You don't have to take on the ambition of owning shelter and land.
Only genius can turn the world upside down.

Fiction creates unexpected problems.
A firm position and independence is a rock in the flowing river.

To succeed after failure,
  get what you lose when the sun rises, when the sun goes down.
Giving up right before you succeed,
  it results in failure due to lack of final effort.

아이들을 위한 학습 개요

(명 정등길: 생졸미상)

학식이 있는 학자들을 모집할 때
  완벽한 성품을 목표로 하지 말라.
숙련된 사람을 고용할 때
  올바른 방법으로 바른 재능을 사용하라.

선한 일을 하는 사람들은
  잘 기억되고
악한 일을 하는 사람들은

불명예의 역사에 남을 것이다.

매사를 과대평가하는 행위는
　하늘이 무너질 것을 두려워하는 것과 다르지 않다.
자신의 힘을 과대평가하는 행위는
　태양을 쫓는 것과 다르지 않다.

젊음은 더 이상 없다, 시간을 소중히 해야 한다.
시간은 아무리 야심적인 사람도 기다리지 않으므로
　일어설 기회를 포착하라.

피난처와 땅을 소유하려는 야망을 가져서는 안 된다.
천재만이 세상을 거꾸로 뒤집을 수 있다.

허구는 예상치 못한 문제를 일으킨다.
확고한 입장과 독립은 흐르는 강물 중에 있는 바위이다.

실패 후에 성공하려면
　해 뜰 때 잃은 것을 해질 때 얻으라.
성공 직전에 포기하는 것은
　최종 노력 부족으로 인한 실패로 귀결된다.

〈유학경림〉에서

寶王三昧論

(明 妙叶: 生卒年不詳)

一, 念身不求無病, 身無病則貪欲易生.
二, 處世不求無難, 無難則驕奢必起.
三, 究心不求無障, 心無障則所學躐等.

四, 立行不求無魔, 行無魔則誓願不堅.
五, 謀事不求易成, 事易成則志存輕慢.
六, 交情不求順適, 交益吾則虧損道義.
七, 於人不求順適, 人順適則心必自矜.
八, 施德不求望報, 德望報則意有所圖.
九, 見利不求沾分, 利沾分則癡癡而動.
十, 被抑不求申明, 抑申明則怨恨磁生.

《寶王三昧念佛直指》

¹⁾TREATISE ON THE JEWELED KING SAMADHI

First, do not want disease-free body because greed and desire easily arise without disease.

Second, do not demand a world without difficulties, and if there is no difficulty in the world, arrogance can arise.

Third, do not explore the mind without disabilities, if here is no obstruction, you will skip what you have learned.

Fourth, do not practice to be freed from Mara, and practice to get out of Mara, weakens one's own vows.

Fifth, do not plan to achieve easily,
achieving easily will lead you to despise determination.

Sixth, do not make friends that benefit you, friends that benefit you can damage your sense of morality and justice.

Seventh, don't be satisfied while living with others, and if you are satisfied, your heart becomes proud.

Eighth, do not ask to do a favor and seek a favor,

and if you receive a favor, inappropriate intentions may arise.

Ninth, do not ask others to share profits,

sharing profits will deceive your mind.

Tenth, do not ask to remove your oppression immediately anger will arise when the oppression is lifted immediately.

1) treatise[tríːtis,]: n: (학술) 논문, 보고서

보석 왕 삼매(三昧)에 대한 보고서

(명 묘협: 생졸미상)

첫째, 병이 없으면 탐욕과 욕망이 쉽게 생기기 때문에 무병을 원치 말라.

둘째, 어려움이 없는 세상을 요구하지 말라, 세상에 어려움이 없으면 오만이 생길 수 있다.

셋째, 장애 없는 마음을 탐색하지 말라, 장애가 없으면 배운 것을 건너뛸 것이다.

넷째, 마(魔)로부터 해방되려고 연습하지 말라, 마에서 벗어나려는 연습은 자신의 서원을 약화시킨다.

다섯째, 쉽게 성취할 계획을 세우지 말라, 쉽게 성취하는 것은 결정을 경시하게 된다.

여섯째, 자신에게 이익이 되는 친구를 사귀지 말라, 이익이 되는 친구는 도덕심과 정의의 감각을 손상시킬 수 있다.

일곱째, 남과 같이 살면서 만족하지 말라, 만족하면 마음이 자만해진다.

여덟째, 호의를 베풀고 호의를 받으려 요구하지 말라, 호의를 받으면 부적절한 의도가 생길 수 있다.

아홉 번째, 남에게 이익을 나눠 달라고 요구하지 말라, 이익을 나누는 것은 마음을 속이게 할 것이다.

열 번째, 자신의 억압을 즉시 제거하도록 요청하지 말라, 억압이 즉시 풀리면 분노가 발생할 것이다.

<보왕삼미염불직지>에서

14. 청(淸: 1644~1912) 시대

吃虧是福

(淸 張英: 1637-1708)

天道有滿損虛益之義, 鬼神有虧盈福嫌之理.
自古只聞忍與讓足以消無窮之災悔,
未聞忍與讓反以釀後來之禍患也.
欲行忍讓之道, 先從小事做起
每見天下大獄, 多起於小事.
故凡天下事, 受得小氣, 則不至於受大氣
受得小虧, 則不致於受大虧.

《張文端集》

SUFFERING CAN BE A BLESSING.

The law of heaven harms the arrogant, but benefits the humble. Spirit and divinity obey these laws, inflicting losses on those who are [1]complacent and [2]replenishing those who are humble.

There is a well-known saying that tolerance and concession can [3]eradicate endless [4]calamities, but nothing is resulted by tolerance and concession.

The practice of tolerance and concession begins with something small. Similarly, the criminals in prison started with something small. People who have the ability to endure minor abuse in the world are less likely to face serious work. People who have the ability to handle minor disadvantages are less likely to suffer great difficulties.

---

1) complacent[kəmpléisənt]: a. 만족한, 득의의, 마음속으로 즐거워하는; 안심한; 은근한, 사근사근한.

2) replenish [ripléniʃ]:vt. 채우다; 다시 채우다; (연료를) 계속 공급하다, 대다; 새로 보충하다.

3) eradicate[irædəkèit]: vt. 뿌리째 뽑다(root up); 근절하다(root out), 박멸하다. 범죄를 뿌리 뽑다.
4) calamity[kəlǽməti]: n. 재난; 참화, 재해(misery); 불행, 비운(悲運)(misfortune).

고난은 축복이 될 수 있다.

(청 장영: 1637-1703)

하늘의 율법은 오만한 사람에게는 해를 주지만 겸손한 사람에게는 이익을 준다. 정신과 신성(神性)은 이러한 법을 따르며 현실에 안주하는 사람들에게 손실을 가져다주고 겸손한 사람들에게는 보충을 해 준다.

예로부터 관용과 양보는 끝없는 재난을 근절시킬 수 있다는 잘 알려진 속담이 있지만 관용과 양보로 초래되는 재앙은 아무것도 없다.

관용과 양보의 실행은 작은 것에서 시작된다. 마찬가지로 감옥에 있는 죄인들도 작은 것에서 시작했다. 세상사 중에서 사소한 학대를 견뎌낼 수 있는 능력이 있는 사람들은 심각한 일과 직면할 가능성이 작아진다. 사람이 사소한 불이익을 감당할 수 있는 능력을 가진 사람은 큰 어려움을 겪을 가능성이 적다.

〈장문단 집〉에서

書之用

(清 張潮: 1650-?)

藏書不難, 能看爲難 看書不難, 能讀爲難
讀書不難, 能用爲難 能用不難, 能記爲難.

HOW TO USE BOOKS

It is easy to collect books, but it is difficult to read books.
It is easy to read a book, but it is difficult to study it.
It is easy to study books but difficult to apply them.
It is easy to apply but difficult to remember.

책 사용법

(청 장조: 1650-?)

책을 모으기는 쉽지만 책을 읽기는 어렵다.

책을 읽기는 쉽지만 그것을 공부하기는 어렵다.

책을 공부하기는 쉽지만 적용하기가 어렵다.

적용하기는 쉽지만 기억하는 것은 어렵다.

謂之福

有上夫讀書, 謂之福 有力量濟人, 謂之福

有學問著述, 謂之福 無是非到耳, 謂之福

有多聞, 直, 謂之友, 領之福.

《幽夢影》

THOSE WHO ARE FORTUNATE

People with reading abilities are lucky.

People who have the power to help others are lucky.

People who have knowledge of writing are lucky.

People who are not affected by gossip are lucky.

People who are famous, honest, forgiving friends, are fortunate.

행운의 사람들

독서 능력이 있는 사람들은 운이 좋다.

다른 사람들을 돕는 힘을 가진 사람들은 운이 좋다.

글쓰기에 대한 지식이 있는 사람들은 운이 좋다.

험담에 영향을 받지 않는 사람들은 운이 좋다.

유명하고 정직하며 용서를 많이 하는 친구들은 행운아들이다.

〈유몽영〉에서

莫惱歌

(清 石天基: 約 1659-?)

莫要惱, 莫要惱, 煩惱之人容易老
世間萬事怎能全, 可嘆癡人愁不了.
任你富貴與王侯, 年年處處埋荒草
放著快樂不會享, 何苦自己等煩惱.
莫要惱, 莫要惱, 明月陰晴尙難保
雙親膝下俱承歡, 一家大小都和好.
粗布衣, 菜飯飽, 這個快活哪裡討?
富貴榮華眼前花, 何苦自己討煩惱.

DON'T WORRY

Don't worry, don't worry.
Heartache makes you age faster.
How can everything be perfect?
Sadly a fool never stops worrying.
Rich or noble,
　　many people are buried under weeds in the wild every year.
Forgetting to enjoy happiness,
　　why do people look for concerns?
Don't worry, don't worry,
　　even the moon can't always be full.
Living under the same roof, making my parents happy,
　　all elderly and young families are healthy.

Wearing ragged clothes and enough to eat,
　　where can one find such happiness?
Wealth and honor, glory and [1]splendor,
　　these are only disasters and nothing.

1) splendor[spléndər]: n.빛남. 광채. 호화. 장대(壯大). 현저함. 훌륭함. 뛰어남; 화려함. 탁월. 호사.

걱정을 말라.

(청 석천기: 1659-?)

걱정하지 말라, 걱정을 말라.
마음고생은 더 빨리 늙게 한다.
세상만사가 어떻게 완벽할 수 있나?
슬프게도 어리석은 사람은 걱정을 결코 멈추지 않는다.
부자이든 귀족이든.
　많은 사람들이 해마다 야생의 잡초 아래에 묻힌다.
행복을 즐기는 것을 잊어버리고
　왜 사람들은 걱정거리를 찾는가?
걱정하지 말라, 걱정을 말라.
　달도 항상 만월일 수는 없나니.
한 지붕 밑에서 살면서 부모님을 기쁘게 하고
　노인과 젊은 가족 모두가 모두 건강하시라.
누더기 옷을 입더라고 잘 먹기만 한다면
　어디에서 그런 행복을 찾을 수 있는가?
재물과 존귀, 영광과 화려함,
　이것들은 재난일 뿐 아무것도 아니다.

快樂銘

有書眞富貴, 無事小神仙

隨時皆好日, 到處是桃源.

栽培心上地, 涵養性中天

情思猶夢幻, 塵世等雲煙.

瀟灑因知足, 實平爲聽緣

以此銘肺胸, 福增壽更延.

《傳家寶全集》

JOYFUL INSCRIPTION

True wealth comes from books.

Calm makes a small [1)]celestial being.

Any time is a always good time,

Any place is a peach garden.

Cultivating the land in your heart

   preserve your nature.

Emotions and sentiments are like fantastic dreams,

   mundane matters are but cloud and mist.

If you're satisfied, you're free and not bound,

   adapting to the situation makes you generous and fair.

Pour this carving into your heart.

May your good fortune grow and your life grow longer.

---

1) celestial[səléstʃəl]: a.하늘의. 천국의(heavenly); 거룩한(divine); 절묘한, 뛰어나게 아름다운, 굉장한

   n. 천인(天人), 천사(angel).

즐거움의 헌사(獻詞)

진정한 부(富)는 책에서 온다.
평온하면 작은 신선이 된다.
언제나 호(好)시절이고.
어떤 곳도 도원(桃源)이다.
마음속의 땅을 경작하고
　천성을 보전하라.
감정과 정서는 환상적인 꿈과 같고
　세상사 구름과 안개일 진데.
만족하면 자유롭고 속박되지 않으며
　상황에 순응하면 관대해지고 공정해진다.
이 새김을 자신의 마음에 부어 넣으라.
자신의 행운이 자라서 자신의 생이 길어지기를 기원하라.

〈전가보전 집〉에서

弟子規
信

(淸 李毓秀: 1662-1722)

凡出言, 信爲先; 詐與妄, 奚可焉.
話說多, 不如少; 推其是, 勿佞巧.
見人善, 卽思齊; 縱去遠, 以漸躋.
見人惡, 卽的省: 有則改, 無加警.

SELECTIONS FROM STUDENT CODES
TRUST

Before you say anything, put trust first,

How can ¹⁾deception and lies be tolerated?
Less talk is more likely than more talk.
Only to the right degree, without flattery or deceit.
Look at other's virtues, ²⁾strive to ³⁾imitate them immediately,
Catch up gradually, even if you can't reach it.
See other's shortcomings, try hard to self-reflect immediately,
Fix the existing ones and warn the wrong ones.

1) deception[disépʃən]: n.기, 기만, 협잡; 속임수, 현혹시키는 것; 가짜.
2) strive[straiv]: vi. 노력하다. 애쓰다. 싸우다, 항쟁하다, 겨루다.
3) imitate[ímitèit]: vt.모방하다, 흉내내다; 따르다, 본받다. 모조[위조]하다. …을 닮다.

학생의 규범에서 선정
믿음

(청 이육수: 1662-1722)

어떤 말을 하기 전에 신뢰를 우선하라,
속임수와 거짓말이 어떻게 용납될 수 있는가?
말이 많은 것보다는 말이 적은 편이 더 낫다.
아첨이나 기만 없이 단지 올바른 정도만 하면 된다.
남의 덕행을 보면서 즉시 본받으려 정진하라,
손이 닿지 않은 곳이라도 점차로 따라잡으라.
남의 단점을 보면 즉시 자성을 하려고 매진하라,
기존의 것을 고치고 옳지 않은 것을 경고하라.

泛愛眾

凡是人, 皆須愛 天同覆 地同載.
行高者, 名自高 人所重, 非貌高.

勿諂富, 勿驕貧 勿厭故, 勿喜新.
人有短, 切莫揭 人有私, 切莫說.
道人善, 即是善 人知之, 愈思勉.
揚人惡, 即是惡 疾之甚, 禍且作.
善相勸, 德皆建 過不規, 道兩虧.
凡取與, 貴分曉 與宜多, 取宜少.
將加人, 先問己 己不欲, 即速己.
恩欲報, 怨欲忘 報怨短, 報恩長.

《弟子規》

UNIVERSAL LOVE FOR ALL

We have to love everyone we see.
People are on the same ground under one sky.

We will be true to our name if our conduct is good.
It is not our appearance that people respect.

Don't flatter the rich or look down on the poor.
Don't hate the old and don't prefer the new.

People are flawed and don't talk about it.
People have privacy and don't [1]reveal it.

It is a virtue in itself to speak of a person's virtue.
People will improve even more when they hear that.

If you say someone else's fault, it's a fault in itself.
It just creates [2]hatred and causes more wrongdoing.

Encourage good and build virtue,
Failure to help others right, is a ³⁾flaw in both.

It is essential to give and receive attention.
It's better to give more and less.

Ask yourself a question before you treat others.
Stop immediately what you think is undesirable.

Repay all kindness and forget all anger.
Resist the grudge and show your appreciation.

1) reveal[rivíːl]: vt. 드러내다. 알리다, 누설하다. 폭로하다, 들추어내다. 보이다, 나타내다. n. 묵시, 계시; 폭로.
2) hatred[héitrid: n. 증오, 원한; 혐오; 《구어》몹시 싫음; 집단적인 적의, 집단 증오.
3) flaw[flɔː]: n. 결점, 흠, 결함. 금(간 곳), vt., vi. 흠(집)을 내다; 결판내다. 무효로 하다. 돌풍(突風), 질풍;

보편적(普遍的)인 사랑

우리가 보는 모든 사람을 사랑해야 한다.
사람들은 한 하늘 아래 같은 땅 위에 있다.

행실이 고결하면 우리도 명실상부할 것이다.
사람들이 존경하는 것은 우리의 외모가 아니다.

부자에게 아첨하거나 가난한 자를 얕보지 말라.
옛것을 혐오하지 말고 새것을 선호하지 말라.

사람들은 결점이 있고 그에 대해서 말하지 않는다.
사람들은 사생활이 있고 그 사생활을 드러내지 않는다.

남의 덕행을 말하면 그 자체가 미덕이다.
그런 말을 들으면 사람들은 더욱더 향상될 것이다.

남의 잘못을 말하면 그 자체가 잘못이다.
그것은 단지 증오심을 일으켜서 더 많은 잘못을 야기한다.

선을 장려하고 덕행을 쌓으라,
남을 올바로 돕지 못하면 둘 다의 결함이 된다.

주고받는 것은 관심이 필수적이다,
더 많이 주고 덜 받는 것이 좋다.

남을 대하기 전에 자신에게 먼저 질문하라.
바람직하지 않다고 생각되는 것은 즉시 그만두라.

모든 친절에 보답하고 모든 분노를 잊어라.
원한을 끊고 감사를 표하라.

〈제자규〉에서

心安平安

(淸 鄭燮: 1693-1765)

滿者, 損之機; 虧者, 盈地漸.
損於己, 則益於彼.
外得人情之平, 內得我心之安;
既平且安, 福卽在是矣.

PEACEFUL MIND, PEACEFUL LIFE

Getting a profit is a cause of loss, and losing means the beginning of gaining a profit. Someone's loss benefits others. While what is gained externally is the tranquility acquired by others, what is gained internally is the peace of one's mind.
Those who enjoy calmness and peace at the same time enjoy true luck.

평화로운 마음, 평화로운 삶

(청 정섭: 1693-1765)

이익을 본다는 것은 손해를 보는 원인이 되고 손해를 보는 것은 이익을 얻는 것의 시작을 의미한다. 누군가의 손실은 다른 사람들에게 이익이 된다. 외적으로 얻은 것은 다른 사람들로 인해서 취득한 평온인 반면 내적으로 얻는 것은 자신의 마음의 평화이다. 차분함과 평화를 동시에 누리는 사람은 진정한 행운을 누리는 것이다.

難得糊塗

聰明難, 做塗難, 由聰明而轉入做塗更難,
放一著, 退一步, 當下心安, 非圖後來福報也.

HARD TO BE CARELESS

It's hard to be clever, but it's hard to be stupid. It is even harder, no turn your cleverness into mindlessness. It is even harder, no turn your cleverness into mindlessness.
Let's leave it alone and take a step back. That's to gain instant peace of mind rather than to envy future profits and virtues.

부주의하기도 어렵다.

영리하기도 어렵지만 어리석기도 어렵다. 영리한 사람이 어리석은 사람으로 바뀌지 않고 그렇게 되기는 훨씬 더 어렵다.
내버려 두고 한 발짝 뒤로 물러서자. 그것이 미래의 이익과 덕행을 선망하기보다는 순간적인 마음의 평화를 얻는 것이다.

竹石

咬定靑山不放鬆, 立根原在破岩中
千磨萬擊還堅勁, 任爾東西南北風.

《板橋全集》

ON BAMBOO AND ROCK

Biting tightly onto the green mountains, not letting go.
The roots have already been [1)]embedded deep in the cracks of the rock.
Still resilient after endless grinding and hammering;
Endure winds from all sides.

1) embed[imbéd]: vt. 끼워넣다, 묻다; (마음·기억 등에) 깊이 새겨 두다.

대나무와 바위

청산을 단단히 물고 못 가게 하여라.
뿌리는 이미 바위 틈새에 깊숙이 박혔다.
끝없는 갈기와 두들김 후에도 여전히 탄력을 가지고
사방에서 불어오는 바람을 이겨내라.

〈판교전집〉

好了歌

(淸 曹雪芹: 1715-1763)

世人都曉神仙好, 惟有功名忘不了
古今將相在何方? 荒家一堆草沒了!
世人都曉神仙好, 只有金銀忘不了
終朝只恨器無多, 及到多時眼閉了!
世人都曉神仙好, 兄有橋妻忘不了
君生日日說恩情, 君死文隨人去了!
世人都曉神仙好, 只有兒孫忘不了
癡心父母古來多, 孝順子孫餘見了!

THE SONG OF GOOD ENDING

People all over the world know that life in heaven is good, but you can't build merit and fame after you die. Where are the generals and officials from the past now? All buried under a pile of weed today.

People all over the world know that life in heaven is good, but you can't keep gold and silver after you die. People focus their anger on the lack of wealth accumulation, but when they are rich, their eyes are already closed.

People all over the world know that life in heaven is good, but you can't have pretty wives after you die. While you're alive, wives talk about love and appreciation every day, but the moment you die, they leave soon to be with someone else.

People all over the world know that life in heaven is good, but they cannot have sons and grandchildren after death. There have been many loyal parents since ancient times, but how many filial and filial sons are there?

끝이 좋은 노래

(청 조설근: 1715-1763)

온 세상 사람들은 천국의 삶이 좋은 것으로 알고 있지만 죽은 후에도 공덕과 명성을 쌓아 둘 수는 없다. 과거의 장군과 관리들은 지금 어디에 있는가? 오늘날 모두 잡초가 무성한 더미 아래 묻혀있는 것을.

온 세상 사람들은 천국의 삶이 좋은 것으로 알고 있지만 죽은 후에도 금과 은을 쌓아 둘 수는 없다. 부의 축적이 부족한 것에 사람들은 분노를 집중하지만 결국 풍요로울 때는 이미 눈이 감긴다.

온 세상 사람들은 천국의 삶이 좋은 것으로 알고 있지만 죽은 후에도 예쁜 아내들을 둘 수는 없다. 당신이 살아있는 동안 아내들은 매일 사랑과 감사에 대해 말하지만 그러나 당신이 죽는 순간에 그들은 다른 누군가와 함께하려고 곧 떠난다.

온 세상 사람들은 천국의 삶이 좋은 것으로 알고 있지만 죽은 후에도 그들의 아들과 손자를 둘 수는 없다. 충성스러운 부모들은 예로부터 많았지만 효자, 효손은 몇이나 될까?

葬花吟

花謝花飛飛滿天, 紅消香斷有誰憐?
遊絲軟繫飄春榭, 落絮輕沾撲繡簾.
一年三百六十日, 風刀霜劍嚴相逼
明媚鮮姸能幾時, 一朝飄泊難尋覓.
爾今死去儂收葬, 未卜儂身何日喪?
儂今葬花人笑癡, 他年葬儂知是誰?
試看春殘花漸落, 便是紅顏老死時
一朝春盡紅顏老, 花落人亡兩不知.

《紅樓夢》

ODE TO FALLING FLOWERS

Flowers fall and their ¹⁾petals fly in the sky,
  who ²⁾pities the faded red, the scent that has been?
The ³⁾cobwebs float gently over the spring pavilion
  the willow ⁴⁾fluff floats on the ⁵⁾embroidered folding screen.

Even three hundred and sixty days of the year,
   the biting wind and the harsh frost competed.
How long can a beautiful flower maintain its freshness and beauty?
The wind can be driven to end a flower's lifespan in a day.

Now you're dead, I'm here to bury you.
No one predicted the day I was going to die.
People laugh at my stupidity of burying fallen flowers.
Who will bury me when I lie dead?

Look, when spring is gone and the flowers fall.
It's a season when beauty has to decline and fade,
   a day when spring has wings and beauty disappears
Who will take care of the fallen flower or the dead maiden?

1) petal[pétl]: n. 꽃잎. 음순(陰脣).
2) pity [píti]: n. 불쌍히 여김, 동정. 애석한 일, 유감스러운 일; 유감의 이유.
3) cobweb[kάbwèb]: n.거미집(줄). 낡은 것, 곰팡내 나는 것; 낡음. 헝클어짐, 졸음, 흐리마리함. 올가미, 함정; vt. 거미줄을 치다; (망사 같은 것으로) 덮다; (머리를) 혼란케 하다.
4) fluff[flʌf]: n. 보풀; 솜털, 사소한 일. 실수, 실책. vt. 보풀이 일게 하다, 부풀게 하다, 푹신하게 하다.
5) embroider[embrɔ́idər]: vt. 자수하다, 수를 놓다. 꾸미다, 분식(粉飾)하다, (이야기 따위를) 윤색하다《with》.

지는 꽃에 대한 송시(頌詩)

꽃은 지고 꽃잎은 하늘을 나는데
   빛바랜 붉은 색과 지녔던 향기를 애처롭다 하는가?
봄의 정자에 거미줄이 부드럽게 떠 있고
   버드나무 솜털은 수를 놓은 병풍에 둥둥 떠돈다.

일 년 삼백육십 일

살을 에는 바람과 혹독한 서리가 경쟁했다.
언제까지 아름다운 꽃이 신선함과 아름다움을 유지할 수 있을까?
바람은 하루 만에 꽃의 수명을 끝내도록 휘몰아칠 수 있다.

이제 네가 죽어서 내가 너를 묻으러 왔다.
아무도 내가 죽을 날을 예측하지 못했다.
사람들은 떨어진 꽃을 묻는 나의 어리석음을 비웃는다.
내가 죽어 누웠을 때 누가 나를 묻어 줄 것인가?

보라, 봄이 가고 꽃이 떨어질 때를.
지금은 아름다움이 쇠퇴하고 퇴색해야 하는 계절인데
　봄이 날개를 달고 아름다움이 사라지는 날
누가 떨어진 꽃이나 죽은 처녀를 돌볼 것인가?

〈홍루몽〉에서

草堂筆記

(清 記昀: 1724-1805)

過如秋草芟難盡, 學似春冰積不高.
誰種瀟瀟數百竿, 伴吟偏稱作閑官
不隨妖艷爭春色, 獨守孤貞待歲寒.
半夜歸心三徑遠, 一囊秋色四屏香
床前未覺黃金盡, 鏡前難敎白髮長.
客從江南來, 來時月上弦; 悠悠行旅中, 三見光淸圓.
誰隨殘月行, 夕與新月宿; 誰謂月無情, 千里遠相逐.

《閱微草堂筆記》

COTTAGE NOTES

Completely [1]indelible,
   many defects, such as autumn grass
   like spring snow that can't get thicker
   you learn too thinly.

Who planted those bamboos,
   that makes such beautiful sounds,
   such melody that befits a carefree official,
   it doesn't compete with spring flowers waiting for winter
   only [2]forlornly protecting my moral purity.

In the middle of the night,
   I long to return to the faraway [3]hermitage.
To capture the beauty of autumn,
   I drew pictures on four canvas.
Before I go to sleep,
   I don't notice that my wealth is done.
In front of the mirror,
I can't grow my silver hair long.

One of my [4]acquaintance
   came from Jingnan when the [5]crescent moon rise.
On his leisurely trip
   the full moon passed three times.
Dawn comes when the moon is submerged on the horizon
   the moon also rises up.
Who is to say the moon is [6]callous,
   where hundreds of thousands of miles away

we're going together.

1) indelible[indéləbəl]: a. 지울 수 없는, 지워지지 않는《얼룩 등》; 씻을[잊을] 수 없는《치욕 등》
2) forlorn[fərlɔ́ːrn]: a. 버려진, 고독한, 쓸쓸한, 의지가 없는. 희망 없는, 절망적인.
3) hermitage[hə́ːrmitidʒ]: n. 암자, 은자의 집; 외딴집; 은자의 생활. 아는 사람, 아는 사이.
4) acquaintance[əkwéintəns]: n.지식, 면식, 아는 사람, 아는 사이.
5) crescent[krésənt]: n. 초승달, 상현달. 초승달 모양의 물건.
6) callous[kǽləs]: a. 굳은, 못이 박힌, 무감각한(insensible), 무정한, 냉담한. vt., vi.~하게 하다.

초당(草堂) 필기

(청 기윤: 1724-1805)

완전하게 제거할 수 없는
  가을 잔디와 같은 수많은 결함은
  두꺼워질 수 없는 봄눈처럼
  너무도 얄팍하게 배운다.

누가 저렇게 아름다운 소리를 내는
  대나무를 심었나,
  그 노래는 태평한 관리에게 걸맞고
  봄의 꽃들과 경쟁하지 않고 겨울을 기다리며
  오직 쓸쓸히 나의 도덕적 순결을 지킨다.

한밤중에
  나는 먼 암자로 돌아가기를 갈망한다.
가을의 아름다움을 담아내려고
  네 개의 화폭에 그림을 그렸다.
잠들기 전에
  나는 내 부귀가 다한 것을 알아차리지 못한다.
거울 앞에서
  나는 은색 머리카락을 길게 기를 수 없다.

지인 한 사람이
　초승달 뜰 때 강남에서 왔다.
그의 한가로운 여행에
　보름달이 세 번 지나갔다.
달이 지평선에 잠길 때 새벽이 오고
　그달이 또한 쑥 떠오르네.
누가 달을 야멸치다고 말하는가.
　수십만 리 떨어진 곳도
　같이 가는데.

〈열징초당필기〉에서

浮生六記

(清 沈復: 1763-1825)

世事茫茫, 光陰有限, 算來何必奔忙?

人生碌碌, 競短論長, 卻不道榮枯有數, 得失難量.

看邢秋風金谷, 夜月烏江, 阿房宮冷, 銅省臺荒, 榮華花上露, 富貴草頭霜.

機關參透, 萬慮皆忘, 誇什麼龍樓鳳閣, 說什麼利鎖名韁.

閑來靜處, 且將詩酒猖狂, 唱一曲歸來未晚, 歌一調湖海茫茫.

逢時遇景, 拾翠尋芳.

約幾個知心密友, 到野外溪旁, 或琴棋適性, 或曲水流觴 或說些善因果報,

或論些令古興亡 看花技堆錦繡, 聽鳥語弄笙簧.

《浮生六記》

SIX NOTES ABOUT LIFE

There's a lot of mundane affairs, but so little time, so why get involved in all this [1]hustle and bustle? We keep ourselves busy, constantly competing and comparing, but nobody says that fame or honor is limited and it's hard to measure success or failure. [2]Behold,

The autumn blows over the luxurious gardens of fallen rich, and the darkness that falls over the Wu River, the bleak Epang Palace, and the 3)desolate Tongue Tower. Name and glory are just dew on 4)petals, while wealth and fame are like frosts on the grass.

If you see through the 5)ruse and forget all the difficulties, what is there to praise for the palace and what are the ruse of gain and fame? When you are free and quiet, indulge in liquor and poetry, sing the 6)lyrics, "It's still not too late to go back," and sing the tune of "The Vast Sea." On proper occasions, let us invite a few intimate friends, either to the wilderness besides creeks, play zither to your heart's content, let your pains flow away along the bends of the river, speak of good causes and retributions, or discuss the rises and falls through out past and modern times.

Also, appreciate the beautiful flowers stems 7)embroidered on silk and listen to the birds chattering.

1) hustle and bustle: n. 북적북적, 분주함
2) behold[bihóuld]: vt. 보다(look at). vi. 보라
3) desolate[désəlit]: a. 황폐한; 황량한. 사는 사람이 없는; 쓸쓸한, 외로운, 고독한.우울한, 어두운.
   vt. 황폐케 하다; 살지 못하게 하다, 주민을 없애다. 돌보지 않다.
4) petal[pétl]: n. 꽃잎. a. 꽃잎이 있는;
5) ruse[ruːz]: n. 책략, 계략(trick)
6) lyric[lírik] n.서정시(=~ pòem). 노래. 가사(歌詞). a. 서정적인. 음악적인, 오페라풍의.
7) embroidered[embrɔ́idər]: vt. (…에) 수를 놓다. 꾸미다, vi.수놓다. 과장하다.

삶에 대한 6가지

(청 심복: 1763-1823)

일상적인 일들이 많지만 시간이 너무 없어서 모두가 이렇게 북새통을 이루는가? 우리는 바쁘게 살면서 끊임없이 경쟁하고 비교하지만 명성이나 명예가 제한적이며 성공 또는 실패를 측정하기란 어렵다고 말하는 사람은 아무도 없다. 보라! 가을은 몰락한 부잣집의 호화로운 정원에 찾아들고 어두움은 오강(烏江)과 황량한 아방궁에, 그리고 적막한 동작대(銅雀臺) 위에 찾아든다. 이름과 영광은 꽃잎에 내려앉은 이슬에 불과하고 재물과 명성은 단지 풀잎 끝에 내린 서리와 같다.

그 계략을 간파하고 모든 어려움을 잊으면 왕궁에 대해서 칭찬할만한 것은 무엇이고 또 이득과 명성

의 족쇄는 무엇이란 말인가? 한가하고 조용할 때 술과 시에 빠져 "돌아가기에 아직 늦지 않아"라는 가사를 노래하고 "광활한 바다"의 노래를 부르자. 적절한 시기에 친밀한 친구 몇 명 부르세, 냇가든 광야든 어떠랴, 마음속에 담아둔 것을 양금으로 연주하며 마음속의 아픔을 강굽이를 따라 흘려버리세, 또한 좋은 인과응보(應報)에 대해서 예부터 현대까지의 흥망성쇠를 이야기해보세. 또한 비단에 수놓은 아름다운 꽃줄기를 감상하고 새들이 재잘거리는 노래를 들어보세.

〈부생육기〉에서

問說

(淸 劉開: 1784-1824)

君子之學, 必好問 問與學, 相輔而行者也.
賢於己者, 問焉以破其疑 不如己者, 問焉以求一得
等於己者, 問焉以資切磋.
賢於己者, 忌之而不願問焉 不如己者, 輕之而不屑問焉
等於己者, 狎之而不甘問焉.
如是, 則天下幾無可問之人.
智者千盧, 必有一失.
聖人所不知, 未必不爲愚人之所知也
愚人之所能, 未必非聖人之所不能也.
貴可以問賤, 賢可以問不肖, 而老可以問幼, 唯道之所成而已矣.

《劉孟圖詩文集》

ABOUT ASKING

Education for sage must be accompanied by active questions.
Asking and learning complements each other.
To solve one's own questions,
   ask anyone who is more virtuous than you.
If you want to be surprised,

ask anyone who is inferior to you.

To enjoy a [1]thorough discussion

  ask a question to an equal person.

If you have a greater virtue

  you may not ask him

  because you look down on him,

If you're on the same level

  you wouldn't be willing to ask him

  because of your arrogance

No one would ask this way.

A wise man can think of problems endlessly.

  but obviously

  there will be times when he makes mistakes.

What the wise man doesn't know

  might not be unknown to the fool.

What ordinary people can do

  might not necessarily be lesser than that of wise.

A noble man can ask a lowly man

  a man of virtue can ask a [2]vile,

  older people can ask younger people

  you can only stop when you have completed the path

1) thorough[θə:rou]: a. 철저한, 충분한, 완벽한, 완전한. 면밀한, 자상하게 구석구석까지 미치는, 빈틈없는. 마음속으로부터의, 더할 나위 없는, 전적인. ad. 아주, 전적으로, 참으로. n. 철저한 정책

2) vile[vail]: a. 비열한, 천한, 싫은, 지긋지긋한. 시시한, 하찮은. 심한, 나쁜, 지독한

질문에 대해서

(청 유개: 1784-1824)

현자에 대한 교육은 적극적인 질의가 수반되어야 한다.
묻고 배우는 것은 서로를 보완한다.
자신의 의문을 해결하기 위해서
  당신보다 더 덕행 있는 사람에게 물으라.
놀라고 싶으면
  당신보다 열등한 자에게 물으라.
철저한 토론을 즐기려면
  대등한 사람에게 질문하라.
더 큰 덕행이 있는 사람이라면
  당신이 그를 얕보고 있기 때문에
  그에게 물어보지 않을지도 모른다.
대등한 사람이라면
  당신의 오만 때문에
  그에게 물어보는 것이 내키지 않을 것이다.
이런 식으로 묻는 사람은 아무도 없을 것이다.
지혜로운 사람은 끝없이 문제를 생각할 수 있다.
  그러나 분명히
  그가 실수를 저지를 때가 있을 것이다.
현자가 모르는 것을
  바보가 모른다 할 수는 없다.
평범한 사람들이 할 수 있는 것을
  현명한 사람이 하는 것보다 절대 못하다고 할 수 없다.

귀인이 천한 사람에게 물을 수 있고
  덕행 있는 사람이 치사한 사람에게 물을 수 있으며
  연장자는 연하자 에게 물을 수 있고
  도를 완료했을 때만 멈출 수 있다.

〈유맹도 시문집〉에서

警語軸

(淸 林則徐: 1785-1850)

念非善莫擧, 人非善莫與 事非見莫說, 物非義莫取.
健時作病時想, 可以保身 裕時作之時想, 可以守家.

《佛光山名家百人碑牆》

KEEP IN MIND

In a ¹⁾futile state of mind
  never mind.
With a useless kind of people
  don't ²⁾associate with them.
What you haven't seen is
  don't say it.
The thing that's not fair to receive is
  don't take.

Think about you're sick when you're healthy,
  then you will protect yourself.
Think of it as poor when you're rich,
  then the family will be protected.

1) futile[fjúːtl]: a. 쓸데없는, 무익한. 하찮은, 변변찮
2) associate[əsóuʃièit]; vt. 연합시키다; 참가시키다, 동료가 되다, 교제하다. 연상하다, 관련시키다. 결합하다.
  vi. 어울리다, 사귀다《with

명심(銘心)

(청 임칙서: 1785-1850)

헛된 마음 상태에서

신경 쓰지 말라.
쓸모없는 사람들과 함께
　　어울리지 말라.
보지 못한 것은
　　말하지 말라.
받기에 부정한 것은
　　취하지 말라.
건강할 때 아플 때를 생각하라,
　　그러면 자신을 보호할 것이다.
부유할 때 가난하다고 생각하라,
　　그러면 가족이 보호받을 것이다.

〈불광산명가 백인비장〉에서

圍爐夜話

(淸 王永彬: 1792-1869)

十分不以煩, 乃爲人大病
一味學吃虧, 是處事良方.

但責己, 不責人, 此遠怨之道也
但信己, 不信人, 此取敗之由也.

事當難處之時, 只退讓一步, 便容易處矣
功到將成之候, 若放鬆一著, 便不能成矣.

有才必韜藏, 如渾金璞玉, 暗然而日章也
爲學無間斷, 如流水行雲, 日進而不已也.

性情浮錄, 耐不得一點麻煩, 是做人的大忌

寬容忍讓, 甘願自家吃虧, 是處世最好辨法.

一言足以召大禍, 故古人守口如瓶, 惟恐其覆餗也.
一行足以玷終身, 故古人飭躬若璧, 惟恐有瑕疵也.

《圍爐夜話》

EVENING TALK AROUND THE FIRE STOVE

Ten of ten people who are impatient, fever is a serious disease for men.
One of ten compromises ¹⁾cures life problems.

Blame yourself, not others,
   this is the way out of anger.
Trust yourself, not others.
   this is the cause of failure.

When it's hard to solve a problem,
   taking a step back makes it easier to solve.
When it's time to succeed
   a moment of ²⁾self-indulgence blasts success.

Like unpolished gold and jade slowly reveal their splendor,
   true talent need not be hidden.
Like the flowing water and floating clouds are passing by day by day,
   just is important to insist on learning.

To have an urgent temper,
   it's a great ³⁾taboo of human beings that can't stand even the smallest problems.
To have a generous personality who is willing to be disadvantaged
   it's the best way to deal with the world.

One word is enough to cause a major catastrophe.
This is way those in the past reminded tight-lipped
   out of the fear that it could cause them to fail.

One action is enough to destroy the rest of one's life;
This is way those in the past guarded themselves
   as if protecting an [4)]impeccable piece of jade from any possible flaws.

1) cure[kjuər]: n.치료; 치료법. 온천. 회복. 구제책, 교정법. 구원. 소금절이. (시멘트의) 양생(養生).
   vt.치료하다, 고치다; 교정(矯正)하다, 제거하다. 구제[구원]하다.
2) self-indulgence: n. 제멋대로 굶, 방종.
3) taboo[təbú]: n. 터부, 금기. 접근금지. a. 금기의; 금제의; 피하여야 할. vt.금기하다; 금제[금단]하다; 피하다.
4) impeccable[impékəbəl]: a. 결함이 없는, 비난의 여지 없는; 완벽한. n. 나무랄 데 없는 사람.

난로 주위에서 저녁의 대화

(청 왕영빈: 1792-1869)

조급증을 앓는 열사람 중 열 명은 남성들의 심각한 질병이다.
열 가지 중 하나의 타협으로 인생 문제가 치료된다.

다른 사람이 아니라 자기 자신을 비난하라.
   이것이 분노로부터 벗어나는 길이다.
다른 사람이 아닌 자신만을 믿으라.
   이것이 실패의 원인이 된다.

문제해결이 어려워질 때
   뒤로 한 걸음 물러서면 더 쉽게 해결할 수 있다.
성공할 때가 되면
   한순간의 방종이 성공을 날려버린다.

다듬지 않은 황금과 옥이

천천히 그들의 화려함을 드러내듯이 진정한 재능은 숨길 필요가 있다.
흐르는 물과 뜬구름이 나날이 흘러가는 것처럼
　배움을 고집하는 것은 중요하다.

급한 성질을 갖는 것은
　아주 작은 문제도 견딜 수 없는 인간의 큰 금기이다.
불이익을 당할 용의가 있는 관대한 인성을 갖는 것은
　세상사를 다루는 가장 좋은 방법이다.

말 한마디가 주된 파국을 일으키기에 충분하다.
이것은 옛사람들이 자신들을 실패하게 할 수 있었던 말의 두려움에서
　벗어나려고 입을 꼭 다물고 있었던 이유이다.

한 번의 행동이 자신의 남은 생을 파괴하기에 충분하다
이것은 옛사람들이 한 조각의 비취에 생길 수 있는 결함으로부터
　보호하기 위해서 한 것처럼 스스로를 지키고 있는 방식이다.

〈원노야화〉에서

曾文公日記

(清 曹國藩: 1811-1872)

古今億萬年, 無有窮期. 人生其間, 數十寒暑, 僅須臾耳.
大地數萬里, 不可紀極. 人於其中, 寢處游息, 晝僅一室耳, 夜僅一榻耳.
古人書籍, 近人著術, 浩如煙海. 人生目光之所能及者, 不過九牛之一毛耳.
事變萬端, 美名百途, 人生才力之所能辨者, 不過太倉之一粒耳.
知天之長, 而吾所歷者短, 則遇遇患橫逆之來, 當少忍以待其定.
知地之大, 而吾所居者小, 則遇榮利爭奪之境, 當退讓以守其雌.
知書籍之多, 而吾所見者寡, 則不敢以一得自喜, 而當思擇善而約守之.
知事變之多, 而吾所辨者少, 則不敢以功名自矜, 而當思擧賢而共圖之.

夫如是, 則自私自滿之見, 可漸漸鋤除矣.

《曾文公文集》

THE DIARY OF ZENG WENGONG

Time has gone on endlessly from a very long time ago to the present.

In decades of life, time flies in an instant.

The land on the ground extends tens of thousands of miles, so it is impossible to detect the boundary. They are humans who sleep, live, walk, and rest on the land. During the day, one person can occupy one room at a time, and at night, only one bed can be used at a time.

The books written by the old and modern people are as many as the water of the ocean.

The only book we can read for the rest of our lives is one hair out of the nine bulls' fur.

Things can happen in countless ways. In a good way, people have countless options. But all we can do with our ability and power is deal with a grain of sand from all over the universe.

When you are faced with difficulties and adversity, and when you know the eternity of heaven and how little experience you can have in life, you will wait without losing patience

When competing for fame and profit, it is best to take a step back and define your position, knowing the vastness of the earth and how small the space we occupy.

You won't be happy with minor accomplishments if you know how much knowledge we lack, knowing countless books. Instead, we choose the good and act accordingly.

Knowing the countless things that happen in this world and knowing that there is little that can be achieved ultimately fails to praise one's minor accomplishments.

Instead, I recommend people who are able to join me in the process of achieving it.

By doing so, any selfishness or arrogance gradually disappears.

증문공(曾文公)의 일기

(청 증국번: 1811-1872)

아주 먼 옛날부터 지금까지 시간은 끝없이 계속되고 있다.

수십 년의 인생에서 시간은 순식간에 흘러간다.

지상의 육지는 수만 리에 걸쳐 뻗어있어 그 경계를 감지할 수가 없구나. 그 땅 위에서 자고 살아가고 거닐며, 쉬는 인간들이다. 낮에는 한 사람이 한 번에 한 방을 차지할 수 있고, 밤에는 한 번에 한 침대 만 쓸 수 있다.

옛사람들과 현대인에 의해서 쓰인 책들은 대양의 물처럼 많다. 우리가 평생 동안 읽을 수 있는 책은 황소 아홉 마리의 가죽을 덮은 털 중 오직 한 개에 불과하다.

상황은 셀 수 없는 방식으로 발생할 수 있다. 좋게 말하면 사람들은 셀 수 없는 선택권이 있다. 그러나 우리의 능력과 힘으로 할 수 있는 것은 전 우주에서 모래 한 톨을 처리할 수 있을 뿐이다.

어려움과 역경에 처했을 때 천국의 영겁을 알고 인생에서의 경험이 얼마나 부족할 수 있는가를 알게 되면 인내심을 잃지 않고 기다리게 된다.

명성과 이익을 위해서 경쟁할 때 지상의 광활함과 우리가 차지하는 공간이 얼마나 작은지를 알고 한 발 물러서서 자신의 입장을 정의하는 것이 최선이다.

무수히 많은 책을 알고 우리의 지식이 얼마나 부족한지를 알면 경미한 성취에 기뻐하지 못할 것이다. 대신 우리는 좋은 것을 선택해서 그에 따라 행동한다.

이 세상에서 생기는 무수한 일들을 알고 달성할 수 있는 일이 거의 없다는 것을 알게 되면 궁극적으로 사소한 자신의 업적을 칭찬하지 못한다.

대신, 능력 있는 사람으로 달성 과정에서 함께하는 사람들을 추천한다.

그렇게 함으로써 어떤 이기심이나 오만함이 점차 사라지게 된다.

〈증문공 문집〉에서

三境界

(清 潘 王國維: 1877-1927)

古今之成大事業, 大學問者, 祕經過三種之境界.

「昨今西風凋碧樹, 獨上高樓, 妄塵天涯路」,

此第一境也

「衣帶漸寬終不悔, 爲伊消得人憔悴」,

此第二境也
「衆裡尋他千百度, 驀然回首, 那人欲在燈火闌珊處」,
此第三二境也.

《人間詞話》

THE THREE REALMS OF MIND

Any successful person or well-learned scholar, from past to present, would have experienced and following three status of mind:

Last night, when the west wind swept and
Cause the tree to wither;
I climbed up the high pavilion alone and
Looked into the far end of the world.

...such is the first state.

No regret will ever come from
That loosing robe strap;
For only she can cause
This thin and pallid appearance of mine.

...such is the second.

Searching through the crowd
A hundred times, a thousand times;
Suddenly, I turned around,
She stood right there,
Beneath the waning light.

...such is the third.

3가지 마음의 상태

(청 왕국유: 1877-1927)

예로부터 지금까지 성공한 사람이나 유식한 학자들은
다음의 3가지 마음의 상태를 경험해왔다.

*지난밤 서풍이 휩쓸어
나무를 쓰러뜨릴 때
높은 누각에 홀로 올라
세상 먼 곳을 살펴보았을 때.*

...그것이 첫 번째 상태이고

*관복의 가죽 띠를 잃어버려서
후회가 오는 것이 아니라
여위고 창백한 나의 외모는
단지 그녀가 원인일 수 있다.*

...그것이 두 번째 상태이며

*북적이는 군중 중에서
백 번, 천 번을 찾다가,
갑자기 돌아보니,
희미해져 가는 불빛 아래
그녀가 바로 거기 서 있을 때,*

...그것이 세 번째 상태이다.

〈인간사화〉에서

校箴八首

(清 聶其杰: 1880-1953)

誠: 存心中正, 做事切實, 暗室無欺, 天日可質.
信: 事做十足, 話說七分, 輕諾難踐, 招人怨憎.
仁: 見人美事, 便當欣悅, 見人患難, 便當憐恤.
厚: 博厚悠久, 寬大受福之基, 說話莫佔便宜.
勤: 被學無成, 或業失敗, 原因甚多, 懶惰最大.
儉: 治生之道, 不必外求, 勤以生產, 檢以節流.
嫌: 嫌嫌君子, 載道之器, 學則進道, 商則獲利.
卑: 自古英傑, 皆能下人, 卑以自牧, 人望愈尊, 莘莘學生, 切記期言.

《佛教彙書》

EIGHT SCHOOL MOTTOS

Sincerity

Keep the right mind and be [1]pragmatic in dealing with problems. Do not block the truth from anyone and act with a clean [2]conscience.

Trust

Do not speak for long after completing your mission. If you do not keep what you have said, it results in anger and resentment.

Benevolence

Be happy with other people's success. Sympathize for those in [3]adversity.

Honesty

Honesty is the key to continuous development. Tolerance is the foundation for accumulating good fortune. Don't talk in an aggressive manner.

Diligence

Laziness is at the top of the list among many reasons for failing to acquire knowledge or build a career.

Frugality

There is no need to depend on others to survive. One needs to be diligent only in producing and saving on the consumption of resources.

Modesty

The humility of a noble man is a ship that carries people along a long sea route. The will to learn brings progress, and the will to consult brings benefits.

Humility

Those of courage and greatness in the past were able to lower themselves in relation to others. The cultivation of [4]humility leads to noble reputation.

Students should keep these words in mind.

1) pragmatic[prægmǽtik]: a. 분주한, 활동적인. 현실적인. 실용주의의, 독단적인, 완고한. n. 오지랖 넓은.
2) conscience[kɑ́nʃəns]: n. 양심, 도의심, 도덕 관념. 의식, 자각.
3) adversity[ædvə́ːrsəti]: n. 역경; 불행, 불운
4) humility[hjuːmíləti]: n. 겸손, 겸양, 비하(卑下); (pl.) 겸손한 행위.

학교에서 여덟 가지 좌우명

(청 섭기걸: 1880-1953)

성실

올바른 마음을 유지하고 문제를 다룸에 있어 실용적으로 하라. 어느 누구에게도 진실을 가리지 말고 깨끗한 양심으로 행동하라.

믿음

임무를 완수하고 길게 말하지 말라. 자신이 한 말을 지키지 않으면 분노와 반목을 불러온다.

인(仁)
남의 성공에 행복을 느끼라. 역경에 처한 사람들과 공감하라.

정직
정직은 지속적인 발전의 열쇠이다. 관용은 복을 축적하는 기반이다. 남을 공격하는 태도로 말하지 말라.

근면
지식을 습득하거나 경력을 쌓는 데 실패하는 여러 가지 이유 중에서 게으름이 그 목록의 맨 앞에 있다.

절약
살아남기 위해서 남에게 의존할 필요가 없다. 사람은 오로지 생산하는데 부지런해야 하고 자원의 소비를 절약해야 할 필요가 있다.

겸손
고귀한 사람의 겸손은 사람을 태우고 먼 뱃길을 따라가는 한 척의 배이다. 배우려는 의지는 진전을 가져오고 상담하려는 의지는 혜택을 가져온다.

겸양
과거의 용기와 위대함은 남들과의 관계에서 스스로를 낮출 수 있었다. 겸손의 수양은 고귀한 평판을 낳는다.

학생들은 이 말들을 명심해야 한다.

〈불교총서〉에서

善生十箴

(清 江亢虎: 1883-1954)

布衣: 錦繡雜華, 物命可惜, 國著示儉, 矯風宣急.
疏菜: 人而不仁, 野蠻遺俗, 咬得菜根, 香味具足.
露宿: 春秋佳夕, 月明花香, 幕天席地, 自在術律.
早起: 日新又新, 俛焉孳孳, 響晦宴息, 勿戀荒嬉.
節欲: 情盛滅性, 樂極生哀, 精神壽命, 視此制裁.
寡言; 不叩不鳴, 君子如鐘, 大何言我, 感而遂通.
習勞: 勞心勞力, 乃聖乃神, 多能서事, 兼可操身.
靜養: 方寸之地, 一廬不驚, 湛如止水, 屹若長城.
內省: 蓋求諸己, 日省吾身, 自過自訟, 汰僞存眞.
達觀: 諸天微塵, 萬古一秒, 因果相等, 不了自了.

《江亢虎思想一斑》

TEN PRECEPTS FOR A GOOD LIFE

Dress modestly

Silk is brilliant, but it is a pity to see wasted supplies. Emphasizing the importance of saving for a country in luxury is an urgent reform that must be taken.

The diet of vegetables

Being both human and inhumane is the fashion of [1]barbarism. Some vegetables provide a mouthful of flavor and aroma.

Sleep in the wilderness

Spring and autumn nights are leisurely when accompanied by the bright moon and the scent of flowers. The sky is our canopy and the earth our mat, in-between which we [2] wander about freely.

Get up early

Study hard because every day is a new day. Reset the night well to prevent indulgence in play.

Abstinence

Sensual surroundings corrupt one's nature. Extreme pleasure will be followed by tragedy. Refrain from such things for vitality and longevity.

Silence

Silence as long as you don't run into it. A good man must be like a bell. Who has heard the word of heaven? Understanding comes from experience.

Labor

It is the power of the wise and gods that makes mental and physical labor difficult. To master in various fields is excellent training for one's own body.

Recreation

Even a spot of dust is not in 3)disarray in mind. Just like the calm water that is deep and clear, make it firm like a 4)fortress.

5)Introspect

Why don't you seek the cause in oneself and self-reflect on daily basis? Self-reproach for one's faults, and eliminate 6)pretentiousness to preserve 7)genuineness.

Have perspective

From the whole sky to the grain of dust, from eternity to an instant, everything is equal in the face of causality. Let what is unsolved be left alone.

---

1) barbarism[bɑ́ːrbərìzəm]: n. 야만, 미개, 무지; 포학, 만행; [C] 무무한 행동(말투), 비어, 파격적인 구문.
2) wander[wɑ́ndər]: vi. 헤매다, 돌아다니다, 어슬렁거리다, 방랑하다. 훌쩍 가다(오다). 빗나가다, 길을 잃다.

3) disarray[dɪsəréi]: vt. …의 옷을 벗기다, 벌거벗기다. n. 무질서, 혼란, 난잡; 단정치 못한 복장[모습].

4) fortress[fɔ́ːrtris]: n. 요새(지); 성채. 안전 견고한 곳. vt. 요새로 방비하다, …의 방비를 튼튼히 하다.

5) introspect[ìntrəspékt]: vi. 내성(內省)하다, 내관(內觀)하다, 자기 분석하다.

6) pretentious[priténʃəs]: a. 자부[자만]하는, 우쭐하는; 뽐내는, 허세부리는, 과장된; 거짓의.

7) genuine[dʒénjuin]: a. 진짜의, 정짜의. 저자 친필의. 진심에서 우러난, 성실한(sincere, real); 거짓 없는.

좋은 삶을 위한 열 가지 가르침

(청 갈항호: 1883-1954)

소박하게 입으라

비단은 휘황찬란하지만 낭비되는 물자를 보는 것은 안타까운 일이다. 사치에 빠진 나라에 절약의 중요성을 강조하는 것은 시급히 취해야 할 필요가 있는 쇄신책이다.

야채 식단

인간이면서도 비인간적인 것이 야만적인 유행이다. 약간의 채소는 한입 가득 좋은 맛과 향을 제공한다.

노숙(露宿)

봄과 가을밤은 밝은 달과 꽃향기가 동반되면 한가롭다. 하늘이 차일이고 땅은 깔 자리로서 그 사이에서 우리는 자유롭게 돌아다닌다.

일찍 일어나라

매일 매일이 새로운 날이므로 열심히 공부하라. 밤을 알차게 재설정해서 놀이에 탐닉하는 것을 예방하라.

금욕

관능적인 주변 환경은 사람의 본성을 타락시킨다. 극도의 즐거움에는 비극이 뒤따를 것이다. 생명력과 장수를 위해 그런 것을 자제하라.

침묵

부딪히지 않는 한 침묵하라. 훌륭한 사람은 종과 같아야 한다. 누가 하늘의 말씀을 들어보았는가?

이해는 경험을 통해 얻어진다.

노동
정신적 육체적 노동을 힘들게 하는 것은 현자와 신(神)들의 능력이다. 다양한 분야에서 숙련하는 것은 자신의 신체를 위한 훌륭한 훈련이다.

휴양
마음속에서는 티끌 하나 흐트러지지 않는다. 깊고 맑은 잔잔한 물처럼 그것을 장성(長城)처럼 확고히 하라.

자성(自省)
왜 자신에서 원인을 찾지 않고 매일 반성하지 않는가? 자기 잘못에 대한 자책을 하고 진정성을 지키기 위해 자만심을 버리라.

안목을 가지라
온 하늘에서부터 먼지 알갱이까지 영원에서 일순간까지, 모든 것은 인과(因果) 앞에서 평등하다. 풀리지 않은 것은 그냥 내버려 두라.

〈강항호사상일반〉에서

座右銘

(淸 金纓 編述: 生卒年不詳)

勿謂一念可欺歎, 須知有天地鬼神之鑑察?
勿謂一言可輕也, 須知有前後左右之竊聽
勿謂一事可忽也, 須知有身家性命之關係
勿謂一時可逞也, 須知有禍福子孫之報應.

MOTTO

Do not say that [1]deception is acceptable, for heaven and earth, god and spirit are watching over you.

Don't ignore careless words in an insignificant way, because the listeners around you are listening more carefully than you think.

Don't say that some situations can be overlooked, because it can be a matter of life and death.

Do not say that reckless behavior can be permitted, for the retributions could fall on your descendants.

1) deception[disépʃən]: n. 사기, 기만, 협잡; 속임수, 현혹시키는 것; 가짜.

좌우명

(청 김영 편술: 생졸미상)

속임수가 허용될 수 있다고 말하지 말라, 하늘과 땅, 신과 영(靈이) 지켜보고 있기 때문이다.

부주의한 말을 대수롭지 않게 하지 말라, 주변의 듣는 사람들은 당신의 생각보다 더욱 신중하게 듣고 있기 때문이다.

어떤 상황은 간과될 수 있다고 말하지 말라, 그것은 생사의 문제가 될 수 있기 때문이다.

잠시라도 무모한 행위가 허용될 수 있다고 말하지 말라, 보복이 자신의 **후손**에 가해질 수 있기 때문이다.

警世格言

行善如春園之草, 不見其長, 但日一所增
行惡如磨刀之石, 不見其消, 但日有所損.

CAUTIONARY MAXIM

The act of kindness is like the grass of the garden, so the growth may not be clearly visible, but it [1]deteriorate every day.

Unhealthy behavior is like a whetstone with no apparent wear and tear, but it wears day by day.

1) deteriorate[ditíəriərèit]: vt. 나쁘게 하다; 열등하게 하다, (가치를) 저하시키다; 타락시키다.

신중한 격언

친절한 행위는 정원의 풀과 같아서 성장이 뚜렷이 보이지 않을 수도 있지만 날마다 시들어간다.

불건전한 행위는 마모가 뚜렷이 보이지 않은 숫돌 같지만 날마다 닳아 없어진다.

善爲至寶

勢可爲惡而不爲, 卽是善
刀可行善而不行, 卽是惡.
善爲至寶, 一生用之不盡
心作良田, 百世耕之有餘.
終日說善言, 不如做一件

終日行善事, 須防錯一件.

《格言聯璧》

TREATING GOODNESS AS A TREASURE

In a required situation, the ability to fix evil acts
   is a virtue in itself.
In a required situation, to avoid the responsibility to do virtue
   is a evil in itself.

Good is a great treasure that can never be exhausted.
The heart is like a good field.
It is still abundant after harvesting a hundred times.

Rather than saying nice things all day,
   it's better to do one good thing.
Rather than doing good deeds all day long
   it's better to prevent one mistake from being done.

선(善)을 보물로

요구되는 상황에서 악행을 고치는 능력은
   그 자체가 선이다.
요구되는 상황에서 선을 행할 책임을 회피하면
   그 자체가 악이다.

선은 결코 소진될 수 없는 위대한 보물이다.
마음은 선한 들판과 같다.
일백 번을 수확한 후에도 여전히 풍성하다.

하루 종일 좋은 말을 하는 것보다,
  한 가지 좋은 일을 하는 것이 낫다.
하루 종일 선행을 하기보다는
  한 가지 잘못이 행해지는 것을 막는 것이 좋다.

《격언련벽》

涵養

(淸 金纓 編述: 生卒年不詳)

經一番挫折, 長一番識見.
容一番橫逆, 增一番器度.
省一分經營, 多一分道義.
學一分退讓, 討一分便義.
增一分享用, 減一分福澤.
加一分體貼, 知一分物情.

CULTIVATION

Every the [1]frustrations experienced,
  means another attraction of knowledge.
Every the adversity endured
  means the emergence of another larger generosity.
Every the moment of calculation prevented,
  means another the growth of one's own morality.
Every compromises agreed upon
  means another bit of gain.
Every moment of indulgence spent means,
  another spent pleasure.
Every act of consideration

means another progress in reasoning.

1) frustration: n. 좌절, 차질, 실패. (적의 습격 따위의) 타파. (법률학) 계약의 불이행, 욕구 불만, 좌절감.

養性

(청 김영 편술: 생졸미상)

겪어본 모든 좌절은
　또 다른 지식의 매력을 의미한다.
참아낸 모든 역경은
　또 다른 더 큰 아량의 출현을 의미한다.
수지타산을 예방한 한순간은
　또 다른 자신의 도덕성의 성장을 의미한다.
합의된 모든 타협은
　또 다른 이득을 의미한다.
탐욕적으로 소모한 매 순간은
　또 다른 소비된 즐거움이다.
헤아림의 모든 행동은
　또 다른 논리에서 진전을 의미한다.

富貴貧賤論

富以能施爲德, 貧以無求爲德,
貴以下人爲德, 賤以忘勢爲德.

THE THEORY OF WEALTH, PROSPERITY, POVERTY, AND LOWLINESS

The virtue of the wealthy comes from

the ability to give.
The virtue of poverty comes from
　the release of desire.
The virtue of nobility comes from
　the politeness that leads others.
The virtue of the lower class comes from
　not sticking to one's status.

빈부와 귀천의 이론

부의 덕행은
　주는 능력에서 온다.
가난의 덕행은
　욕망의 해제에서 온다.
고귀함의 덕행은
　다른 이들을 이끄는 공손함에서 온다.
하급의 덕행은
　신분에 고착되지 않음에서 온다.

五字說

拙字可以寡過, 緩字可以免悔,
退字可以遠禍, 苟字可以養福,
靜字可以益壽.
以實和存心, 以忍讓接物,
此爲立身之道.

《格言聯璧》

SECRETS OF FIVE WORDS

"Slow-wittedness" teaches you a chance to make mistakes.
"Deliberation" avoids things you will regret.
"Concession" takes you out of your misery.
"Discipline" strengthens one's blessings.
"Tranquility" prolongs one's life expectancy.

Be generous in mind, and be patient in dealing with problems, which is the sure way to work

다섯 마디의 비밀

"굼뜬 재치"는 자신이 실수할 기회를 가르친다.
"신중함"은 자신이 후회할 일을 면해 준다.
"양보"는 자신의 불행으로부터 벗어나게 한다.
"수양"은 자신의 축복을 강화한다.
"평온"은 자신의 수명을 늘린다.

관대한 태도를 마음속에 지니라, 그리고 문제를 처리함에 있어 인내심을 가지라. 그것이 잘되는 확실한 방법이다.

〈격언련벽〉에서

半半歌

(清 李密庵應: 生卒年不詳)

看破浮生半百, 半生受用無邊
半殘歲月儘悠間, 半裡乾神開展.
半郭半鄉村舍, 半山半水田園

半耕半讀半寒廬, 半士半民姻眷.
半雅半粗器具, 半華半實庭幹
裘裳半素半輕鮮, 餚饌半豐半儉,
童僕半能半拙, 妻子半僕半賢
心情半佛半神仙, 姓字半藏半顯.
一半還之天地, 一半讓將人間
半思後代與案, 半想閻羅怒見.
飲酒半酣正好, 花開半時偏妍
帆張半扇免翻顛, 馬放半韁穩便.
半少卻饒滋味, 半多反厭糾纏
自來苦樂半相參, 會佔便宜只半.

《誰最會亨受人生》

"HALF AND HALF" SONG

Since being very rich in the beginning of the life,
  there were ups and downs in mid-term life.
Still having plenty leisure in late half,
  it has not yet reached the limitless leisure.

People's houses are divided into urban and rural,
  the farmland is divided into mountains and water.
Time to plow and study is divided,
  the blood ties between [1]intellectuals and illiterates are divided.

Tools are recognized by grades of refinement and [2]crudeness,
  the garden is recognized by its [3]aesthetic sense and practicality.
Clothes are classified as ordinary or [4]glamorous,
  some meals are simple while others are classified as waste.

Some helpers are capable, while others are [5)]clumsy

   a wife can be witty and simple.

Half of the mind is mental, while the other material,

   it may be a prestigious name, but it can still become ambiguous.

Half of the territory is surrounded by the sky and the ground,

   the other half is an area devoted to humanity.

For a better future and the fulfillment of the present.,

   share your worries equally.

Ideally, half a glass of liquor is sweet,

   flowers are most beautiful when they bloom halfway.

To prevent the boat from being overturned, raise the sails only half

   half whipping is better for controlling a horse.

While half of the tongue meets the [6)]palate,

   half is too [7)]nauseating.

The bitterness and sweetness always go well together

   make full use of a good half.

1) intellectual[ìntəléktʃuəl]: a. 지적인, 지능을 요하는, 두뇌를 쓰는. 총명한. n.지식인, 인텔리. 지식 계급.

2) crude[kruːd]: a. 천연 그대로의, 생짜의, 미숙한, 떫은. 초기의. 생경한, 투박한, 솜씨 없는; 유치한.

3) aesthetic[esθétik]: a. 미(美)의, 미술의; 미학의; 심미적인; 심미안이 있는; 좋은 취미의.

4) glamorous[glǽmərəs]: a. 매력에 찬, 매혹적인.

5) clumsy[klʌ́mzi]: a. 솜씨 없는, 서투른. 꼴사나운, 세련되지 않은. 재치없는.

6) palate[pǽlit]; n. 구개, 입천장. 미각; 취미, 기호(liking); 심미[감식]안.

7) nauseating: a. 욕지기나(게 하)는; 싫은.

"반, 반"의 노래

                                                     (청 이밀암 : 생졸미상)

인생 초반은 크게 풍부했기 때문에

중반기 삶에는 기복이 있다.
풍부한 여가는 후반기에 여전하지만
  무한한 여가에는 아직 도달하지 못했다.

사람의 집들은 도시 집과 시골집으로 나뉘고
  농토는 산과 물로 갈라진다.
쟁기질하고 공부하는 시간이 나뉘고
  지식인과 문맹자의 혈연관계가 나뉜다.

연장은 정교함과 조잡함의 정도에 따라 인정되고
  정원은 미적인 감각과 실용성에 의해서 인정받는다.
복장은 평범하거나 화려함으로 분류되며
  어떤 식사는 단순한 반면 어떤 것은 낭비로 분류된다.

어떤 도우미는 능력이 있는 반면 다른 도우미는 서툴고
  아내는 재치가 있으면서도 소박할 수 있다.
정신의 반은 정신적인 반면 반은 물질적이고
  명망 있는 이름일 수 있지만 그런데도 모호해질 수 있다.

영토의 반은 하늘과 땅에 둘러싸여 있고
  나머지 반은 인류에게 헌신하는 영역이다.
더 낳은 장래를 위해서
  그리고 현재의 실현을 위해서 걱정을 균등히 나누라.

이상적으로 반 잔의 술이 더 달고
  꽃은 반쯤 필 때 가장 아름답다.
배가 뒤집히는 것을 방지하기 위해 돛은 반만 올리고
  말을 조종하는 데는 절반의 채찍질이 더 좋다.

혀의 절반이 미각을 충족시키는 반면

반은 지나치게 구역질 나게 한다.
쓴맛과 단맛은 언제나 함께 잘 어우러져
　좋은 반쪽을 십분 활용한다.

〈수최회향수인생〉에서

不知足歌

(淸 胡澹庵: 生卒年不詳)

終日忙忙只爲飢, 才得飽來又思衣.
衣食兩般皆具足, 房中又少美貌妻.
娶得嬌妻並美妾, 出入無轎少馬騎.
騾馬成群轎已備, ffl地不廣用支虛.
買得良田千萬頃, 又無官職被人欺.
七品五品曾嫌小, 四品三品仍嫌低.
一品當朝爲宰相, 又想君王做一時.
心滿意足爲天子, 更望萬世死無期.
總總妄想無止息, 一棺長蓋抱憾歸.

UNSATISFIED SONG

Working all day since hungry,
　but when stomach is full, one [1)]craves clothes.
When both hunger and clothing are satisfied
　one thinks of marrying a beautiful young woman,
But with my lovely wife and concubines,
　one miss the horses and the twin [2)]kilns to go out.
After that, the mules and the horses
　narrow farmland becomes a problem.
So as soon as one bought three million pyeong of fertile land,

a government position is needed to prevent being cheated.

After that, One then complains that seventh or fifth ranking

　are too minor.

Then complains that the fourth or third level is still too low.

And then he took the highest office in the Imperial Palace,

　one ³⁾aspires to be an emperor.

Once all contents as Son of Heaven,

　then hope for eternal life.

There will never be an end to the desired ideas and ambitions.

Only grief and regret will accompany us on our journey to biting dust.

1) crave[kreiv]: vt. 갈망하다. …을 필요로 하다, 요구하다(require). vi. 간절히 원하다.
2) kiln[kiln]: n. 가마, 노(爐); 건조로(爐)[실].vt.가마에 굽다; 건조로[실]에서 말리다.
3) aspire[əspáiər] :vi. 열망하다, 포부를 갖다, 대망을 품다, 갈망하다. 높이 치솟다(rise).

불만의 노래

(청 호담암: 생졸미상)

배가 고파야 종일 일하고

　그런데 배가 부르면 의복을 갈구한다.

배고픔과 의복 모두가 충족되면

　아름다운 젊은 여자와 결혼을 생각한다,

하지만 사랑스러운 아내와 첩들과 함께

　나들이 갈 쌍가마와 말들을 그리워한다.

그리고 나니 노새와 말의 무리로 인해

　좁은 농지가 문제가 된다.

그래서 3백만 평의 비옥한 땅을 구입하자마자

　속는 것을 방지하기 위해서 벼슬아치 자리가 필요하다.

그리고 나서 7급 또 5급 벼슬은

　너무 작다고 불평한다.

그다음에 4급 또는 3급은 여전히 너무 낮다고 불평한다.

그리고 나서 황실 궁전에서 제일 높은 벼슬자리를 차지하고는
　황제가 되려고 열망한다.
일단 하늘의 아들로 만족하면
　그다음은 영생을 바란다.
원하는 생각과 야망은 결코 끝이 없을 것이다.
단지 슬픔과 후회만이 죽음을 향한 여행에 동행할 것이다.

知足歌

(清 錢德蒼: 生卒年不詳)

思量事累苦, 閒著便是福 思量飢寒苦, 飽暖便是福
思量疾厄苦, 無病便是福 思量患難苦, 平安便是福
思量監禁苦, 安居便是福 思量死來苦, 活著便是福.

《解人願》

SONG OF CONTENTMENT

Thinking about the hard work,
　just being free is a blessing.
Thinking about the hardships caused by hunger,
　just warming up is a blessing.
Thinking about the pain of the disease,
　just being healthy is a blessing.
Thinking about the pain of adversity,
　just being safe is a blessing.
Thinking about the pain of imprisonment,
　just living a comfortable life is a blessing.
Thinking about the hardships of death,
　just being alive is a blessing.

만족의 노래

(청 전덕창: 생졸미상)

힘든 일에 대한 고생을 생각하면
　자유롭다는 것만으로도 축복이다.
굶주림으로 인한 고생을 생각하면
　따뜻해지는 것만으로도 축복이다.
질병의 고통을 생각하면
　건강하다는 것만으로도 축복이다.
역경의 고통을 생각하면
　안전하다는 것만으로도 축복이다.
투옥의 고통을 생각하면
　편한 삶을 산다는 것만으로도 축복이다.
죽음의 고난을 생각하면서
　살아있다는 것만으로도 축복이다.

〈해인신〉에서

六事藏言

(淸 葉玉屛: 生卒年不詳)

富貴驕人, 固不善, 學問驕人害赤不細.
把念頭沉潛得下, 何理不可得
把志氣奮發得起, 何事不可做.

父母教子, 當於稍有知識時,
見生動之物, 必教勿傷, 以養其仁
尊長親期, 必教恭敬, 以養其禮
然諾不爽, 言笑不苟, 以養其信.

天地萬物之理, 皆始於從容, 而卒於急促.

急促者, 盡氣也 從容者, 初氣也.
事從容則有餘味, 人從容則有餘年.

土薄則易崩, 器薄則易壞
酒醇厚則能久藏, 布帛厚則堪久服.
存心厚薄, 固壽夭福禍之分也.

人生減省一分, 便超脫一分.
如交遊減便免紛擾, 言語減便寡愆尤,
思慮減則精神不耗, 聰明減則混沈可完.
不求日減而求日增者, 真桎梏此生耳.

孝子事親,
不可使吾親生冷淡心, 不可使吾親生煩惱心,
不可使吾親生驚怖心, 不可使吾親生愁悶心,
不可使吾親有難言心, 不可使吾親有愧恨心.

《六事箴言》

SIX ADMONITIONS

It is not ideal to be proud rich, but the problems that arise from being a
 proud intellectual can be no less bad.

In order to make your thoughts possible,
 nothing can be overlooked.
In order to increase your desire,
 nothing is impossible to achieve.

What parents need to know in their children's education;
With children's mature perceptions and natural friendliness,

they have to teach them not to hurt living organisms that they see

When children meet respectable one, adults, relatives and friends,

  they have to teach them to be respectable so as to nature their manners.

When children learn the importance of a promise

  children should be taught strictly so that they have a friendly attitude.

The principles behind all the hidden problems in the world are

  start slowly and finish in a hurry.

Hurrying takes up energy

  relaxation accumulates energy.

When carrying out unhurriedly you do it slowly

  space will be left for matters and time left in people's lives.

Let's say the ground will go out and the dishes will be shattered,

The thick liquor will be stored for a long time and the thick fabric will last.

The strength of a person's mind determines one's life as thick and shallow.

If a penny is saved, and a penny is left.

The less you travel, the less problems you have.

The less you talk, the less wrong you are,

To think less is to consume less thought,

To be tactless is to pretend ignorance.

Those who seek more than less in their daily lives

  it's about being shackled and living a life.

If you are a polite child, you should ensure that your parents do not experience indifference, unhappiness, fear, sadness and heartbreak, and that you do not hesitate to speak your thoughts or feelings.

여섯 가지 충고

(청 엽옥병: 생졸미상)

자랑스럽게 부자가 되는 것이 이상적인 것은 아니지만 자랑스럽게 지식인이 되면서 일어나는 문제도 못지않게 나쁠 수 있다.

자신의 생각을 가능하게 하기 위해서는
   어떤 것도 지나칠 수 없다.
자신의 욕망을 높이기 위해서는
   성취하는 것이 불가능한 것은 없다.
자녀교육에서 부모가 알아야 할 것은
아이들의 성숙한 지각과 타고난 친근함으로
   그들이 보는 살아있는 유기체를 해치지 않도록 가르쳐야 한다.
아이들이 존경할만한 사람들과 어른, 친척 그리고 친구들을 만날 때
   아이들이 태도를 자연스럽게 해서 존중받을 수 있게 가르쳐야 한다.
약속의 중요성을 배울 때
   아이들이 친근한 태도를 갖도록 아이들을 엄격하게 가르쳐야 한다.

세상에서 숨겨진 모든 문제 뒤에 있는 원칙들은
   느긋하게 시작해서 서둘러 끝낸다.
서두르는 것은 에너지를 소모하고
   느긋함은 에너지를 축적한다.
느긋하게 실행할 때 사람들의 생활에서 문제해결을 위한 여지와
   시간의 여지가 있을 것이다.

땅이 꺼지고 그릇들이 산산이 조각날 거라 치자,
걸쭉한 술은 오랫동안 저장되고 두터운 직물은 오래 갈 것이다.
사람 마음의 강도는 자신의 삶을 두텁고 얇음으로 결정한다.

한 푼을 아끼면 한 푼이 남는다.
여행을 덜 할수록 문제는 줄어든다.

말을 덜 할수록 잘못은 줄어든다,
생각을 덜 하는 것은 생각을 덜 소모하는 것이다,
재치가 없다는 것은 무지를 가장하는 것이며
일상생활에서 덜한 것 대신에 더 많은 것을 추구하는 이들은
　족쇄를 차고 삶을 살아가는 것이다.

공손한 자식들이라면 부모님께 무관심, 불행, 두려움, 슬픔과 비통한 감정이 일어나지 않도록 그리고 생각이나 감정을 말하는 것을 주저하지 않도록 확인해야 한다.

〈육사잠언〉에서